現代の景気循環論

長島誠一 著

桜井書店

序　文

　東京経済大学で毎月開催している独占研究会において（2006年1月28日），私は本書の第7章にあたる部分（利潤率の成長循環）について報告した。報告に賛成する意見とともに懐疑的な意見も多数提起されたので，その直後に拡充したモデル（固定資本とさまざまな調整タイプの導入）をつくり，数値解析してみた（本書の第5・6章にあたる）。その草稿を桜井書店の桜井香さんに読んでもらいどこに発表したらよいだろうかと相談したら，自分の書店が引き受けると提案してくれた。したがって桜井さんなしには本書は誕生しなかったといえる。さっそく書物としての構想を練り執筆準備をし，5月のゴールデン・ウィークには越後六日町の山岳荘において，東京私大教連の有志たちと山菜と魚沼産コシヒカリをつまみ銘酒で歓談しながら，執筆作業をした。出来上がった草稿を，8月の下旬に信州白馬村での東京経済大学の弓道部の夏合宿に参加しながら，推敲した。若い人たちとの共同生活から大いに刺激を受けたが，草稿は赤インクでいっぱいになってしまった。以上が本書誕生の経過であるが，まず関係者とりわけ桜井香さんに感謝しなければならない。

　本書の書名を『現代の景気循環論』としたように，景気循環の理論的解明と数値解析を踏まえながら現代資本主義の景気循環の法則的変容を解明しようとした。循環メカニズムは資本主義である以上貫徹しているが，現代資本主義は段階的に発展し景気循環も形態を変化させてきた。本書の第Ⅰ部では景気循環の変容論を展開し，第Ⅱ部では景気循環モデルと数値解析がなされ，その経済学的意味を考察し，第Ⅲ部では景気循環論の論争点を中心として景気・恐慌学説を短期・中期循環から長波にまで広げて検討した。その内容を概略する前に，私の景気循環論の立場を明確にしておこう。

　理論的・方法論的には『景気循環論』（青木書店，1994年）と基本的に同じであり，本書の第8章で論点を整理した。要点だけをここで述べれば，①『資本論』の世界は価値・生産価格体系下の構造分析であり，景気循環論はそこから

上向した市場価格次元で展開した。②景気・恐慌学説は供給サイド理論（マルクスの言葉で言えば「搾取の諸条件」）と需要サイド理論（「実現の諸条件」）の二大潮流に分かれるが，両サイドを統合して解明しなければならない（「統合派」）。③諸学説において経済諸量の循環的変動について対極的な想定がなされていることがしばしばあるが（実質賃金率の循環的運動はその典型である），初期条件や反応係数や先行する循環局面のあり方によってさまざまな循環的変動をする。一義的な因果関係によっては説明不十分であるので，数理モデル化して恐慌なり景気転換が起こる諸条件を特定化した。④マルクスの再生産表式は再生産・蓄積そして景気循環分析の基軸におかなければならないが，『資本論』第2巻第3篇では「価値通りの販売」が前提されている。市場価格の世界である景気循環論にそのまま応用することはできない。景気循環の世界では商品が実現されるか否かが「命がけの飛躍」であり，実現を前提にすることはできない。⑤したがって，利潤（剰余価値）が投資を決定するのではなく，投資（需要）が利潤を決定する。⑥マルクス再生産表式は価値と物量が分離されていないが，分離した表式を使用すれば，均衡関係は物量関係となり，変動（不均衡）は価格変動となる（価格調整の場合）。⑦資本蓄積が決定的に重要であり，それによって実質賃金率が決定される。⑧一義的な因果関係によって恐慌を説明することは不可能であるから，「恐慌の必然性」論を放棄し，「恐慌の可能性を現実性に転化させる諸条件」論に変化させた。⑨景気循環によって資本主義は均衡を達成する（平均化機構としての景気循環）。こうした立場は本書でも同じであるが，新たに固定資本を導入し，価格調整だけでなく数量調整と両方のミックス調整モデルを作成した。また景気循環が繰り返される長期にまで数値解析を拡大した。

　マルクス派の恐慌学説の優れた点は，資本主義に固有な景気循環運動を資本主義に内在する諸矛盾（「基本的矛盾」とか「根本的矛盾」とも呼ばれる）の展開（活動化）として解明しようとするところにある（序章）。また，歴史的発展過程を重視して，長期波動分析にまで視野を広げてきた。しかしわが国の恐慌論研究はあまりにも10年周期の景気循環（ジュグラー波）に限定されてきた傾向があった。循環と発展を切り離すべきでないというのが本書の主張の一つである。

第Ⅰ部「景気循環の段階的変容」では，発展過程を段階的発展と捉え，第1章で資本主義一般の古典的景気循環を説明し，それが独占資本主義・国家独占資本主義においていかに形態変化しながら貫徹しかつ変質していったかを明らかにしてみた（第2・3章）。第4章は，戦後日本の循環的発展過程から，短期・中期循環を検出し，その変質過程（発展局面）を分析し，今後の循環論と発展論との統合化を示唆しておいた。

第Ⅱ部「景気循環モデルの数値解析」では，蓄積モデルを設定して，蓄積の循環的変動（景気循環）と循環的発展（長期波動）を数値解析してみた。第5章で，固定資本を導入した価格調整型蓄積モデル・数量調整型蓄積モデル・ミックス型蓄積モデルを提示し，第6章でその循環的変動と循環的発展の特徴を検出してみた。その数値解析の結果の解釈についてはいろいろな要因が作用しているから，早急な結論は控えるべきであるが，若干の経済学的解釈をしておいた（第4節）。第7章は，晩年の置塩信雄が取り組んでいた利潤率の均等化運動と利潤率の長期的動向（利潤は競争の結果消滅するか否か）を数値解析してみた。ともに経済学体系の骨格にあたる問題であり，また置塩が使用した蓄積モデルは筆者が『景気循環論』で提示したモデルに賃金率決定を変更したものだったので，私も数値解析する「義務」を感じた。冒頭に述べたように，この論文が本書執筆の原動力となった。利潤率は長期的に多様な運動をし，マルクスの利潤率の傾向的低下法則は一義的には成立しない（不確定説），というのが結論である。また，雇用率が安定的であること（一定の搾取度を確保できるような産業予備軍の存在）が利潤率安定化の条件であることを確認した。

第Ⅲ部「景気循環論の未決問題」では，私の景気循環論の理論的・方法論的立場を明確にし，近代経済学系統の景気学説や長期波動論にまで視野を広げて，今後の景気循環論の課題を明らかにした。かつて『景気循環論』を独占研究会で報告したが（1995年2月25日），議論がすれ違っていたり不徹底だったので私の主張点を再度論じたのが第8章である。その要約はすでにこの序文に書いておいた通りである。補論は，加藤雅が景気学説を広くかつ深くサーベイし展開した一連の論文を検討しながら，私たちの見解も付け加えたものである。加藤の視野は，キチン・ジュグラー・クズネッツ・コンドラチェフ波動はもちろん「100年波」・「500年波」まで広がっており，とくに長期波動論をベースとする

構想を提示していた。景気循環論の課題と学説の検討，時間の経済学，異種サイクルの合成，長期波動論にまとめて加藤の見解を紹介し検討しコメントした。マルクス派の景気研究者にとっても，視野を広げ解決すべき未決問題を確認するためにも参考となるだろう。

2006年10月16日
長 島 誠 一

第2版にあたって

　初版の第5章の第3節数式(2)・(4)，第4節数式(3)・(4)，第5節数式(3)・(5)を訂正した。固定資本を事実上流動資本として処理していた。その数値解析も違ってくるので，第6章も本来の三部門モデルの数値解析の結果を示したが，第4節の数値解析の解釈は変わっていない。

第2版第2刷にあたって

　「信用の暴走」，「2005年以降のデータによる補足」，「第1・2版への書評や論評」を補論2「2007-08年世界金融危機の影響」として追加した。

目　次

序　文 3

序　章　資本主義の循環と波動 …………………………………11
- 第1節　商品経済 …………………………………11
- 第2節　資本蓄積と循環 …………………………12
- 第3節　景気変動の種類 …………………………13
- 第4節　景気循環の概念規定 ……………………14
- 第5節　資本主義の段階的発展と景気循環の変容 …16
- 第6節　循環と発展 ………………………………17

第Ⅰ部　景気循環の段階的変容

第1章　資本主義の景気循環 …………………………21
- 第1節　予備的考察 ………………………………21
- 第2節　蓄積メカニズム …………………………24
- 第3節　好　況 ……………………………………27
- 第4節　恐　慌：下方への反転運動 ……………31
- 第5節　不　況 ……………………………………35
- 第6節　回　復 ……………………………………37
- 第7節　景気循環と資本主義の存続 ……………39

第2章　独占資本主義の景気循環 ……………………41
- 第1節　予備的考察 ………………………………41
- 第2節　蓄積メカニズム …………………………44
- 第3節　好　況 ……………………………………46
- 第4節　恐　慌 ……………………………………49
- 第5節　不　況 ……………………………………53
- 第6節　回　復 ……………………………………58

第3章　国家独占資本主義の景気循環 …………………………61
　　第1節　予備的考察 ………………………………………61
　　第2節　好　況 ……………………………………………63
　　第3節　恐　慌 ……………………………………………66
　　第4節　恐慌の形態変化 …………………………………69
　　第5節　不　況 ……………………………………………71
　　第6節　回　復 ……………………………………………73

第4章　戦後日本資本主義の循環と発展 ……………………75
　　第1節　戦後の成長と循環 ………………………………75
　　第2節　高度経済成長期（1950年代後半〜60年代）……85
　　第3節　スタグフレーション期（1970〜80年代前半）…88
　　第4節　バブルと長期停滞期（1980年代後半〜1990年代）……92

第Ⅱ部　景気循環モデルの数値解析

第5章　景気循環モデル ………………………………………97
　　　　──固定・流動資本モデル＝三部門モデル──
　　第1節　問題提起 …………………………………………97
　　第2節　予備的考察 ………………………………………99
　　第3節　価格調整型蓄積モデル …………………………102
　　第4節　数量調整型蓄積モデル …………………………105
　　第5節　価格調整＋数量調整型蓄積モデル ……………107

第6章　蓄積モデルの数値解析 ………………………………111
　　第1節　価格調整型蓄積の数値解析（景気循環と長期波動）……111
　　第2節　数量調整型蓄積（長期波動）……………………121
　　第3節　ミックス型（価格調整＋数量調整）蓄積
　　　　　　（循環と長期波動）………………………………125
　　第4節　数値解析結果の解釈 ……………………………128

第7章　利潤率の成長循環と資本主義の存続条件 … 131
第1節　問題提起 … 131
第2節　置塩信雄の数値解析の結果 … 133
第3節　蓄積モデル … 134
第4節　利潤存在の条件：利潤はかならずしも消滅しない … 138
第5節　利潤率の均等化作用とは何か：生産価格成立の条件 … 148
第6節　利潤率の傾向的低下法則の検討 … 154
第7節　資本主義の存続条件 … 157

第Ⅲ部　景気循環論の未決問題

第8章　景気循環論の問題点 … 163
はじめに … 163
第1節　『資本論』と恐慌論 … 163
第2節　マルクス再生産表式の意義と限界 … 165
第3節　循環モデルの特徴 … 167
第4節　「恐慌の必然性」論か
　　　　「恐慌の可能性を現実性に転化させる条件」論か … 170
第5節　競争論・信用論の固有の領域（残っている領域）… 174
第6節　下降の経済学 … 174
第7節　恐慌の形態変化論 … 175

補　論　景気循環論の未決問題 … 177
はじめに … 177
第1節　景気循環論の課題 … 178
第2節　景気循環学説の検討 … 183
第3節　時間の経済学 … 190
第4節　異種サイクルの合成説 … 192
第5節　加藤　雅の長期波動論構想 … 193
補　節　長期波動論のための理論問題 … 204

補論 2　2007-08年世界金融危機の影響 …………………………………211
　　第 1 節　信用の暴走 ……………………………………………………211
　　第 2 節　2005年以降のデータによる補足 ……………………………212
　　第 3 節　第 1 ・ 2 版への書評や論評 …………………………………212

序章　資本主義の循環と波動

　資本主義経済は，一般均衡論が想定するような価格の自動調整作用が絶えず働いて，瞬時に数学的に均衡が達成される経済体制ではない。景気の循環と長期的な経済波動を繰り返しながら，矛盾に満ちたダイナミックな発展をしてきた[1]。景気循環は資本主義経済の発展の具体的な運動過程であり，また資本主義経済に内在する諸矛盾が展開し発現する運動形態である。こうした短期的・中期的循環運動の繰り返しの過程そのものが，構造に規制されながら構造を変化させて，長期的に発展してきた。

第1節　商品経済

　資本主義経済の基本的性格を表現するには，資本制商品経済と呼ぶのが最も適切である。商品経済（市場経済）が資本制的に遂行されている経済システムである。南海の孤島で自給自足の生活をするロビンソン・クルーソーの世界や，封建制の時代の荘園内部の世界や，共同体的社会とは違って，社会的分業体制であり（この点でロビンソンの世界と異なる），生産手段が私的に所有されている（この点で荘園や共同体と異なる）のが商品経済の特徴である。このシステムのもとでは個々の生産者の労働（生産）は私的な労働であり，社会全体の必要度（需要）に見合った労働（社会的労働）であることは保証されていない。個々の生産者は過去の経験に学びながら，不確実で不安な未来の需要状態を私

---

[1]　景気循環の実証的研究として，さしあたりエル・メンデリソン著，飯田・平館・山本・平田訳『恐慌の理論と歴史』第1～4巻・続巻2巻（青木書店，1960～67年），ウェスレイ・ミッチェル著，春日井薫訳『景気循環』1～4（文雅堂銀行研究社，1961～65年），Howard Sherman, *The Business Cycle*, Princeton University Press, 1991，を紹介しておく。なお恐慌・景気循環の歴史的研究については，拙著『景気循環論』（青木書店，1994年）の巻末の文献リスト中の該当文献を参照。

的にしたがって主観的に予想して,見込み生産をせざるをえない。

　社会全体の需要は生産する時点（事前）では知ることができず,生産物を市場に運んでいってなにがしかの価格で販売できることによってはじめて,事後的に社会の需要状態を知ることができる。すなわち,価格が前よりも高く売れれば需要が供給より大きかったことがわかり,もっと生産を増やそうとする。逆ならば生産を減らそうとする。このように生産者は価格の動きによって市場状態を判断し,つぎの生産（供給）を決めていく（こうした価格の機能をバロメータ機能という）。商品経済においてはこのように,社会全体の需要と供給を一致（均衡化）させるメカニズムは存在せず,むしろ不一致（不均衡化）とそれが一定の期間にわたって持続化（不均衡の累積化）する可能性が内在している[2]。

第2節　資本蓄積と循環

　この商品経済が資本制的に遂行されるが,そのことによって商品経済に内在する恐慌の可能性が現実化する。資本主義経済は単なる商品経済ではなく,イニシャティブを握っている資本の利潤追求活動（価値増殖運動）を媒介するものとして商品経済が位置づけられる。いいかえれば,資本の利潤追求活動に商品経済が従属化しているといってもよいだろう。

　資本制商品経済の根本的特徴は資本＝賃労働という生産関係にある。資本主義社会とは,一方では生産手段を排他的に独占している階級（資本家）が存在し,他方では生産手段から排除され,自分の労働力（働く能力）を資本に売ってしか生活していけない階級（賃労働者）とに分裂している社会である。労働力も商品化しているのであり[3],労働力を買ってきた資本はその消費＝生産の結果発生する剰余価値を商品交換ルールにもとづいて搾取し,その剰余価値の多くをさらに多くの剰余価値を獲得するために蓄積（投資）にまわす。カー

---

[2]　一般均衡論の現代版である新古典派経済学は,事実上,供給はおのずから需要を生みだすとして恐慌を否定したジョン・セー（セー法則）と同じ立場にたつ。マルクス派に属する宇野派の恐慌論も,一般商品についての均衡化を想定してしまっている点においては,新古典派と同じである。詳しくは拙著『景気循環論』の第1・2章,参照。

ル・マルクスが喝破したように「蓄積せよ，蓄積せよ，これがモーゼであり，予言者たちである」となる。

　そして賃労働者の労働権と生存権を左右する就業機会は，どれだけ投資するかを決定する資本の利潤見込み（期待利潤）に依存することになる。資本蓄積（投資）が活発化している好況期には雇用が増加し賃金も上昇するが，期待利潤が低下すれば資本蓄積は鈍化・減少し，雇用も減少し賃金も低下してしまう。その結果，景気循環の中での資本と賃労働の関係はつぎのようになる。①景気や雇用や賃金は資本蓄積に左右され，②資本蓄積は達成した利潤と利潤率（実現利潤率）にもとづく利潤予想（期待利潤率）に左右され，③賃労働者は絶えず失業の脅威にさらされ，賃金は一定の狭い範囲に押し込められる。

　このように資本蓄積過程に内在する諸矛盾が存在するために，資本主義経済の運動過程（動態過程）は，①の傾向によって，資本の主観的なかつ私的な利潤予想に依存する不安定性が生じ，②の傾向によって，資本蓄積は剰余価値（利潤）の生産（賃労働の搾取）とその実現（販売）によって制約されるようになり，③の傾向によって，賃金労働者の過少消費傾向が発生するようになる。こうした諸制約が運動過程に生じるようになり，景気循環や長期波動を規定していくことになる。

第3節　景気変動の種類

　経済活動が多様であるように，景気変動（経済波動）にもいくつかのタイプ（種類）が存在してきた。ほとんどの経済学者が承認する波動は，キチン循環とジュグラー循環と呼ばれる循環である。前者の変動の主体は在庫（原料在庫と製品在庫）であり在庫投資循環とも呼ばれ，3年前後で繰り返される（周期）。戦後日本の景気判定に経済企画庁（現 内閣府）が採用しているDIによる景気基準日付は，だいたいこの在庫循環に対応している。後者の変動の主体は機械

---

3)　新古典派は労働生産物の商品化を前提とするが，労働力は生産手段と土地と同じ生産要素としてしまい，それが商品化していること，そして労働だけが価値を生産することを認めない。宇野派は労働力の商品化を資本主義の根本的矛盾と設定する点において，新古典派とは根本的に異なる。

設備であり設備投資循環と呼ばれる。周期は10年前後であり、戦後の日本の景気についてみれば、設備投資・国民総生産物比率で測定すると1980年代ごろまでは明確に設備投資循環が検出される[4]。

これらに加えてクズネッツ循環とコンドラチェフ循環がある。しかしこの循環はすべての経済学者が承認しているのではない。前者の変動の主体は建築であり、建築投資循環とも呼ばれる。周期は20〜30年といわれるが、すべての国においてまたどの時代にも検出されているのではない。後者の周期はさらに50年前後といわれ、その存在に懐疑的な経済学者も多い。体系的に最初にこの長波を主張したニコライ・コンドラチェフは物価や金利の変動から検出したが、その原因については精力的な研究がなされてきたし、とくに最近の長期停滞を迎えて活発に研究されはじめたが、決定的な原因は未確定なのが研究の現状である[5]。このようにある時期の経済状態はさまざまな循環の同時的かつ複合的な作用によって規定されているのであり、「異種サイクルの合成」なり「異種サイクルの複合（交錯）」という視点から景気の現状を把握することが重要となってくる[6]。

第4節　景気循環の概念規定

景気循環として一般的に研究されてきた循環は設備投資循環であり、本書でもそのように使用し、短期循環という場合は在庫投資循環、長期波動というときはコンドラチェフ波動を念頭において使うことにする。設備投資循環としての景気循環は、計量的には、鉱工業生産なりGNPやGDPの波を谷と山で区分し、谷から前回の山を越える時期までを回復、その後の急拡張期を好況、急激な落込み期（崖）を恐慌、そしてなだらかな落込み期を不況と呼ぶ。したが

---

4) 本書の第4章第1節第2項で紹介する。
5) コンドラチェフ波動については、補論第5節で検討する。キチン循環・ジュグラー循環・コンドラチェフ循環の歴史的クロノロジーについては、加藤雅『景気変動と時間——循環・成長・長期波動』（岩波書店、2006年）の第8章、参照。
6) 篠原三代平『戦後50年の景気循環』（日本経済新聞社、1994年）3頁、加藤雅「景気変動論（Ⅱ）」（『東京経大学会誌』第209号、1998年7月）。

図 0-1(1)　景気循環の計量的定義

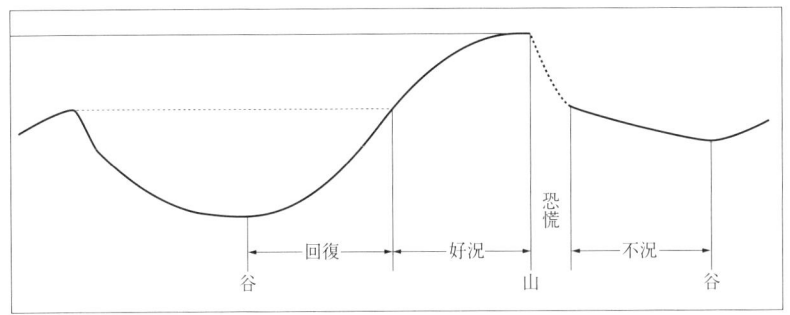

図 0-1(2)　景気循環の概念的定義

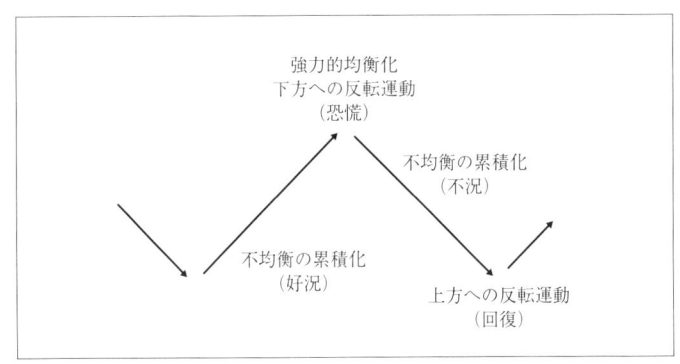

(出所)　拙著『景気循環論』17頁より引用。

って景気循環とはさしあたり回復・好況・恐慌・不況の4局面が交互にこの順序で繰り返される運動と定義できる。

　しかし資本主義経済の諸矛盾の内的な展開過程が景気循環にほかならない。その観点からいえば、回復と好況とは内的諸矛盾が活動化する時期であり、もろもろの不均衡が累積化する過程である。恐慌はこうした諸矛盾の爆発であると同時に、累積化した不均衡を暴力的に均衡化させる運動でもある。恐慌は急激かつ暴力的な均衡化であるが、不況は静かな均衡化であり、ともに回復・好況期とは反対の不均衡が累積化する過程である。それによって好況期に累積化した不均衡が解消されていく過程でもある。しかし慢性的に不況がつづくので

はなく，不均衡の解消とともに自動的に景気は回復していく。したがって景気循環は理論的にいえば，不均衡が累積化する好況→下方への暴力的均衡化（反転）としての恐慌→逆の不均衡の累積化（過剰蓄積の解消）としての不況→上方への反転としての回復，が交互に繰り返される過程と規定される。図示すれば，図 0-1(1)・(2) のようになる。本書の第Ⅰ部での理論的考察はこうした景気循環の概念規定の視点から展開されている。

第5節　資本主義の段階的発展と景気循環の変容

　資本主義は約500年くらい前に，ヨーロッパを中心とした環大西洋圏経済として世界システム化した。4大文明が繁栄したのはいまから約5000年前であり，我々の直接の先祖である新人が誕生したのは約5～6万年前といわれるから，資本主義の歴史は文明社会の10分の1，新人の100分の1にすぎない。人類の歴史上わずかな期間しか存続してこなかった経済社会システムにすぎない。しかしこの短い500年にしても資本主義は同じ循環を繰り返し，同じように発展してきたのではなく，段階的に変化してきた。封建制社会から資本制社会への移行期が本源的蓄積期，資本主義が確立し自立的かつ自律的に運動するようになる時期が自由競争段階の資本主義であり，資本主義が成熟し変質しはじめた時期が独占段階の資本主義であり，第2次大戦後の資本主義は基本的には独占段階の資本主義であるが，国家が政策をとおして資本の価値増殖過程へ組織的・計画的に介入するようになった国家独占資本主義と規定するのが通説である[7]。

　このように短期間に資本主義は急成長したし，また構造的に変化してきた。この段階的変化を引き起こした最大の要因は資本蓄積様式（蓄積パターン・蓄積レジーム）の変化であると思われるが，それにともなって景気循環運動も変

---

[7]　国家独占資本主義という用語は，旧ソ連のスターリン主義下のマルクス経済学の影響が強いとして，放棄する人たちもいるが，現代資本主義の規定としては正確だと思うので，本書でもこの用語を使用する。なお最近の資本主義は戦後の資本主義の新しい局面に入ったとして，グローバル資本主義とか情報資本主義と規定する人たちも登場してきた。たしかにグローバル化や情報化は新しい局面をもたらしているが，国家独占資本主義にとって代わる資本主義の新しい「段階」となるかどうかは今後の推移をみなければならない。

化してきた。景気循環・恐慌が消滅したのではなく，資本主義システムが存続している以上資本蓄積や景気循環・恐慌は存続する。変化したのは発現形態である。したがって法則が変化しながら貫徹している姿（本書では景気循環の変容と呼ぶ）を理論的かつ歴史的に解明しなければならない[8]。この景気循環の変容論が本書第Ⅰ部の主要な課題となる。第1章から第3章は自由競争段階・独占段階・現代の景気循環を考察しており，それぞれの段階の「再生産・蓄積機構」を明らかにしようとした。段階間の移行の論理（発展の理論）は今後の課題として残されている。

第6節　循環と発展

　第Ⅱ部では景気循環が繰り返されていく長期の発展過程を取り上げる。従来，循環と発展とは切り離されて論じられる傾向があったが，循環と発展とは統合的に説明しなければならない。そのためには景気循環論をモデル化してその数値解析をしていくことが，一定の有効性をもつと考える。第5章では景気循環モデルに固定資本を導入して，価格調整型，数量調整型，ミックス型のモデルを作ってみた。第6章ではそれぞれの蓄積モデルを数値解析し，循環的特徴と長期波動的特徴を明らかにしてみた。第7章では利潤率の長期的傾向を二部門分析でやった結果を提示し，資本主義の存続条件を検出してみた。第Ⅲ部では，筆者の景気循環論の性格を再論し（第8章），近代経済学系統の景気学説をも包含した景気循環・恐慌論の全体的な課題をサーベイした（補論）。

---

[8]　宇野派の第三世代の人々（「マルクス経済学の現代的課題」派）は，宇野派の段階論と原理論が切断されているのを克服しようとして，「中間理論」とか「変容論」の必要性を認識し具体化しようとしていることは注目に値するし，歓迎すべきである。こうした試みの一つとして中村泰治『恐慌と不況』（御茶の水書房，2005年）がある。こうした試みに対する筆者の見解については，『季刊・経済理論』第41巻第4号（2006年1月）の書評を参照。

第Ⅰ部　景気循環の段階的変容

第1章　資本主義の景気循環

第1節　予備的考察

第1項　制度的枠組み——自由競争と金本位制度

自由競争　自由競争段階においては自由競争[9]が貫徹する傾向があり，マルクスのいう「理想的・平均的」資本主義像が実現する傾向にあった。資本相互の関係は対等な競争関係にあり，産業部門内部では新技術採用の障害は基本的にないし，利潤率が低ければその部面から流出して利潤率の高い部面に流入することができると想定しよう。労働者相互の関係も単純労働関係であり（複雑・熟練労働は単純労働に還元される），労働者は賃金が高い部面に自由に移動でき，その結果単一の賃金率（剰余価値率）が成立するものとする。資本＝賃労働関係は資本の循環運動によって再生産され，景気循環が自律的に進行し一定の産業予備軍（失業者）が確保されることによって，賃金率が狭い範囲に押し込められ，循環を通じて一定の搾取度が維持されるものと想定する（「資本独占」[10]の成立）。

そして諸資本の新技術の採用や資本の流出入に制約がないということは，産業部面間に参入障壁がないことを意味する。現実には未償却の固定資本が存在し，それが新技術採用や流出を制限する。この制限が資本蓄積そして景気循環を規制する。また，利潤率は絶えず均等化に向かうのではなく，むしろ不均等

---

[9]　マルクスの自由競争概念は完全競争や原子的競争と同じではない。マルクスの競争論は市場価値論や生産価格論として展開されているが，市場価値論においては生産者を生産条件の違い（生産性の違い）によって上・中・下に区分して，その間の競争は平等的競争関係ではなく，支配的な生産条件の資本が市場価値を規制し，他の資本はそれを受け入れる立場におかれている。また新技術を導入することによる供給増が市場価格の低下をもたらすことを考慮している。完全競争や原子的競争概念では生産者はまったく平等とされているし，新規参入による供給増は無視されている。

[10]　カール・マルクス『資本論』第1巻第23章（新日本出版社版，第4分冊）1306頁。

性（格差）を強めてしまう。利潤率が均等化し生産価格が成立するのは，景気循環運動による事後的な平均化作用をとおしてである。

金本位制度　金本位制には金貨本位制・金地金本位制・金為替本位制があるが，金貨本位制は，金貨の鋳造と溶解，輸出入，兌換が保証される。国内的には銀行券と金との交換が保証されるから，通貨の価値と金の価値とは原理的に一致する。国際的には金の輸出入が保証されるから，為替相場（各国通貨の交換比率）は金の現送費以上には変動しない。金本位制とは通貨の価値を金の価値に縛っておく貨幣制度であるといってよい。金兌換の義務があるから，金が中央銀行から流出していく場合は信用供給が制限され，それが資本蓄積を制約する。また金の買入れ価格（公定価格）は固定しているから，一般商品の価格変動とは反対になる。このように金本位制度としての貨幣制度も景気循環運動に影響を与える。しかし同時に，信用制度を含めた経済全体が自律的な循環運動をすることによって，価格は価値（生産価格）に収斂するのであって，金そのものが収斂させるのではない。本書では，金の価値尺度機能を価値表示機能とし，機能を実現する機構は景気循環であると考える[11]。

第2項　投資関数

自由競争が貫徹するから，個々の資本は自分の投資による供給増大が市場全体に及ぼす影響を事前に知らないし，まして投資の結果が自分に及ぼす影響（価格や操業度の低下による損失）を投資決定する時点において考慮することはできない。自分の目先の利潤がどれだけ獲得できるだろうかという予想によって，投資を決定する（期待利潤による投資決定）。しかし不確実な未来に対する予想であるから，最大限過去の実績を重視して投資を決定するものと想定

---

[11]　宇野派は「金の価値尺度機能」に価格運動による価値水準の確定を含ませているが，「絶えざる不均衡の絶えざる均衡化作用」のみを想定するのは一面的であり，マルクスは同時に「均衡の絶えざる不均衡化」をいうことを忘れてはいなかった。こうした価値尺度機能論は，「実現論なき恐慌論」としての宇野恐慌論と表裏の関係にあるように思われる。なお，高須賀義博は独占段階における「価値尺度機能の麻痺」説を提起したが，価値尺度機能そのものは宇野派と同じである。高須賀体系の根底にある「平均化機構としての産業循環」説を徹底させれば，価値尺度機能も景気循環と関連づけて展開されるべきであったろう。

しよう[12]。

第3項　価格調整と数量調整

　資本主義経済では，私的な個別資本の利潤動機によって投資が決定されるから，生産する時点においては社会的需要を事前に知ることができない。しかもその投資が基本的に需要を規定するから，生産者は絶えず変動する需要に直面して対応しなければならない。市場の変動に対する資本の対応は，生産量を維持して価格で調整するか，価格を維持しながら生産量（操業度・稼働率）を調整するか，価格と生産量を同時に調整するかのいずれかである。筆者は価格支配力によって独占価格（寡占価格）が設定される独占段階においては価格維持＝操業度調整が支配的であり，自由競争と価格競争が貫徹する傾向があった自由競争段階においては操業度維持＝価格調整があてはまると考えてきた[13]。拙著『景気循環論』では価格調整型の蓄積モデルを設定して，数値解析によってサイクルを検出した[14]。本章では価格調整型を中心とし，第2・3章では価格調整（非独占資本）と数量調整（独占資本）をミックスした蓄積モデルを展開する。また本章では，基本的には超過需要状態である好況期には機械設備をフル操業するが，超過供給状態にある不況においては操業度も下げるだろうから，価格調整と操業度調整の両方がおこなわれると想定する[15]。さらに前著で

---

12)　景気・恐慌学説の分岐点は投資関数の違いに大きく左右される。代表的な投資関数には加速度原理（サムエルソン）・利潤原理（カレツキー）・ストック調整原理（ハロッド）などがある。マルクス経済学の恐慌論についていえば，宇野恐慌論では，供給に見合う需要が自動的に発生すると想定しているから，事実上，投資関数が不在であり，富塚恐慌論では投資増→市場価格上昇→利潤率上昇→投資増，となっており利潤原理に分類されるだろう。置塩蓄積論はハロッドの資本係数を操業度（稼働率）に置き換えたものであり，一種のストック調整型といえよう。本書の投資関数は利潤原理の一種であるが，投資行動は現実には需要・技術・競争・信用・期待などによって具体的に規定される。

13)　独占資本の価格維持＝操業度（数量）調整型の投資行動などによる独占資本主義や現代資本主義の景気循環と恐慌の特徴（形態変化・変容）については，拙著『独占資本主義の景気循環』（新評論，1974年）第8章，拙著『現代資本主義の循環と恐慌』（岩波書店，1981年）第4章，拙稿「現代資本主義の循環と恐慌」（富塚良三・吉原泰助編『恐慌・産業循環（上）』〈資本論体系9-1〉有斐閣，1997年），参照。森嶋通夫は「伸縮価格」経済と「固定価格」経済に区分して比較したが，後者をケインズ体系としている。森嶋通夫『近代社会の経済理論』（創文社，1973年）第二部。

は生産手段は毎期更新されると想定したが（流動資本モデル），本書では労働手段・労働対象・生活手段の三部門構成であるから，労働手段は耐用年数に達するまでは部分的に価値を回収し（固定資本の貨幣的補塡），耐用年数に達したときに一挙に現物補塡される（固定・流動資本モデル）。

第2節　蓄積メカニズム

第1項　蓄積メカニズム

資本蓄積は以下のように展開していく。

（1）期首の労働手段・労働対象・労働力の配置が決まっているから，期末の生産量は技術的係数によって自動的に決定される。

（2）次期の労働手段の拡大（縮小）は次期の期待利潤率に依存すると仮定し，それに予想する労働手段の購入価格を掛けたものが労働手段への投資額となる。期待利潤率がプラスであれば労働手段を拡大すると想定し，予想価格は三部門とも同じと仮定する[16]。

（3）労働手段の供給量と需要額が決まるから，労働手段の価格が決まる。

（4）労働手段価格が決まるから，各部門で次期投下される労働手段が決まる。

（5）次期の労働手段が決まるから，次期の労働対象が決まる。

（6）次期労働対象を調達するために価格を予想して，労働対象への投資額を決める。

---

[14] 拙著の補論において数量調整型の景気循環モデルをつくってみたが，好況分析と不況分析とが切り離されていて循環分析にはなっていなかった。数量調整を本格的に論じるためには，本書第5章のように固定資本を導入したほうが適切である。生産手段は労働手段と労働対象から成り立つので，固定・流動資本モデルは流動資本モデルよりも現実の世界に近いといえる。さらに固定資本（労働手段）を導入することによって，固定資本の循環周期（耐用年数）と景気循環の周期とを関連づけることができるかもしれない。

[15] 第5章の注113，参照。

[16] 筆者の「流動資本モデル」では，蓄積需要額（不変資本投資額）を期待利潤率で決定したが，本書では期待利潤率は生産手段の拡大率を規定し，その生産手段を調達すべく予想する価格を掛けたものとして蓄積需要を決定すると変更している。また，期待利潤率がプラスであれば生産を拡大すると想定することは，率が低下しても量が拡大すれば投資することを意味する。

（7）労働対象の供給量と需要額が決まるから，労働対象の価格が決まる。

（8）次期労働手段が決まっているから，次期の雇用労働力が決まる。

（9）次期の労働力が決まるから労働市場で貨幣賃金率が決まる。標準的雇用率以上に雇用率が高まれば，賃金は上昇すると想定する[17]。

（10）生活手段の供給量と需要額が決まるから，生活手段の価格が決まる。

（11）労働手段・労働対象・生活手段・労働力の価格が決まったから，実現する利潤率が決まる。投下資本額は固定資本（労働手段）・流動不変資本（労働対象）・可変資本（労働力）であり，利潤は売上高から減価償却費・労働対象（原材料）と賃金のコストを控除した額になる。

第2項　利潤率の規定

景気の動向は蓄積（投資）の動向に決定的に規制される。その蓄積は第1節第2項で述べたように期待利潤（率）に規制されるが，期待利潤率そのものが過去の利潤（率）実績に大きく依存する。利潤率の動向がきわめて重要になってくるので，明確に規定しておこう。i部門の利潤率は以下のようになる[18]。

$$\pi i = (\alpha_i P_i - P_1 \varepsilon - P_2 \delta i - w\beta i)/(P_1 + P_2 \delta i + w\beta i)$$

π：利潤率，P：価格，w：貨幣賃金率，α：資本係数の逆数，β：資本の技術的構成の逆数，ε：減価償却率，δ：労働手段・労働対象比率，である。i＝1，2，3：サフィックス1は労働手段，2は労働対象，3は生活手段である。α以下の技術的パラメータが不変であれば，利潤率の変動は労働手段・労

---

[17] 労働市場で決定されるのは貨幣賃金率なのか実質賃金率なのか。さまざまな景気学説や恐慌論において，異なっているのが現状である。すなわち，マルクスや宇野やグッドウィンは雇用率によって実質賃金率が決定されると考えていた。ケインズは貨幣賃金率が決定されると考えていた。置塩は実質賃金率を維持すべく生活手段の価格を予想して貨幣賃金率を決定するとした（置塩信雄『経済学と現代の課題』大月書店，2004年，195-196頁）。置塩は労働者の賃金交渉力を高く評価していることになるが，過大評価のように思われるし，期待される実質賃金率が一定の値を下回れば労働力を提供しないとするのには疑問である。本書でも，労働者は雇用を優先させていかなる貨幣賃金率でも受け入れざるをえない立場にあると想定する。

[18] 利潤率の数学的定式化については，第5章第3節(11)で説明する。

図1-1 利潤率の成長循環

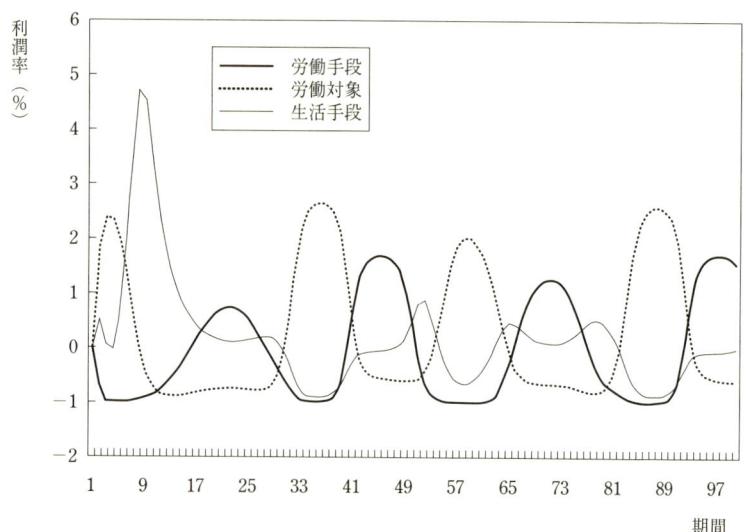

図1-2 利潤率平均値の循環

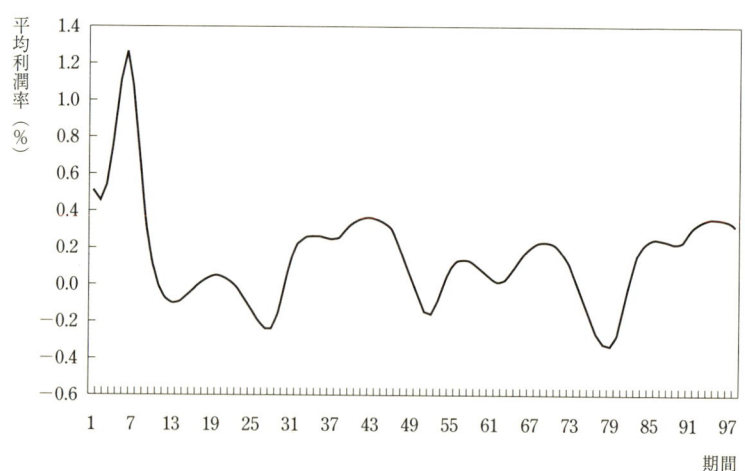

働対象・生活手段の価格と貨幣賃金率の変動によって決定される。当然，貨幣賃金率wが上昇すれば利潤率は低下するし，自部門の価格Piが上昇すれば利潤率も上昇する。技術進歩が導入されて技術的構成（$1/\beta$）が高度化すれば利

潤率は上昇し，労働手段・労働対象比率 δ が上昇すれば利潤率は上昇し，資本係数（$1/\alpha$）が低下すれば，やはり利潤率は上昇する関係にある。

第3項　利潤率循環

　技術を不変，初期値とパラメータを特定化すると，三部門の利潤率は図1-1のように循環する[19]。三部門の利潤率は同時化していないが，それらの平均は図1-2のように全体としては循環している。しかし現実の投資は技術・競争・需要・信用状態によって規定されるから，以下の景気循環過程の分析においては，これらの要因を導入して説明していこう[20]。

第3節　好　況

第1項　加速的蓄積

　期末の供給量＜実物需要量（次期調達したい量）となり，超過需要状態になったとしよう。販売価格が上昇し利潤率が上昇する。また不況末期の補塡投資が新技術を採用しておこなわれるから，資本の技術的構成が高度化したり資本係数が低下し，やはり利潤率は上昇する。補塡投資が不況末期から集中化して生じれば，「販売なき購買」（固定資本の現物補塡）＞「購買なき販売」（固定資本の貨幣的補塡）となり，この面からも「超過需要」が発生する[21]。利潤率の上昇は期待利潤率を上昇させ，技術進歩の導入や超過需要は投資の利潤率への反応を高めるから，蓄積（投資）が増加する。蓄積増加は一層の価格上昇と利潤率上昇をもたらし，利潤率上昇と蓄積増加の好循環が出現し，蓄積が加速的

---

[19]　初期値・パラメータの値については，第6章第1節で説明する。各部門の利潤率は同時化せずタイム・ラグをともなって変動している。利潤率が低下しても「率の低下を量の増加でカバーする」投資が起こるから，生産量のほうはかなり同時化した循環運動をする。生産量は第6章第1節図6-7のように変動する。

[20]　筆者はかつて，景気循環過程を実証的に分析したウェスレイ・ミッチェルの景気循環論とルドルフ・ヒルファディングの恐慌論を比較しながら，古典的景気循環機構を叙述してみた（『独占資本主義の景気循環』第3章）。以下の景気循環過程の説明はそれを基礎としている。

[21]　拙著『景気循環論』84-85頁。

に増加する好況が進展する。

第2項　不均等発展

　この加速的蓄積によって生産も急拡大していくが，各部門の成長率が同じくなる均等的発展ではなく，不均等発展となる。各部門の利潤率が格差をもって不均等に上昇するからである。不況末期からの新技術下の補塡投資は真っ先に労働手段への需要を急増させる。さらに新技術の導入によって技術的構成が高度化するから，補塡投資に限定すればかえって失業が発生する[22]。新投資も発生するだろうが，新技術下の補塡投資による失業発生によって雇用量は低迷しているといえる。そのために雇用率の上昇が弱いから，貨幣賃金率の上昇は生産手段（労働手段と労働対象）の価格より遅れるだろう。生活手段の需要増加が弱いから，その利潤率の上昇も弱くなる。その結果，労働手段の利潤率＞労働対象の利潤率＞生活手段の利潤率，となるから，労働手段部門の蓄積が最も大きくなり，生活手段部門の蓄積が最も小さいので，労働手段を中心とした生産手段部門の不均等発展となる。

（1）**生産手段の不均等発展**　不均等発展の度合いは各部門の蓄積額の比率に依存する。すなわち部門構成（各部門の生産手段の比率と定義）の高度化率＝蓄積比率であれば，部門間の成長率比率が一定となる生産手段部門の不均等発展となる[23]。部門構成高度化率＜蓄積比率となれば，生産手段の不均等発展が一層深まり，逆であれば生産手段の不均等発展は弱まっていく。図1-3のように不均等発展のタイプが分類される。生産手段の不均等発展がさらに進めば実質賃金率は上昇するが[24]，そうではないかぎりでの不均等発展であれば，就業労働力の伸び＞生活手段の伸びとなり，実質賃金率は低下していく[25]。

　生産手段の不均等発展として好況が進行していけば，蓄積の潜在的基盤たる

---

[22] 景気判定の基準としてDI（ディフュージョン・インデックス）分析があるが，それによっても失業率は遅行系列として扱われている。

[23] 二部門モデルでの証明については，拙著『景気循環論』142頁，参照。

[24] 富塚良三『恐慌論研究』（未来社，1975年）において，生産手段部門の自立的発展と実質賃金率上昇が同時に起こると考えられていると理解すれば，それはこのようなケースにおいて成立する。私もかつて生産手段部門の不均等発展の進化によって，実質賃金率が低下から上昇に逆転することを指摘した（拙著『独占資本主義の景気循環』付論1第7節）。

余剰生産手段（生産された生産手段−補塡する生産手段）が累増していく。さらに，超過需要に対応しようとする供給側には建設期間が介在する。瞬間的に供給を増加させることはできない。建設時間は，労働手段部門＞労働対象部門＞生活手段部門と想定できるから，生産手段部門の価格は最も騰貴し，不均等発展は強化されるから，余剰生産手段は一層累増する。ま

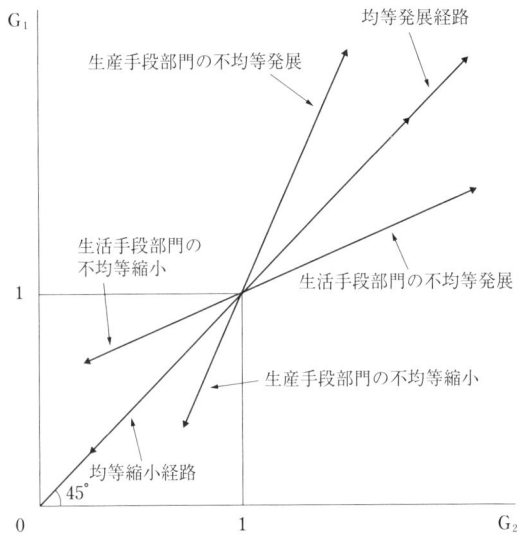

図1-3 発展（縮小）経路

（出所） 拙著『景気循環論』94頁より引用。

た，不況末期や好況前半とは反対に固定資本の貨幣的補塡（D）が現物補塡（R）を上回るようになり，「超過供給」状態になる。累増する余剰生産手段を吸収する以上の新投資が起こっていけば，超過需要状態は持続し，好況がつづいていく。しかし次節で考察するように新投資が諸制限にぶつかり，やがて過剰生産が勃発する。

(2) **生活手段の不均等発展への転化の可能性** 生産手段を中心として加速的蓄積が進展する過程で，確実に就業労働力（現役軍）は増大していく。貨幣賃金率も上昇するから生活手段需要は急増する。生活手段の供給のほうは，生産手段が不均等に発展しているのだから需要に追いつけず，生活手段の市場価格は上昇する[26]。他方で生産手段の市場価格のほうは余剰生産手段が累増してい

---

25) 実質賃金率を不変としたときの生産手段部門の成長率以上の成長率を生産手段部門がとったときには，実質賃金率は上昇し，それ以下の成長率のときには実質賃金率は低下する。成長比率一定の生産手段部門の不均等発展であれば，実質賃金率は低下する。詳しくは拙著『景気循環論』第7章第3節，参照。好況期に実質賃金率が低下するとしたのが，置塩信雄『蓄積論』（筑摩書房，1967年）である。

くから上昇が鈍化するかもしれないし,鈍化しなくても生活手段の上昇より小さくなる可能性が大いにある。こうした相対価格の逆転が起これば,生活手段部門の利潤率＞生産手段部門の利潤率となり,投資は生活手段に多く向かい,生活手段部門の不均等発展に転化する。この不均等発展下では,生活手段の伸び＞就業労働力の伸びとなり,実質賃金率は上昇していく[27]。不均等発展の度合いは生産手段の不均等発展と同じく,部門構成の低下と両部門への蓄積比率の大小関係に依存する。すなわち,部門構成の低下＝蓄積比率であれば成長比率が一定の生活手段の不均等発展となり,蓄積比率の低下のほうが大きければ不均等発展は強まり,逆であれば不均等発展は弱まる。生活手段の不均等発展が極端に強まる場合には実質賃金率は低下に逆転するが,そこまでいかない程度の不均等発展であれば,実質賃金率は上昇していく。実質賃金率の上昇が労働生産性の上昇を上回れば利潤率が低下しはじめ[28],やがて蓄積は鈍化していくことになる。

(3) **均等発展の偶然性**　生産手段の不均等発展から生活手段の不均等発展に転化する際,たまたま両部門の利潤率が一致すれば,蓄積増加率・労働手段増加率が均等化し,したがって両部門は均等に成長する。この均等発展がつづけば実質賃金率は一定となる。しかし,こうした比例性が絶えず攪乱され破壊されるのが資本主義経済の特徴であり,両部門の利潤率が一致するのは偶然的な確率にすぎない。注27で指摘したように,数値解析の結果は,生産手段の不均等発展から生活手段の不均等発展への逆転である。

第3項　信用による膨張

こうした好況過程を貨幣面から支える信用を考察しておこう。不況期には貨幣資本は銀行に滞留しているし,銀行同士の貸付競争が激化しているが,投資

---

26)　このとき,貨幣賃金率と生活手段価格の上昇のどちらが大きいかは,生産手段と生活手段の不均等発展に依存する。依然として生産手段の不均等発展ならば,前者より後者が高く,実質賃金率は低下する。

27)　二部門分割(流動資本)モデルの数値解析では,好況前半の生産手段部門の不均等発展から好況後半の生活手段部門の不均等発展へ転化し,それにともなって実質賃金率は低下から上昇に転じる(拙著『景気循環論』133–136頁)。

28)　宇野派の実質賃金率上昇＝利潤率低下論はこのようなケースにおいて成立する。

需要の増加とともに銀行は貸付を増大する。機能資本同士が貸し付けあう商業信用は，販売が順調であるから生産・流通を一層拡大するように作用する。銀行にも貸付が順調に還流してくる。したがって，商業信用・銀行信用ともに利子率は低位で安定的に拡大し，加速的蓄積を一層促進する。銀行は預金の数倍にあたる信用を創造するから，機能資本の期待利潤率が高まり蓄積欲が強まっても，それを満たすための貨幣は供給される。このように低位の利子率での貨幣供給が実現していることは，機能資本の投資への期待度を高め，加速的蓄積を促進する。

信用関係が順調であっても，信用創造によって実体経済の不均等発展は強まり，その背後で進展しているさまざまな不均衡を一層累積化していることに注意しておこう。しかし，商業信用が順調で，銀行の貸出も順調に返済されているかぎりでは，信用貨幣による支払決済で十分だから，中央銀行への金兌換請求は生じていない。いわば信用主義が支配している。

第4節　恐　慌：下方への反転運動

前節で考察したように，好況期の加速的蓄積は生産手段部門の不均等発展か生活手段部門の不均等発展となり，均等的な発展は偶然でしかない。利潤率が均等化せず不均等化（格差の持続化）するからである。どちらが不均等に発展するかは，両部門の期待利潤率と投資の期待利潤率への反応の大きさ（反応係数）に依存する。どのように発展しようとも，つぎのような諸制限にぶつかり過剰生産恐慌が勃発し，景気は下方へ反転する。

第1項　実質賃金率上昇―利潤率低下

好況期の加速的蓄積が進展していけば，産業予備軍が減少し（雇用率の上昇）貨幣賃金率は上昇していく[29]。しかし実質賃金率は，貨幣賃金率上昇＞生活手段価格の上昇となるか，生活手段の伸び＞現役軍（就業労働力）の伸びとなれ

---

29) こうした事態は，好況期に労働力供給以上に蓄積が不均衡に（過剰に）進展していた結果である。

ば上昇し，逆であれば低下する。前節で指摘したように，生産手段の正常な不均等発展であれば実質賃金率は低下し，極端化すれば上昇に転ずる。生活手段の正常な不均等発展であれば実質賃金率は上昇し[30]，極端化すれば低下する。ここでは生活手段が不均等に発展し実質賃金率が上昇するケースを取り上げよう。実質賃金率の上昇は両部門の利潤率を低下させるが，相対価格が悪化し発展が遅れている生産手段部門の利潤率がより低下する。利潤率の低下によってこの部門の投資（蓄積）額は鈍化し，それが生産手段価格の上昇を鈍化させる。利潤率が一層低下するから，この部門での労働力需要も鈍化させる。生活手段の量は引き続き増加しているから，この現役軍増加の鈍化は実質賃金率を一層上昇させる（いいかえれば貨幣賃金率の上昇は鈍化するがそれ以上に生産増によって生活手段価格の上昇が鈍化する）。この実質賃金率の一層の上昇は，生活手段部門の利潤率を低下させ投資を抑制するとともに，生産手段部門の利潤率を一層低下させ，投資をさらに鈍化させる。このように，生産手段部門の投資額の鈍化→実質賃金率の一層の上昇→生活手段部門の投資額の鈍化→生産手段部門の投資額の一層の鈍化，の過程が進行する。このように生産手段への実物需要と投資額が鈍化し，余剰生産手段が増加していくから，遅かれ早かれ過剰生産恐慌に突入する。

第2項　産業予備軍の枯渇

　産業予備軍が減少しても，貨幣賃金率は上昇するが実質賃金率はかならずしも上昇しなかった。しかし完全に枯渇すれば（完全雇用になれば），就業労働力は絶対的に増加しない[31]。労働時間が延長されなければ剰余価値・利潤（余剰生産手段と余剰生活手段）[32]は絶対的に増加しなくなる（マルクスはかかる

---

30) こうした事態は，好況期に労働力需要以上に生活手段部門が不均衡に発展していたことを意味する。

31) 労働人口一定と仮定している。労働人口が増加していれば，労働力人口の増加に労働需要が強制的に縮小される（「完全雇用調整」）。その結果，第7章第4節第4項で見るように，利潤率は急落する。

32) 余剰生産手段と余剰生活手段を価値で集計したものが剰余価値であり，価格で集計したものが利潤である。サープラス（余剰生産手段と余剰生活手段）こそ利潤の源泉なのである。詳しくは拙著『景気循環論』の第4章第1節，第5章第1節，参照。

状況を「資本の絶対的過剰生産」と呼んだ)[33]。社会全体（マクロ）でこのような状態になれば，全体として蓄積が停止し過剰生産になるだろう。もしミクロ的に労働力の引き抜き合戦がおこなわれたとしても，引き抜きに成功した部門は均衡を維持すべき成長率が達成されたとしても，引き抜かれた部門では均衡成長率を維持することが不可能となり，成長率が急低下するから，やはり過剰生産恐慌が発生する[34]。

第3項　実質賃金率の下限

　生産手段部門が正常に不均等発展する場合には実質賃金率は低下した[35]。実質賃金率には労働力の再生産を補償しなければならない最低限が存在する。この下限以下に実質賃金率が低下すれば，労働者は働く意欲なり動機を喪失してしまう。労働者は工場に出勤することをやめるか，本格的なストライキに立ち上がるだろう。ともに労働力供給が減少する結果をもたらす。後者の場合には資本主義が解体される危険性を生みだす。ともあれ労働力供給の減少は，前項の産業予備軍の枯渇以上に深刻な事態であり，同じような経路を経て過剰生産恐慌に突入する。

第4項　信用制限

　第1項から第3項の不均衡の累積によって過剰生産が勃発すれば，販売（実現）の順調さに基礎をおいていた商業信用の連鎖が破壊され，不信の連鎖に転換してしまう。銀行に貨幣需要が殺到するが，銀行への返済はやはり過剰生産によって困難化しているから，貸付を制限する。好況期の信用主義から重金主義へ変貌する。このようにして信用制度が攪乱されることによって，過剰生産恐慌は一層激化していく。

　しかし過剰生産になる前に貨幣・信用が制限されて[36]，それらによって過剰生産になる場合もある。もともと金本位制度は銀行券と金との兌換を保証しな

---

33)　カール・マルクス『資本論』第3巻第15章（新日本出版社版，第9分冊）428-429頁。
34)　詳しくは拙著『景気循環論』152-154頁，参照。
35)　こうした事態は，好況期に生産手段部門の蓄積とそれにともなう労働力需要が，生活手段部門よりも不均衡に進展していたことを意味する。

ければならないから,無制限に信用を創造(銀行券の増発)することはできない。金兌換の義務から中央銀行が信用を制限することは理論的にありうる。歴史的には,輸入の増大による金の対外流出や,賃金支払額の増大による金の対内流出によって,銀行信用が制限された[37]。銀行信用の制限はやはり利子率を急上昇させるから,再生産過程はまだ過剰生産が発生していなくとも,利潤率低下と衝突して,過剰生産を引き起こす。この場合は,信用制限が過剰生産の直接の引金となることを意味する。また好況末期には金融資産や一般商品に対する投機活動が活発化するが,価格を人為的に吊り上げるために銀行への借入需要が急増する。その分だけ実体経済(現実資本の世界)への信用供与が減るならば,利子率を急上昇させる[38]。投機活動が崩壊して(取引所恐慌),それに巻き込まれて現実資本の世界で過剰生産恐慌になる場合もある。

第5項 「暴力的均衡化」と「静かな均衡化」

こうした諸原因によって過剰生産恐慌になれば,超過需要状態から超過供給状態に転換する。価格機能が正常に機能してこの転換(下方反転)がスムーズに進行すれば(「静かな均衡化」),自動的に成長率は低下し,やがてマイナスとなり縮小再生産になっていく。しかし価格機能が攪乱されて正常的に調整できない場合には(「暴力的均衡化」),激烈な形で過剰生産恐慌が勃発するだろう[39]。均衡化がどちらの形態をとるかは一義的には確定できないだろうが,拡大再生産から縮小再生産へ転換していく過程なり運動を恐慌と定義しておこう。

---

36) 貨幣・信用機構からの制御作用については,玉垣良典『景気循環の機構分析』(岩波書店,1985年)第6章第3節,参照。
37) 西村閑也『国際金本位制とロンドン金融市場』(法政大学出版局,1980年)。
38) ヒルファディングやミッチェルは好況末期における創業・取引所・投機活動によって,利子率が急上昇することを指摘している。拙著『独占資本主義の景気循環』87頁,96-97頁,参照。
39) 拙著『景気循環論』の第10章は「静かな均衡化」(連続的景気循環),第11章は「暴力的均衡化」(不連続的景気循環)を考察した。最初に両不均衡を区別したのは松岡莞爾「静かな均衡化と暴力的均衡化——競争論における試論」(『静岡大学文理学部研究報告・社会科学』第13号,1965年)である。

第5節　不　況

　好況期に累積化した不均衡は，不況期に反対の不均衡が累積化することによって整理・解消されていく。すなわち，蓄積と労働力供給の不均衡による産業予備軍の減少・枯渇は，恐慌・不況期の蓄積の衰えと失業の急増（産業予備軍の確保）によって解決される。労働力需要と生活手段供給との不均衡による実質賃金の上昇（生活手段の不均等発展の場合）や実質賃金率の下限（生産手段の不均等発展の場合）も，再度産業予備軍が確保されることによって解消されていく。信用の制限も恐慌が一段落して不況に向かえば，貨幣資本は銀行に滞留し，利子率は蓄積の停滞を反映して低下していく。

第1項　蓄積の停滞
　不況期は超過供給状態であるから価格や操業度が低下していく。そして期待利潤率がマイナスになっていれば，新規の固定資本投資はまったく起こらない。もちろん自由競争段階においても成長産業があり，長期的需要拡大を見越して新投資が起こるだろうが，独占段階ほど大規模にはならないであろう。若干の更新期を迎えた資本は補塡投資に向かうから，労働手段への需要は減少しているが存続している。残存固定資本が操業されるから，労働対象と労働力への需要は労働手段ほどには減少しない。しかし，価格・操業度低下→実現利潤率低下→期待利潤率低下→蓄積減少→価格・操業度の一層の低下という悪循環が進行し，蓄積が累積的に減少し，縮小再生産が進展していく。

第2項　不均等縮小
　(1)　**生産手段の不均等縮小**　新規の固定資本投資は基本的に生じないから労働手段需要は大幅に低下するのに対して，残存固定資本が稼働することによって労働対象と労働力（生活手段）への需要はある程度存続する。そして労働手段の利潤率が最も低下し，生産手段部門が不均等に縮小していく。この過程で実質賃金率はどうか。失業はどの部門でも発生しているが，生産縮小の最も大きい労働手段部門での失業が最も大きい。このことは現役軍（雇用量）の減

少のほうが生活手段の減少より大きいことを意味するから，実質賃金率そのものは上昇する（貨幣賃金率の低下以上に生活手段価格が低下する）[40]。生産手段部門の不均等縮小がさらに深化する場合には，好況期とは逆に実質賃金率は低下に逆転する。

(2) **生活手段の不均等縮小への転化の可能性** 好況期の生産手段の不均等発展が生活手段の不均等発展に転化する可能性があったように，生産手段の不均等縮小が生活手段の不均等縮小に転化する可能性もある。すなわち，縮小再生産がつづくから失業は累増していく。雇用率の低下は貨幣賃金率をさらに低下させるから，生活手段需要は急減する可能性がある。生活手段の供給のほうは生産手段が不均等に縮小しているからその減少は大きくないので，生活手段の市場価格はより低下する。他方で生産手段への需要は減少しているが固定資本の補塡という下限があるから，その減少が底に達する可能性がある。生産手段の市場価格の低下が生活手段の低下より小さくなる可能性が大いにある。新産業での新投資があればこの可能性はさらに大きくなる。こうして相対価格の逆転が起これば，生活手段部門の利潤率＜生産手段部門の利潤率となり，投資減少は生活手段が高くなり，生活手段部門の不均等縮小に転化する[41]。こうなれば生活手段の減少が雇用量（現役軍）の減少より大きくなり，実質賃金率は低下に転換する（貨幣賃金率の低下より生活手段価格の低下が小さくなる）。さらに生活手段部門の不均等縮小が極端化すれば，実質賃金率は逆転する可能性もある。

第3項 信用の緩和

激烈な恐慌が発生しているときには信用逼迫が起こり，支払手段需要が殺到し利子率は急騰した。しかし倒産や債権・債務関係の整理が一段落すれば，貨幣は銀行に滞留する[42]。現実資本の側では蓄積が停止している状態であるから，

---

[40] 数値解析の結果は，不況前半期に実質賃金率は上昇し，不況後半期に低下した（拙著『景気循環論』133-136頁，参照）。

[41] 好況期に均等発展になる「可能性」があったように，不況期にも均等縮小になる「可能性」はあるが，それは偶然的であろう。

[42] 拙著『独占資本主義の景気循環』123-124頁。

固定資本の現物補塡が多少進むにすぎず，投資需要が冷え込んでしまっている。それでも銀行のほうは貸付しなければ利潤が獲得できないから，銀行間での激しい貸付競争が展開される。中央銀行へ金が還流してくるから，信用制度の貸付能力は回復している。その結果，利子率は低下していく。

第4項　資本破壊の進行

　恐慌・不況期の価格や操業度の低下は資本破壊を引き起こす。価格が低下しつづけ，それが古い機械設備の費用を下回るようになれば，資本は物理的に廃棄（スクラップ）される。この場合は，資本が価値的にも使用価値的にも消滅する。価格低下が最も大きい労働手段部門を中心として破壊が進行するだろう。操業度が低下する場合に，遊休機械設備が減価償却されなければ価値が回収されず，直接に価値喪失が起こっていく。以上は生産資本の破壊であるが，商品資本も在庫品の腐朽化として資本破壊が進行する。こうした資本破壊の進展は，好況期に過剰に蓄積された資本の整理過程であり，利潤率を回復させるように作用する。

第6節　回　復

　不況が進行していく過程で，景気回復の条件が経済内部から自動的に生じてくる。慢性的に不況が長期化するのではない。

第1項　利潤率回復─利子率低下

　第4節第4項で指摘したように，利潤率低下と利子率上昇が衝突して恐慌に突入した。不況期にはこの衝突が緩和されていく。前項で考察した資本破壊の進行は過剰資本を整理するから，利潤率を回復させるように作用する。前節の第2項で考察したように，生活手段部門が不均等に縮小するときには，実質賃金率は低下した。この低下はやはり利潤率を改善するように作用する。他方で利子率のほうは前節の第3項でみたように低下していった。かくして利潤率が改善され利子率が低下していくので，やがて利潤率が上昇し，景気が自動的に回復する可能性が生じてくる。

第2項　産業予備軍の累増・実質賃金率低下

　産業予備軍が枯渇してしまえば，実質賃金率が上昇しなくとも恐慌に突入した。縮小再生産の持続化は失業を絶えずもたらすから，産業予備軍が確保されるばかりでなく累増していく。それは貨幣賃金率を低下させ，やがては実質賃金率も低下させるだろう。具体的には，生産手段の不均等縮小が極端化した場合や，生活手段の不均等縮小に転化した場合に実質賃金率は低下する。こうなれば当然利潤率回復要因として作用し，前項のような可能性を強めていく。実質賃金率が低下していく過程で利潤率上昇をもたらさず，引きつづき低下し，第4節第3項で考察したように実質賃金率の下限にぶつかったとしよう[43]。労働供給は減少し雇用率が上昇するから，貨幣賃金率は上昇し実質賃金率低下がストップしたり，上昇することもありうる。これが生活手段需要の減少の歯止めとなりうる。

第3項　補塡投資の集中

　前節第4項で考察したように，資本破壊が進展していけば利潤率を回復するように作用した。また，資本破壊を強制された資本が，その生産能力を維持するために投資に走ることもある。不況期には資本は「生きるか死ぬか」の安売り競争をしているが，この価格戦争に勝つ最終的手段は，新技術を導入してコストを大幅に低下させることである。不況期にも機械設備の更新期に達した資本は現物補塡し，これが景気下降の歯止めとしても作用した。しかし更新期に達していない資本も，競争戦に勝ち抜くために現物補塡に走り，新技術の採用に踏み切るだろう。こうした新技術下の補塡投資が競争によって強制されるのである。固定資本の現物補塡は「超過需要」をもたらすから，そのある程度の集中化は労働手段部門への需要を喚起する。こうなれば景気は確実に回復していくだろう。

---

[43]　実質賃金率の下限にぶつかって労働者階級が革命に立ち上がるようになれば，資本主義解体の危機が生まれる。歴史的にもコンドラチェフ波動の下降局面において，プロレタリアートの反乱が多発した。加藤雅『景気変動と時間』（岩波書店，2006年予定）第5章第1節，参照。

第7節　景気循環と資本主義の存続

恐慌は資本主義経済の内在的諸矛盾の集中的爆発であり，累積化したもろもろの不均衡の限界の露呈である。しかしマルクスもいうように，「攪乱された均衡を瞬間的に回復する暴力的爆発」[44]でもある。この均衡化はすでに第4節第5項で考察したように，「暴力的均衡化」と「静かな均衡化」のどちらかの形態をとる。

第1項　平均化機構としての景気循環

恐慌は労働者には失業を強制し，富の物的基礎である生産能力を破壊していく。このような人的・物的犠牲を強制しながら，資本主義経済はもろもろの均衡を達成していく。いいかえれば，人的・物的犠牲を払わなければ均衡を達成できない経済システムであるともいえる。すなわち恐慌・不況期に産業予備軍を確保し，剰余価値生産・資本蓄積の根本的条件を再建する。いいかえれば，景気循環によって労働力の需給関係が調節されていることになる。また好況期に価格が不均等に騰貴し利潤率も不均等に上昇するが，恐慌・不況期に反対の不均等運動が起こることによって価格が均等化し，利潤率も均等化される[45]。景気循環運動が平均化機構となる[46]。この平均化運動によって価値法則（生産価格法則）が貫徹し，資本主義経済の生産・分配・消費が規制され，いわば経済原則が資本主義的形態をとって実現されていく。

---

44)　カール・マルクス『資本論』第3巻（新日本出版社版，第9分冊）425頁。
45)　第7章で景気循環モデルによる利潤率の循環的・長期的変動を数値解析するが，結論を先にいえば，価格や利潤率は平均化して一定の均衡水準が形成されるが，部門間の利潤率はかならずしも均等化しない。平均化作用はいえても完全に均等化するとはいえない。今後の研究課題である。
46)　平均化機構としての景気循環という発想は，高須賀義博の経済学体系の根底にあった発想である。この点が，均衡は絶えず成立していると想定する宇野派恐慌論との決定的な対立点である。高須賀は景気循環論を完成しなかったが，たとえば，高須賀義博「宇野原理論の核心」（『経済セミナー』1977年6月号），同『マルクスの競争・恐慌観』（岩波書店，1985年）参照。宇野派恐慌論の最近の動向については，筆者の書評（『季刊・経済理論』第42巻第4号，2006年1月）参照。

第2項　景気循環と金本位制

　すでに考察したように，信用関係によって景気の膨張が過度に進められ，景気の収縮がやはり過度に進められる。また金本位制下では，金の対外・対内流出入によって信用が調節され，景気循環も金によって規制されているといえる。さらに，貨幣用金の価格は公定価格として固定しているから，一般商品の価格の循環的運動とは反対の動きとなる。すなわち，好況期には金の相対価格は悪化し，不況期には有利になる。こうした一般物価との反対の運動は，景気循環を金供給したがって信用の側面から間接的に規制していることになる[47]。しかし，金生産が景気循環運動そのものを生みだしているのではない。現実資本の世界が景気循環運動をすることの貨幣資本の側の反応と位置づけるのが適切であろう。景気循環運動によって均衡化が達成され，したがって価値法則（生産価格法則）が貫徹することによって，金本位制が維持される。景気循環と金本位制とはこうした相互規制関係にあり，価値法則（生産価格法則）貫徹の表と裏の関係にある。

---

[47]　馬場宏二『世界経済——基軸と周辺』（東京大学出版会，1973年）第2章は，景気循環中の一般商品と金商品の価格変動の違いによる利潤率の乖離から金の価値尺度機能を論じている。

第2章　独占資本主義の景気循環

第1節　予備的考察

第1項　制度的枠組み――自由競争の独占への転化と金本位制度の変質

(1) 自由競争の独占への転化　生産力が発展していくと標準的に必要とされる資本量（「最低必要資本量」）が増大していく（規模の経済の作用）。重化学工業には巨大な資本量が必要となり，資本調達機構として株式会社が利用される。しかしすべての資本が株式会社化できるのではないし，株式会社がすべて資本調達に成功するのでもない。巨大化した資本量を調達できる資本グループとできない資本グループとに分裂し，部門内競争が制限される。単に量的に資本量が増大するだけでなく，その生産能力が市場（需要）に対しても相対的に増大する。そのために資本調達能力がある他産業の大企業も，当該産業に参入しても供給過剰を引き起こす危険性を予測し，参入を控えるようになる（部門間競争の制限）[48]。こうした二重の参入障壁の形成によって競争が制限され，基幹的産業では少数の巨大株式会社形態の独占資本が支配するようになる[49]。具体的には集中・合併運動のような企業結合によっても独占化は進展するだろうし，原料調達・販売網・技術独占などの副次的参入障壁によっても独占化は進展する[50]。かくして自由競争段階の「資本家的共産主義」は「支配・従属関係」に転化する。そして資本蓄積は，独占資本が支配する産業と非独占資本が支配的な産業に分裂して，進行するようになる[51]。独占資本は独占的高利潤

---

[48] この参入障壁のことを産業組織論ではパーセンテージ効果と呼ぶ。

[49] 資本の集積・集中運動から独占を論じる視点は，すでにカール・マルクス『資本論』やB. H. レーニン『帝国主義論』にある。その視点に参入障壁論を取り入れて展開した文献として，本間要一郎『競争と独占』（新評論，1974年）第4章第2節，北原勇『独占資本主義の理論』（有斐閣，1977年）第1篇第1章，参照。

[50] 参入障壁を全面的に研究したのは，J. S. Bain, *Barriers to New Competition*, Harvard University Press, 1956, である。

（独占利潤）を獲得し，その一部を「優秀な労働力」を確保するための高賃金に支出するから，労働市場は分断される傾向がでてくる。独占的企業には強固な労働組合が結成され，賃金の下方硬直性が生まれてくる[52]。

（2） **金本位制の形骸化のはじまり**　独占資本は価格競争に突入することによる「共倒れの危険性」を回避するために，価格競争を回避して，明示的あるいは暗黙的了解のもとに価格を維持する。しかし新技術導入競争は一層激化する側面があるから，コスト（価値）は確実に低下し，独占利潤が増大していく。価値が下がるのに価格が維持される傾向がでてくるので，価格総額が価値総額から乖離する傾向が独占段階では生じる[53]。さらに恐慌・不況期に独占価格が維持されることによって，前章で考察したような景気循環の平均化機構が作用しなくなる。いいかえれば，景気循環運動による金本位制の補強ができなくなることを意味する。さらに世界市場で関税政策やダンピング輸出が顕著となり，世界市場価格の形成が妨げられるから，金による価格規制が弱体化する。このように独占段階に入るとともに金本位制の形骸化がはじまったといえる[54]。

第2項　独占と非独占との価格政策・投資行動

自由競争段階では，資本は期待利潤率が利子率より高ければ投資に踏み切ったが，価格支配力のない非独占資本はこのように投資行動する。独占資本は，自分の投資がもたらす供給増加による価格や操業度の低下による損失を考慮できるようになる。すなわち，新投資が獲得する新利潤から，既存投下資本が価格低下によって被る利潤減少と操業度低下による資本喪失（減価償却費の増大）を控除した限界利潤が，投資決定の目安となる。独占段階では価格維持＝操業

---

51)　拙著『独占資本主義の景気循環』（新評論，1974年）第8章と同じく，同一産業には独占と非独占は共存していないと想定する。

52)　労働と労働市場の分断を体系的に分析した文献として，D. M. Gordon, R. Edwards and M. Reich, *Segmented Work, Divided Work*, Cambridge University Press, 1982，ゴードン／エドワーズ／ライク著，河村哲二・伊藤誠訳『アメリカ資本主義と労働』（東洋経済新報社，1990年）がある。

53)　高須賀義博『現代価格体系論序説』（岩波書店，1965年）第二篇第3・4章，参照。

54)　金本位制の形骸化については，世界経済レベルで「価格機構の偏奇・歪曲」として馬場宏二氏が指摘している（『世界経済　基軸と周辺』東京大学出版会，1973年，108頁）。

度調整が支配的となるから，操業度低下が現実的である[55]。この期待限界利潤率がどの水準以上であれば投資するだろうか。

　独占は独占価格を設定する際，投下資本全体が獲得すべき目標（要求）利潤率を決める。すなわち，一定期間（たとえば1景気循環）にわたる標準操業度のもとでの標準原価を計算し，それに一定の目標マージンを掛けて価格を設定する（「フル・コスト原理」）。この価格のもとで目標（要求）利潤率はつぎのようになる。

　　目標（要求）利潤率＝生産量×（価格－標準原価）÷投下資本
　　　　　　　　　　　＝標準原価×目標マージン×生産量÷投下資本

期待限界利潤率がこの目標利潤率より高くなると予想すれば，新投資に踏み切る。

　独占資本がこのような投資行動をとることによって，投資抑制的基調が形成される。しかしそれがストレートに発現して，独占資本主義全体が停滞化するのではない[56]。前章でも指摘したように，投資は具体的には技術・需要・競争・信用・期待状態によって規制される。コストを大幅に低下させる画期的な技術が開発されている場合や，長期的な需要拡大が予想される場合には，投資が起こる[57]。また競争が激化して生き残るために，資本破壊を覚悟して新技術導入に走ることもある。信用状態が良くて利子率が低下していれば，独占は目標利潤率そのものを低く設定するかもしれない。そもそもグループ化した独占集団（金融資本グループ）内部から資金が提供される場合には，外部調達する場合の利子率はほとんど投資決定に影響しないだろう。

　このような独占の価格設定・投資行動の結果，ある程度の計画性が資本内部から形成される。目標利潤率がある一定期間を見通して決定されるように，投

---

55) 限界利潤の規定については，拙著『独占資本主義の景気循環』第2章第2節，第4章第2節，参照。以下の考察では，独占資本は景気循環をとおして基本的には価格を固定させておくと想定する。
56) 独占資本主義＝停滞経済とするのは正しくない。また独占は停滞基調だけだというのも一面的であり，新産業（新製品）開発や技術開発投資があるので発展基調の側面ももっている。長期停滞論批判については，拙著『独占資本主義の景気循環』第1章，参照。
57) 本章の第5節第1項でみるように，1930年代のアメリカにおける大不況のときでさえ，成長産業の生産能力は増加していた。

資自体も長期的見通しのもとで決定されるようになる。その結果，投資が景気循環の一定の局面に集中するのではなく，循環全体にわたる長期間に分散される傾向が出てくる。この傾向は，循環（サイクル）や周期に影響を与える。

第2節　蓄積メカニズム

（1）**供給量**（「計画操業度」）**の決定**　期首の労働手段・労働対象・労働力の配置が決まっているから，期末の供給量は，独占資本の場合には機械設備をどれだけ操業するかという「供給態度」に依存する。そして前期末に実現した利潤率が期待（要求）利潤率より高ければ，今期期首の「計画操業度」を高めるとしよう。非独占資本は好況期（超過需要状態）にはフル操業となるから，期末の生産量は技術的係数によって自動的に決定される。不況期（超過供給状態）においては価格と操業度の双方が低下するから，操業度低下の分だけ供給量は減少することになる。

（2）**投資需要の決定**　前節では理論的には，独占資本は期待限界利潤率＞目標（要求）利潤率（＞利子率）に，非独占資本は期待利潤率＞利子率，となれば投資に踏み切るとした。しかし期待値を正確に確定することは不可能であり[58]，実際には過去と現在の状態を基礎にして不確実な未来を予想することしかできないので，期待利潤率を前期の実現利潤率に代行させる。期待限界利潤率もあくまで予想値であり確定はしないから，やはり前期末の実現利潤率に代行させよう。

（3）**調達したい労働手段**（実物需要）**の決定**　上の仮定から，前期の実現利潤率が利子率を上回る程度に応じて，次期調達したい労働手段の量（実物需要）が決まる。非独占資本の生産する労働手段への投資額は，この実物需要に予想価格を掛けた貨幣額となる。独占資本の生産する労働手段への需要は，独占価格が固定しているから既知の値であり，それに実物需要を掛けたものが投資額となる。

---

[58]　新古典派の中の「合理的期待仮説」は，正確に価格を予想できると仮定しているが，正確な予想など不可能である。

(4) **労働手段の市場価格と実現率（在庫率）の決定**　生産量と需要額（投資額）が決定されたから，非独占資本は好況期にはフル操業し，全生産物を実現させる市場清算価格を受け入れる（価格が騰貴していく）。不況期には操業度も低下する。独占資本は，独占価格を維持しようとするから，その価格（固定価格）で実現する率が決まる。この場合，実現率＝需要額÷（生産量×独占価格）であり，超過需要状態であれば１であり，超過供給状態であれば１より小さく在庫が形成される。在庫の形成は実現利潤率を低下させ，次期の「計画操業度」を低下させる。

(5) 投資額と市場清算価格（独占価格は固定しわかっている）が決まるから，次期期首に運転する労働手段量が決定する。

(6) 次期の労働手段が決まったから，次期に必要とされる労働対象と労働力が決まる。

(7) 非独占資本の労働対象を調達するためには，価格を予想して投資額を決め，独占資本の生産する労働対象を調達するためにはその量に既値の独占価格を掛けた額を労働対象に投資する。

(8) 労働対象の供給量と需要額が決まるから，労働対象の価格（非独占）と実現率（独占）が決まる。

(9) 次期の雇用労働力が(6)によって決まっている。かつ，第１節で想定したように，労働市場は独占資本のもとでの労働市場と非独占資本のもとでの市場とに分断しているから，賃金決定が異なる。「非独占的労働市場」では，自由競争段階と同じく貨幣賃金率が雇用率によって決定される。「独占的労働市場」では，生活手段価格を予想して実質賃金率が維持ないし上昇するように貨幣賃金率を決定する。非独占資本が生産する生活手段は予想価格によって貨幣賃金率を決定するが，独占資本が生産する生活手段は価格が固定しているから予想の必要はない[59]。

(10) 貨幣賃金率と次期雇用労働力が決まったから，生活手段への需要が決まる（資本家は消費しないと想定）。生活手段の供給量と需要額が決まるから，

---

[59] 前章の注17で指摘したように，置塩信雄は実質賃金率を維持すべく生活手段の価格を予想して貨幣賃金率を決定するとしたが，この賃金決定は独占段階の「独占的労働市場」において現実性をもってくるであろう。

生活手段の価格（非独占）や実現率（独占）が決まる。

（11）労働手段・労働対象・生活手段・労働力の価格が決まったから，実現する利潤率が決まる。投下資本額は固定資本（労働手段）・流動不変資本（労働対象）・可変資本（労働力）であり，利潤は売上高（独占の場合には実現率が影響する）から減価償却費・労働対象（原材料）と賃金のコストを控除した額になる。

第3節　好　況

第1項　加速的蓄積

期末の供給量＜実物需要量（次期調達したい量）となり，超過需要状態になったとしよう。自由競争段階と同じく，販売価格の上昇，新技術の採用，補塡投資の集中化によって利潤率は上昇していく。非独占資本は自由競争段階と同じ投資行動をとり，それが景気循環に同じような影響を与えつづける。独占段階の特質は独占資本の行動にある。超過需要状態が持続化すれば，需給ギャップは価格上昇によって吸収される（独占価格の一時的上昇）。その結果実現利潤率も上昇するから，「計画操業度」も高まる。この上昇は固定費用（減価償却費）を低下させるし，生産（販売）数量も増加させるから，実現利潤率は一層上昇する。利潤率の上昇は補塡投資を一層進めるし，新投資が本格化する。独占価格が本格的に上昇しない分だけ，全体の利潤率上昇を促進する。さらに，独占資本が意図的に過剰能力（遊休予備資本）を保有しているから[60]，需給の調整速度が高まり，蓄積がスピード・アップする。かくして自由競争段階と同じく，蓄積の増加は一層利潤率を上昇させ，利潤率上昇と蓄積増加の好循環が出現し，蓄積が加速的に増加する好況が進展する。この過程で独占資本がフル操業状態になれば，独占価格も本格的に吊り上げられるだろう[61]。

---

60)　拙著『独占資本主義の景気循環』第5章，参照。
61)　超過需要状態で独占価格が一時的に上昇しても，次期には固定した独占価格に戻し，「計画操業度」を高めてマーケット・シェアを拡大するために，数量拡大に走るものと想定する。フル操業に達した時点で，独占価格を段階的に吊り上げるものとする。

第2項　不均等発展

　この加速的蓄積によって生産も急拡大していくが，自由競争段階と同じく，各部門の成長率が同じくなる均等発展は偶然的であり，不均等発展となる。新技術下の補塡投資による労働手段部門への需要の殺到，新たなる失業の発生による貨幣賃金率上昇の遅れによって，利潤率の上昇が不均等になるからである。その結果自由競争段階と同じく，労働手段の利潤率＞労働対象の利潤率＞生活手段の利潤率，となり，労働手段部門への蓄積が最も大きくなり，生活手段部門の蓄積が最も遅れ，生産手段部門の不均等発展となる。

　(1) **生産手段の不均等発展**　自由競争段階と同じく，不均等発展の度合いは各部門の利潤率格差による蓄積比率に依存する。生産手段の不均等発展として好況が進行していけば，蓄積の潜在的基盤たる余剰生産手段が累増し，固定資本の貨幣的補塡（D）が現物補塡（R）を上回る「超過供給」状態が加わり，余剰生産手段が一層累増する。それを吸収する以上の新投資が起こっていけば超過需要状態は持続するが，自由競争段階と同じく，次節で考察するように新投資が諸制限にぶつかり，過剰生産が勃発する。

　(2) **生活手段の不均等発展への転化の可能性**　自由競争段階と同じく，生産手段を中心として加速的蓄積が進展し就業労働力（現役軍）が増大し，貨幣賃金率も上昇するから，生活手段需要は急増する。生活手段の供給のほうが需要に追いつかず，生活手段の市場価格は上昇する。他方で生産手段の市場価格は，鈍化しなくても生活手段の上昇より小さくなる可能性が大いにある。こうした相対価格の逆転が起これば，生活手段部門の利潤率＞生産手段部門の利潤率となり，投資は生活手段に多く向かい，生活手段部門の不均等発展に転化する。この不均等発展下では，生活手段の伸び＞就業労働力の伸びとなり，実質賃金率は上昇していく（貨幣賃金率の上昇のほうが生活手段価格の上昇を上回る）。次項でみるように「独占的労働市場」において，実質賃金率を維持・上昇させることに労働組合が成功すれば[62]，実質賃金率上昇に拍車がかかる。そして実質賃金率の上昇が労働生産性の上昇を上回れば，利潤率が低下しはじ

---

62)　「独占的労働市場」における実質賃金率が維持ないし上昇すれば，生産手段の不均等発展は弱められ，生活手段の不均等発展の可能性が大きくなる。

め，やがて蓄積は鈍化していくことになる。

第3項　独占の安定化作用と不安定化作用

　このように自由競争段階と基本的には同じ好況メカニズムが働くが，独占段階固有の要因も作用する。独占資本は種々の目的から一定の「意図した過剰能力」（遊休予備資本）を保有するから，超過需要状態が持続化してもフル操業に行き着くとはかぎらない。さらに，独占価格を循環的需要によって吊り上げることは，基本的には回避するだろう。なぜならば，独占資本にとっての戦略的目標は長期の安定的高利潤の獲得であり，恐慌・不況期における独占価格の崩壊・独占利潤の喪失を恐れるからである。好況期に価格を吊り上げてしまうと，恐慌・不況期にその水準を維持しようとすれば，操業度を一層低下させなければならない。価格引下げ競争は独占資本相互の共倒れの危険性をもたらすから，好況期に価格を維持しておいたほうが長期的には有利となる。さらに独占資本はマーケット・シェア競争をしているから，価格を吊り上げることよりも生産量（販売量）を増やそうとするだろう。

　独占資本が遊休予備資本を保有しながら価格安定化政策をとることによって，独占段階固有の好況過程が出現する。独占資本が一定の遊休予備資本を保有するので，次期の計画操業度を高めることによって超過需要に供給が追いつこうとする。自由競争段階においてはすでに指摘したように，建設期間の介在によって需給の調整期間に差が生じ，それが生産手段部門の不均等発展を強めた。しかし独占段階においてはこうした需給調整期間の差は小さくなることによって，生産手段部門の不均等発展は弱められる。しかし好況期に独占価格が安定的に設定されることは，非独占と独占の双方の資本蓄積を促進するように作用する[63]。その結果が生産手段部門の不均等発展を促進するか，それとも生活手段部門の不均等発展を促進するかは，前項で考察したような諸条件によって決まってくる[64]。

---

[63]　独占は恐慌したがって好況を弱めるか激化させるかという論争があるが，こうした安定化作用と不安定化作用とを総合的に考察しなければならない。なお，独占＝停滞として，弱々しい好況しか起こらないと考えるのは，論理的にも歴史的にも誤りである。

[64]　本項は，拙著『独占資本主義の景気循環』第8章第3節，の説明とほぼ同じである。

第4項　信用による膨張

　自由競争段階と同じく，販売が順調なので商業信用・銀行信用とも利子率は低位で安定的に拡大し，加速的蓄積を一層促進する。そして豊富な信用創造によって実体経済の不均等発展は強まり，その背後で進展しているさまざまな不均衡を一層累積化させる。しかし独占段階においては，独占利潤による自己金融化が進むし，独占資本は金融資本グループの一員として行動する。金融資本グループ内部の銀行が優先的に低利子率で融資することもある。そのために銀行の信用供与は，主として非独占資本には自由競争段階と同じように蓄積そして過剰蓄積を促進するように作用するが，独占資本に対しては影響が弱化するかもしれない。このような独占資本の自己金融化とグループ内融資は中央銀行の金融政策の効果を薄め，景気循環の金本位制からの規制を弱めることによって，金本位制を弛緩させるかもしれない。

　このような加速的蓄積が進展すれば，どちらの部門が不均等に発展しようとも余剰生産手段が累増していく。好況後半に新投資が中心となることによってさらに促進される。自由競争段階と同じく，累増する余剰生産手段は新投資がさらに進むことによってのみ吸収できる。しかしやはり，次節のような限界がでてくる。図2-1のように，1920年代のアメリカの好況後期において，生産能力は累増しているのに生産量が減少し操業度が低下していた。この事実は，需給ギャップとして過剰蓄積が進展していたことを意味する。

第4節　恐　慌

　自由競争段階における「恐慌の可能性を現実性に転化させる諸条件」は，独占段階ではどのように発現するだろうか[65]。

第1項　実質賃金率上昇―利潤率低下

　貨幣賃金率は，「独占的労働市場」においては実質賃金を維持ないし上げよ

---

[65] 拙著『独占資本主義の景気循環』第8章では「恐慌の必然性」が論証できるとの前提で論じたが，本書では「恐慌の可能性を現実性に転化させる諸条件」として恐慌発生の諸条件（諸契機）を重視した。筆者の方向転換については，第8章第4節第2項，参照。

50　第Ⅰ部　景気循環の段階的変容

図 2-1　1920年代の過剰能力（アメリカ）

自動車の生産量・生産能力・操業度

自動車タイヤの生産量・生産能力・操業度

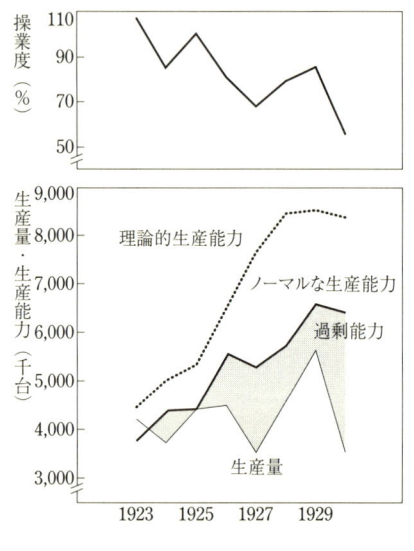

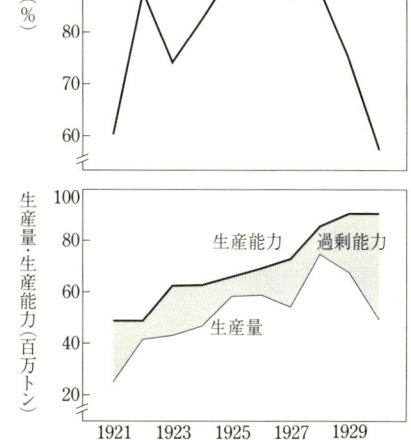

新聞用紙の生産量・生産能力・操業度

セメントの生産量・生産能力・操業度

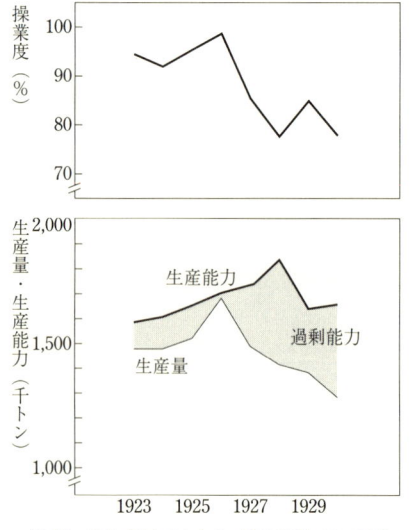

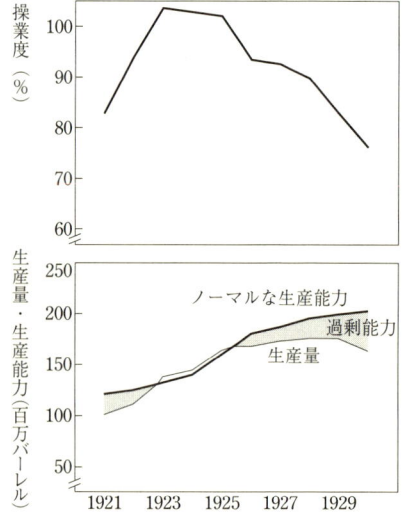

（出所）　拙書『独占資本主義の景気循環』183-186頁。
（原資料）　Edwin G. Nourse, *America's Capacity to Produce*, George Bauta Publishing Company, Wisconsin, 1934, pp. 473, 582-584.

うとする労働組合の賃金交渉が成功するかぎり，生活手段価格上昇より下回ることはないが，「非独占的労働市場」においては雇用率によって規制される。両市場における貨幣賃金率の決定が違ってくることによって実質賃金率も分裂してくる。また，生活手段価格も独占資本は価格を維持するのに対して，非独占資本は循環的に騰貴させる。このように独占段階においては貨幣賃金率も生活手段価格もともに分裂した動きをする。しかし実質賃金率は実体的には生活手段の量の伸びと就業労働力の伸びによって決定されるから，前者が後者を上回れば（生活手段の不均等発展）実質賃金率の平均は上昇する。「独占的労働市場」において実質賃金率が維持ないし上昇すれば，それだけ実質賃金率上昇の可能性が強まる。実質賃金率の上昇は両部門の利潤率を低下させるが，相対価格が悪化していたり操業度上昇が遅れている部門の利潤率が真っ先に低下する。自由競争段階と同じく，利潤率低下は蓄積を鈍化させ，両部門に相互に悪循環し，遅かれ早かれ過剰生産恐慌に突入する。独占段階では非独占の利潤率は低いし，利子率は差別的に高いから，真っ先に非独占が先行して恐慌になっていくだろう。

第2項　産業予備軍の枯渇

　自由競争段階と同じく，加速的蓄積がそのまま持続化していけば産業予備軍が枯渇し，剰余価値・利潤（余剰生産手段と余剰生活手段）は絶対的に増加しなくなり，「資本の絶対的過剰生産」が発生する（価格一定と仮定）[66]。そもそも資本の過剰蓄積は，価格（需要）とコスト（供給）両サイドから利潤率が圧縮されて顕在化してくる[67]。限界利潤を測定することは事実上不可能であるから，産業全体の利潤総額の動向をアメリカについて調べてみると表2-1のようになる。さしあたり利潤額が減少している時期を過剰蓄積が顕在化した時期とみなしてよいであろう。独占段階においてもミクロ的に労働力の引き抜き合戦

---

[66]　価格が騰貴すればさしあたり利潤は増加するが，物量が増加しないで貨幣供給が増加していけば真正インフレになる。このインフレは現実資本の世界の諸均衡を破壊してしまうであろう。

[67]　「資本の過剰生産」の内容と発生契機については，拙著『独占資本主義の景気循環』第2章，参照。

表 2-1 「限界利潤」「総資本利潤率」（アメリカ合衆国製造業）　（単位：百万ドル，%）

年度	利潤量の絶対的増減額	総資本利潤率[*]
1923	891	
1924	−770	7.0
1925	913	8.3
1926	78	7.2
1927	−590	6.0
1928	886	7.4
1929	601	8.1
1930	−3,112	2.5
1931	−1,946	−1.0
1932	−2,137	−3.5
1933	1,853	0.5
1934	930	3.0
1935	955	5.6
1936	994	7.9
1937	−47	7.4
1938	−1,841	3.0
1939	1,718	7.0
1940	818	8.7
1941	1,729	11.5
1942	−98	10.0
1943	603	10.2
1944	−563	8.8
1945	−1,319	6.5
1946	2,849	10.6
1947	3,271	14.2
1948	989	14.0
1949	−2,514	10.1
1950	4,322	14.0
1951	−2,396	10.5
1952	−1,757	8.3
1953	520	8.4
1954	−100	8.0
1955	3,200	10.1
1956	653	
1957	587	
1958	−719	
1959	−1,442	
1960	79	
1961	1,925	
1962	−828	
1963	265	
1964	−468	
1965	−2,371	
1966	1,653	

(注)　＊純資産利益率を使用した。
(出所)　拙著『独占資本主義の景気循環』168頁より引用。
(原資料)　Donald Streever, *Capacity Utilization and Business Investment*, University of Illinois Bulletin, Bureau of Economic and Business Research, Vol. 57, No. 55, March 1960, p. 64; U. S. Cong., Joint Economic Committee, *Productivity, Prices and Incomes*, Washington, 1957, p. 116; U. S. Dept. of Commerce, *Business Statistics*, 1965, p. 102 より算出。

がおこなわれるとしよう。労働市場は「独占的労働市場」と「非独占的労働市場」に分裂しているから，前者で産業予備軍が枯渇すれば，後者から労働力を引き抜くだろう。引き抜かれた非独占資本では剰余価値・利潤が絶対的に減少し，蓄積停止に追い込まれる。非独占資本（「非独占的労働市場」）において真っ先に枯渇すれば，「独占的労働市場」は高賃金であるから，引き抜き抜くことは困難である。やはり非独占資本の蓄積が停止するだろう。ともかく非独占資本での蓄積停止が引金となって，過剰生産恐慌に突入していく。

第3項　実質賃金率の下限

　独占段階において「実質賃金率の下限」はどのように発現するだろうか。「独占的労働市場」では強力な労働組合が存在し，実質賃金率を確保しようとすればある程度成功するだろうから，実質賃金率が下限に低下していくことはないであろう。「非独占的労

働市場」では実質賃金率の低下を阻止する力はない。下限にまで低下すれば自由競争段階と同じく，労働者は働く意欲なり動機を喪失し，工場に出勤することをやめるか，本格的なストライキや街頭デモに立ち上がるだろう。ともに再生産過程には労働供給の減少をもたらすが，後者の場合には資本主義が解体される危険性を生みだす[68]。労働供給の減少は，前項の産業予備軍の枯渇以上に深刻な事態であり，同じような経路を経て過剰生産恐慌に突入する。

第4項　信用制限

　独占段階において，貨幣・信用機構からの景気循環の制御作用はどうなるだろうか。基本的には引きつづき作用するが，まず第1節で指摘したように金本位制の形骸化がはじまった。これによって中央銀行の信用政策も阻害され，その景気制御作用も弱化する。第1次大戦中と1930年代の金本位制の停止は，第2次大戦後の管理通貨制への過渡期を生みだしたといえる。

　また前節で指摘した独占資本の自己金融化と金融資本グループ内部の融資は，金融資本の「組織化」であり，金融資本がある程度内部的に貨幣・信用を供与することができるようになったことを意味する。こうした要因は信用・金融恐慌の発生を弱めるように作用するだろう。しかし歴史的には，1907年恐慌と1929年恐慌においては激烈な「取引所恐慌」が発生した。独占は，決して信用・金融恐慌を回避できるようになったのではない。むしろ，独占資本は信用を内部化することによって安定したかもしれないが，経済全体をみれば景気制御作用が弱まり，貨幣資本が株などの金融資産に投機的に向かう傾向を生みだし，1929年の株価の大暴落をもたらしたのではないだろうか。

第5節　不　況

　独占段階においても，好況期に累積化した不均衡は不況期に逆の不均衡が累

---

[68]　1930年代の大不況期にアメリカにおいては，失業率は30%近くに達したといわれる。労働者のホワイト・ハウスへのデモが繰り返された。こうした資本主義解体の危機に直面した資本側の対応は，労働者救済を含めた資本主義の修正（ニューディール）であり，第2次大戦後の国家独占資本主義への移行であった。

積化することによって整理・解消され，やがては自動的に景気回復に向かう。

第1項　蓄積の停滞

　不況期は超過供給状態であるから価格や操業度が低下していく。独占資本は破滅的な価格競争を避けて独占価格を維持し，操業度を低下させる（数量調整）。非独占資本は価格とともに操業度が低下する。その結果，期待利潤率や実現利潤率がマイナスになっていれば，新規の固定資本投資は起こらない。しかし産業は成長・成熟・衰退していくが，生産力の段階的発展を画するような先端産業（リーディング・インダストリー）が存在してきた[69]。自由競争段階においても先端産業を中心とした成長産業が存在していたが，独占段階になると独占資本自身が研究所を設立して技術開発を進めるし，製品差別化競争が特徴的となり新製品（新産業）が活発に登場する傾向がある。産業を成長・停滞・混合の3グループに分類し，生産量と生産能力の増減を比較したのが表2-2である。その結論は，「成長産業においては生産の拡張期には生産能力が拡張することはもとより，生産の縮小期においても生産能力が拡張し設備投資がおこなわれる傾向がある」[70]，となる。このように不況期にも成長産業では長期的需要の成長を見越して投資するから，自由競争段階よりは労働手段需要は減少しないであろう。

　更新期を迎えた若干の資本は補填投資に向かうから，労働手段への需要は減少しているが存続している。残存固定資本が操業されるから労働対象と労働力への需要は労働手段ほどには減少しない。しかし経済全体では自由競争段と同じく，価格・操業度低下→実現利潤率低下→期待利潤率低下→蓄積の一層の減少という悪循環が進行し，蓄積が累積的に減少し，縮小再生産が進展していく。

---

[69]　こうしたリーディング・インダストリーは，本源的蓄積期は織物工業であり，自由競争段階は綿工業であり，独占段階は重化学工業であり，第2次大戦後は原子力・エレクトロニクス・航空宇宙技術・合成物質・オートメーションであり，現在では戦後の科学＝産業革命の延長上にあるIT技術やバイオ技術であろう。それぞれの段階や時期の先端産業の先頭に立つ国が世界的なヘゲモニーを握ってきたといえる。

[70]　拙著『独占資本主義の景気循環』180-181頁。

第2章 独占資本主義の景気循環 55

表 2-2 生産量の動向と対比した生産能力の動向
　　　　（同方向の変化（＋）と反対方向の変化（－）をした年数）

	対象期間	成長の型	同年度の生産量と生産能力との対比			生産能力に1年のラグをつけた対比		
			総計 (+)(-)	拡張期 (+)(-)	縮小期 (+)(-)	総計 (+)(-)	拡張期 (+)(-)	縮小期 (+)(-)
A. 長期的成長産業								
コークス（バイプロダクト）	1910～49	成長	24　13	22　4	2　9	24　12	22　3	2　9
粗　　　鋼	1914～51	成長	22　15	20　5	2　10	23　13	20　4	3　9
石 油 精 製	1917～49	成長	23　4	25　1	3　3	27　4	25　1	2　3
電　　　力	1921～51	成長	23　7	23　2	0　5	22　7	22　2	0　5
製　　　紙	1917～50	成長	25　7	23　1	2　6	23　8	22　2	1　6
高性能爆薬	1922～51	成長	17　12	15　5	2　7	15　13	14　5	1　8
B. 長期的停滞産業								
コークス（ビーハイブ）	1908～49	停滞	23　16	6　14	17　2	21　17	5　15	16　2
小　麦　粉	1923～51	停滞	16　12	7　10	9　2	18　9	8　8	10　1
綿　紡　績	1922～50	停滞	13　15	3　12	10　3	12　15	2　12	10　3
黒 色 火 薬	1922～51	停滞	21　8	7　6	14　2	16　12	4　7	12　5
C. 成長と停滞とを繰り返している産業								
セメント（ポートランド）	1909～49	混合	24　16	19　8	5　8	25　14	19　7	6　7
	1909～32	成長	15　8	14　1	1　7	16　7	14　1	2　6
	1933～49	停滞	9　8	5　7	4　1	9　7	5　6	4　1
電解精錬銅	1906～49	混合	22　17	17　7	5　10	25　13	19　5	6　8
	1906～18	急成長	9　3	9　0	0　3	10　2	9　0	1　2
	1919～34	鈍成長	11　4	7　1	4　3	10　5	7　2	3　3
	1935～49	停滞	2　10	1　6	1　4	6　5	3　3	3　2
銑　　　鉄	1913～51	混合	22　16	18　7	4　9	25　12	19　5	6　7
	1913～24	成長	6　5	6　0	0　5	7　4	6　0	1　4
	1925～39	停滞	5　10	3　7	2　3	10　5	6　4	4　1
	1940～51	成長	11　1	9　0	2　1	8　3	7　1	1　2

（出所）　拙著『独占資本主義の景気循環』179頁より引用。
（原資料）　Bert G. Hickman, "Capacity Utilization and the Acceleration Principle", *Problem of Capital Formation*, Princeton University Press, 1957, p. 425.

第2項　不均等縮小

（1）**生産手段の不均等縮小**　成長産業での固定資本投資にもかかわらず，成熟・衰退産業では新規の固定資本投資は基本的に生じないから，自由競争段階と同じく生産手段が不均等に縮小していくであろう。不況期に独占価格が維

持されるから，好況期とは逆に新投資を阻害し，生産手段の不均等縮小を促進する。失業はどの部門でも発生しているが，生産縮小の最も大きい労働手段部門での失業が一番大きい。このことは現役軍（雇用量）の減少のほうが生活手段の減少より大きいことを意味するから，自由競争段階と同じく実質賃金率そのものは上昇する（貨幣賃金率の低下以上に生活手段価格が低下する）。そうであれば，実質賃金率の上昇は利潤率回復を遅らせ，不況を長期する。さらにすでにみたように，「独占的労働市場」で実質賃金率も維持されれば利潤率の回復は一層遅れるだろう。

　(2) **生活手段の不均等縮小への転化の可能性**　自由競争段階と同じく，生産手段部門の不均等縮小が生活手段部門の不均等縮小に転化する可能性はある。縮小再生産がつづくから，「非独占的労働市場」では失業は累増し貨幣賃金率は一層低下し，生活手段需要が急減する可能性がある。「独占的労働市場」での貨幣賃金率の下方硬直性の発生は，生活手段需要の急減を弱める。生活手段の供給のほうは生産手段が不均等に縮小しているからその減少は大きくないので，生活手段需要の減少が生活手段供給の減少よりも大きくなり，生活手段の市場価格は一層低下する。他方で労働手段への需要は減少しているが固定資本の補塡という下限があるし，成長産業での新投資需要があるから，その減少が底に達する可能性がある。こうして自由競争段階と同じく，生産手段の市場価格の低下が生活手段の低下より小さくなる可能性が大いにある。こうした相対価格の逆転が起これば，生活手段部門の利潤率＜生産手段部門の利潤率となり，投資減少は生活手段が大きくなり，生活手段部門の不均等縮小に転化する。こうなれば生活手段の減少が雇用量（現役軍）の減少より大きくなり，実質賃金率は低下に転換する（貨幣賃金率の低下が生活手段価格の低下より小さくなる）。

第3項　信用の緩和

　自由競争段階と同じく，恐慌期の倒産や債権・債務関係の整理が一段落すれば，貨幣資本は銀行に滞留するようになる。現実資本の側での投資需要の冷え込みにもかかわらず，銀行間の激しい貸付競争が展開される。金本位制の形骸化は，好況期の貨幣・信用機構の制御機能を低下させる可能性（利子率上昇の弱化）があったように，不況期には利子率の低下を弱めるかもしれない。金融

資本グループは内部の銀行独占の窮状を支援するために，低利子率融資を放棄するかもしれない。ともかく，独占段階になると利子率低下は弱まるのではないだろうか。

第4項　資本破壊の進行

　非独占資本では価格が低下しつづけるから，自由競争段階と同じく古い機械設備の費用をカバーできなくなれば，資本は物理的に廃棄（スクラップ）される。独占資本の操業度が低下する場合には，遊休機械設備の減価償却は稼働部分が負担することになり，追加的費用となる。この追加的費用は資本価値がマイルドに喪失していることを意味する。さらに操業度が低下し，製品単位あたりの減価償却費が上昇して，費用が価格をオーバーするようになれば，独占は固定資本の残存価値を回収することをあきらめスクラップする。こうなれば直接に価値破壊が生じることになる[71]。こうした資本破壊の進展はやはり，好況期に過剰に蓄積された資本の整理過程であり，利潤率を回復させるように作用する。

第5項　恐慌の形態変化

　独占資本は不況期に操業度を低下させ（生産制限），独占価格を維持しようとする。その結果，操業度低下による利潤率低下として過剰蓄積は顕在化する。過剰な資本は過剰能力化した遊休生産資本の形態で発現するようになる。操業度が調整される（数量調整）結果，市場には商品資本形態での過剰としては現れないようになる。生産されてしまった過剰な商品は，製品在庫として隠蔽化され，市場にはでてこなくなる。

第6項　回復期間の相違（独占と非独占）

　不況期に発生する大量の過剰能力（「意図せざる過剰能力」）は独占資本の投資を抑制するが，それによって不況が慢性化するのではない。過剰資本として

---

[71]　市場価格低下と操業度低下によるスクラップ化の過程については，拙著『独占資本主義の景気循環』第2章第3節，参照。

表 2-3　1929年と1937年の操業度水準の比較

産　　　業	操業度水準の変化 (ポイント)
高集中度産業	
粗鋼	−16.0
銑鉄	−9.2
コークス（バイプロダクト）	−10.4
高性能爆薬	−6.2
電解精錬銅	−22.9
中集中度産業	
石油精製	3.9
小麦粉	−4.2
低集中度産業	
コークス（ビーハイブ型）	12.5
綿紡績	29.7
黒色火薬	0.2

(出所)　拙著『独占資本主義の景気循環』177頁より引用。
(原資料)　表2-2と同じ，pp.434-435より計算。

の過剰能力が破壊され，現実の操業度が標準操業度水準に回復すれば，投資が起こりはじめる。大量に存在する過剰能力が与える影響は，不況を長期化させることである。もちろん非独占部門にも過剰能力は存在するが，価格も低下するから操業度低下は独占資本よりも軽い。かかる相違は独占資本と非独占資本の景気回復期間の長さを規定する。表2-3は，集中度別に商品を分けて1929年恐慌期と1937年恐慌期の操業度を比較したものである。高集中度産業の1937年の操業度は軒並み1929年水準に回復していないのに，低集中度産業は回復していた。独占資本の大量の過剰能力が，景気の回復を遅らせることが示されている。

第6節　回　復

独占段階においても，不況が進行していく過程で景気回復の条件が自動的に経済内部から生じてくる。慢性的に不況が長期するのではない。

第1項　利潤率回復—利子率低下

独占段階においても，利潤率低下と利子率上昇の衝突が緩和されていく。前節第4項で考察したように，資本破壊はマイルド化しながらやはり進行するから，過剰資本が整理され，利潤率を回復させる。前節第2項で考察したように，生活手段の不均等縮小に転化すれば実質賃金率は低下するから，やはり利潤率を改善する。他方で利子率のほうは前節第3項でみたように低下は弱まるかもしれないが，銀行全体では貨幣資本が滞留している状態だからやはり低下する。

かくして独占段階においても，利潤率が改善され利子率が低下し，やがて利潤率が上昇し，景気が自動的に回復する可能性が生じてくる。

第2項　産業予備軍の累増＝実質賃金率低下

産業予備軍が枯渇してしまえば，実質賃金率が低下していても恐慌に突入した。縮小再生産の持続化は失業を絶えずもたらすから，独占段階においても産業予備軍が累増し貨幣賃金率を低下させ，やがては実質賃金率を低下させる可能性はある。具体的には，生活手段部門の不均等縮小に転化した場合に実質賃金率は低下する。こうなれば当然利潤率回復要因として作用し，前項のような可能性を強めていく。実質賃金率が低下していく過程で前項のような利潤率上昇をもたらさず，引きつづき低下し実質賃金率の下限にぶつかったとしよう。好況期の実質賃金率下限と同じく，資本主義解体の危機が発生したり，そうでなければ労働者は，貯蓄を食い潰したり借金してでも最低消費水準を維持しようとする。これは不況の歯止めとなる。あるいは，労働力供給は減少し雇用率が上昇するから，貨幣賃金率は上昇し実質賃金率低下にストップがかかり，上昇することもありうる。これが生活手段需要の減少の歯止めとなる。

第3項　補塡投資の集中

独占段階においてもマイルド化しながらやはり資本破壊が進展するので，資本破壊を強制された資本が生産能力を維持するために投資に走る。依然として「生きるか死ぬか」の競争に勝つ最終的手段は，新技術を導入してコストを大幅に低下させることである。自由競争段階と同じく，更新期に達していない資本も，競争戦に勝ち抜くために現物補塡に走り，新技術の採用に踏み切るだろう。こうした競争による強制は，独占資本のもとでも技術開発競争は激烈になされるし，成長産業ではもともと長期的需要拡大を期待して補塡投資はもとより新投資を実行している。固定資本の現物補塡は「超過需要」をもたらすから，そのある程度の集中化は労働手段部門への需要を喚起する。こうなれば景気は確実に回復していく。

第3章　国家独占資本主義の景気循環

第1節　予備的考察

第1項　国家独占資本主義の確立

　20世紀前半に独占資本主義（帝国主義）は，2度の世界戦争と1929年世界大恐慌と1930年代の大不況に陥り，国家の全面的な支援なしには自立的運動ができなくなった。第2次大戦後の資本主義は，独占資本主義に国家が政策的に介入し組織化する国家独占資本主義と規定される。それはすでに，第1次大戦中にレーニンが戦時国家独占資本主義と呼んだように萌芽的に現れ，1930年代大不況期にニューディール政策に象徴されるような国家による政策的調整を経て，第2次大戦後に確立した。国家は経済過程のみならず社会・教育・イデオロギーをも全面的に管理化しようとするが，それはレーニンが喝破した金融寡頭制支配（政・官・財複合体制）が国家機関を利用することによって補強したものである。経済的には国家は図3-1のように，資本循環の全局面に組織的に介入し，資本の価値増殖運動を支援する。しかし国家の政策全体は，金融寡頭制支配を貫徹させるだけではなく，ケインズ政策とも呼ばれるように，失業救済や公教育や福祉政策・社会保障制度を充実させ，もって市民社会の諸原則を実現して，労働者階級を「体制内化」させる。景気循環運動に与える景気政策については第3項で考察しよう。

第2項　金本位制の停止

　第2章第1節第1項で指摘したように，独占段階に入るとともに金本位制の形骸化がはじまった。具体的には第1次大戦によって金本位制は停止され，1920年代に再建されるが，1929年大恐慌によって金本位制は停止される。むしろ国家は裁量的な財政政策を実施するために，積極的に金本位制を停止したといったほうがよいかもしれない。管理通貨制（不換銀行券制度）をテコとした

図 3-1 資本主義の経済体制

〈資本のイデオロギー〉　　　　　　「三位一体説」
〈国家の統合機能〉　　　　　　　　法と秩序，精神・教育・イデオロギー操作
〈国家の経済管理(現代)〉原材料の備蓄　国家主導下の合理化　政府支出　労働力の再生産
　　　　　　　　　　　技術開発　　産業基盤の整備

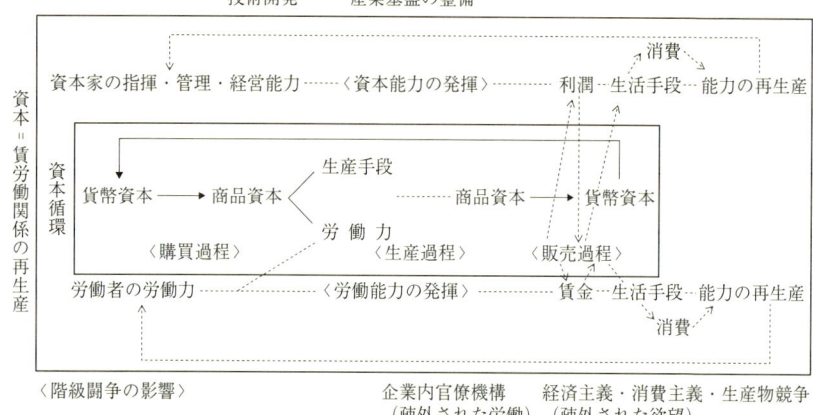

```
                                                                       消費
資    ┌──────────────────────────────────────────────────────┐
本    │  資本家の指揮・管理・経営能力 ── 〈資本能力の発揮〉── 利潤 ─ 生活手段 ─ 能力の再生産
＝    │                                                            │
賃    │  資本  ┌────────────────────────────────────┐            │
労    │  循環  │         生産手段                     │            │
働    │        │ 貨幣資本 → 商品資本 <       商品資本 → 貨幣資本   │
関    │        │         労働力                       │            │
係    │        │ 〈購買過程〉    〈生産過程〉   〈販売過程〉        │
の    │        └────────────────────────────────────┘            │
再    │                                                            │
生    │  労働者の労働力 ── 〈労働能力の発揮〉── 賃金 ─ 生活手段 ─ 能力の再生産
産    └──────────────────────────────────────────────────────┘
                                                                       消費
```

〈階級闘争の影響〉　　　　　　企業内官僚機構　　経済主義・消費主義・生産物競争
　　　　　　　　　　　　　　（疎外された労働）（疎外された欲望）
〈賃労働のイデオロギー〉　　　労働価値説

(出所)　拙著『経済学原論』(青木書店，1996年) 177頁より引用。

有効需要政策によって，大量失業という社会的危機を乗り越えていこうとしたのである。第2次大戦後に成立した国際通貨体制 (IMF) は「金為替本位制」と「ドル本位制」との混合であったが，1971年の「金・ドル交換停止」によって金本位制は国際的にも完全停止状態になった。

第3項　国家の景気政策

戦後の先進資本主義国は共通して，1929年大恐慌と1930年代大不況を繰り返すことを回避しようとして，景気政策を実施する[72]。その主要なものが財政・金融政策である。大恐慌を未然に回避すべく，好況が過熱化（過剰蓄積化）していく兆候が現れれば（たとえば国際収支の悪化，インフレの高進，利子率の高騰，賃金率の高騰など），早めに景気を財政・金融面から引き締め，人為

---

[72]　国家の経済過程への政策的介入は資本循環の全局面でおこなわれる。拙著『現代資本主義の循環と恐慌』(岩波書店，1981年) 20頁，参照。

的・なし崩し的に恐慌を発生させる。そうすることによって，金融恐慌（パニック）をともなった急激で深くかつ広い恐慌が起こることを未然に防止しようとしてきた。マイルドな不況ないし成長率の低下がしばらくつづけば，失業を救済するためにも早めに引締め政策から景気刺激政策に転換し，不況からの脱出を早めようとする。こうした景気政策は，成功した面と失敗した面とがあるが，組織化という側面からみれば，景気循環運動という資本の自律的運動そのものを調整化しようとする試みともいえる[73]。

第2節　好　況

　国家独占資本主義の蓄積は独占段階と同じく，独占資本と非独占資本が担っている。その価格政策・投資行動はすでに前章第1節第2項で考察した。また，国家は資本循環の外部から政策的に介入するのだから，蓄積過程そのものは変化がない。したがって第2章第2節で考察したような蓄積メカニズムが基底において貫徹する。それらは前章ですでに考察したので，すぐに景気循環そのものに入ろう。

第1項　加速的蓄積

　超過需要状態になったとしよう。独占段階と同じく，販売価格の上昇，「計画的操業度」の上昇，新技術の採用，補塡投資の「集中化」によって利潤率が上昇していく。利潤率の上昇は補塡投資を一層進めるし，新投資が本格化する。安定的独占価格はやはり利潤率上昇を促進するし[74]，独占資本が意図的に保有する過剰能力（遊休予備資本）による需給調整速度の高まりが，蓄積をスピード・アップさせる。かくして独占段階と同じく，蓄積の増加は期待利潤率を一

---

[73]　大内力『国家独占資本主義』（東京大学出版会，1970年）はこうした「恐慌論的アプローチ」によって，景気循環の変容論を展開している。本書との違いは，ベースにおいている恐慌論の違いによるところが多い。大内説については，賛否両論が多数提起されたが，拙稿「国家独占資本主義と恐慌」（『経済研究』第17巻第1号，January 1976）で検討した。独占資本主義および国家独占資本主義下の恐慌・景気循環に関する論争については，高須賀義博編『独占資本主義論の展望』（東洋経済新報社，1978年）の第4章（高山満）と第5章第2節（拙稿）を参照。

層上昇させ，利潤率上昇と蓄積増加の好循環が出現し，蓄積が加速的に進展する好況が出現する。

第2項 不均等発展

この加速的蓄積によって生産も拡大するが，独占段階と同じく新技術下の補填投資による労働手段部門への需要，新たなる失業の発生による貨幣賃金率上昇の遅れによって利潤率が不均等に上昇し，労働手段の利潤率＞労働対象の利潤率＞生活手段の利潤率，となれば，生産手段部門の不均等発展となるだろう。こうした発展は高成長期にみられたが，国家の財政支出は再生産の全体に直接需要を喚起するし，耐久消費財ブームの出現によって生活手段部門それ自体が発展する動力もあるので，かならず生産手段の不均等発展になるとはいえないであろう。両方のケースを並行的に考察しておこう。

(1) **生産手段の不均等発展** 生産手段の不均等発展として好況が進行していけば，余剰生産手段が累増し，固定資本の補填をめぐる「超過供給」状態が加わり，余剰生産手段が一層累増する。累増する余剰生産手段は「生産と消費の矛盾」を潜在的に激化するが，国家の景気抑制政策が発動することによって自由競争段階や独占段階のようには不均等発展は促進されない。国家が種々の景気指標をみて加熱状態と判断すれば，金融・財政面から景気引締めに走るからである。

さらに戦後は，1920年代にアメリカに出現した耐久消費財ブームが先進資本主義各国でも生じた。独占資本は独占利潤の一部を広告・宣伝活動に支出し，大衆の消費欲望を潜在的に喚起する。消費者ローンの発達はこの潜在的欲望を有効需要化させる。「独占的労働市場」で実質賃金率確保という労働組合の目標が実現していけば，大衆の購買力は確実に増大する。さらに国家の完全雇用政策が一応成功していれば，さらに購買力は増大する。日本の場合は，戦後の農地改革による農村市場の拡大もこうした購買力増加を促進した。こうした耐久消費財を中心とした消費ブームが生じたために，生活手段部門が生産手段部

---

74) 戦後日本の高成長期には，独占価格の安定化を反映して卸売物価（企業物価）は安定していた。それが資本蓄積を促進しただろう。そしてスタグフレーション期のような独占価格の吊り上げは蓄積を阻害した。

門の拡大を追っていくことになる。その結果，生産手段部門の不均等発展は弱まり，大量生産＝大量消費型の好況が出現した[75]。

(2) **生活手段の不均等発展**　生活手段部門の利潤率＞生産手段部門の利潤率であれば，生活手段部門の不均等発展となる。低成長期になり停滞基調になれば，住宅・自動車・電化製品を中心とした耐久消費財が景気回復を先導する。あるいは国家の財政出動が回復を先導する場合もある。このようなときには生活手段部門が先に不均等に発展するだろう。生産拡大のために必要な余剰生産手段は，労働手段部門の独占資本が保有する「意図的過剰能力」（遊休予備資本）によって保証されている。それ以上に過剰能力（「意図せざる過剰能力」・過剰生産資本）が存在し，独占の操業度が標準的操業度に回復するまで投資を控えれば，労働手段の生産は遅れる。さらに，耐久消費財が普及化しいわゆる「多品種＝少量生産」に転換すれば，大量生産＝大量消費のような設備投資誘発効果はでてこないだろう。ともかく余剰生産手段は累増化しないので，潜在的成長能力は低くなる。そのために，生活手段部門の不均等発展が進展する場合には，弱々しい好況となる可能性が高い。インフレーション期に特有な「貨幣錯覚」や「インフレ心理」もスタグフレーション期にはみられた。

第3項　独占の安定化作用と不安定化作用

独占資本が一定の「意図的過剰能力」（遊休予備資本）を保有することによる需給の調整期間の短縮化と，独占価格の安定性は，依然として作用し蓄積を促進する。しかしスタグフレーション期にみられたように，石油等の資源価格や賃金の上昇圧力が激しいときには，独占資本は「利潤圧縮」から逃れるために，コスト上昇を価格に転嫁する。こうして独占価格が上昇すれば蓄積は阻害される。

第4項　信用による膨張

自由競争段階や独占段階と同じく，販売が順調なので商業信用・銀行信用とも利子率は低位で安定的に拡大し，加速的蓄積を促進する。早めの金融緩和政策が好況期もしばらくつづけば，「意図的な低金利」は信用膨張力を強め，加

---
75) 拙著『現代資本主義の循環と恐慌』第2章2，第4章2，参照。

速的蓄積が進展する。金本位制を国内的に停止したことによって，銀行の信用創造は中央銀行の金融政策に大きく左右されることになる。しかし信用はこの期には，現実資本の側からの蓄積欲に応じて内生的に供給されていくであろう。

第3節　恐　慌

「恐慌の可能性を現実性に転化させる諸条件」は戦後どのようになっただろうか。

第1項　実質賃金率上昇—利潤率低下

独占段階になると，貨幣賃金率も生活手段価格もともに分裂した動きをした。好況が進展し国家の完全雇用政策も成功して，産業予備軍が減少し雇用率が上昇してくれば，「非独占的労働市場」はもとより「独占的労働市場」でも貨幣賃金率が上昇する。実質賃金率は貨幣賃金率と生活手段価格の上昇の大小関係に規定されるが，貨幣賃金率が上昇し独占資本の生活手段価格が安定的であることは実質賃金率を上昇させやすくする。全体として実質賃金率が上昇するか否かは，生活手段量の伸びと就業労働力の伸びによる。しかし「独占的労働市場」の実質賃金率は「非独占的労働市場」より差別的に高い。「独占的労働市場」ではもともと実質賃金率の確保を目標としているから，労働市場の好転による貨幣賃金率の上昇は実質賃金率をさらに上昇させる。産業予備軍減少（労働不足状態）においては，「非独占労働市場」でも実質賃金率の上昇を要求するであろうし，非独占のほうも労働力を確保するために実質賃金率の上昇を認めざるをえない。実質賃金率が全般的に上昇するから利潤率を圧迫する。労働生産性がそれ以上に上昇すれば利潤率は低下しないが，好況末期になると未熟練労働者を雇用したり旧式の機械設備を再稼働させるから，労働生産性は停滞する[76]。

---

76) 労働生産性の上昇率は産業間で異なる。「賃金の高位平準化」が進んでいけば，生産性上昇率の低い産業の利潤は圧縮されるが，それが価格に転嫁されれば「生産性変化率格差インフレーション」となる。詳しくは，高須賀義博『現代価格体系論序説』（岩波書店，1965年）第2編第3章，参照。

生産手段と生活手段の価格はどちらがより騰貴するだろうか。独占価格が維持されているかぎり，非独占価格の循環的騰貴に依存する。不均等に発展している部門の価格騰貴のほうが大きいと想定できるから，生産手段の不均等発展のときにはその価格がより騰貴し，生活手段の不均等発展のときにはその価格がより騰貴することになる。

実質賃金率の上昇と労働生産性の停滞は両部門の利潤率をともに低下させるが，相対価格が悪化していたり操業度（実現率）上昇が遅れている部門の利潤率がより低下する。すなわち，生産手段の不均等発展であれば生活手段の利潤率が，生活手段の不均等発展であれば生産手段の利潤率が早く低下する。自由競争段階や独占段階と同じく，利潤率低下[77]は蓄積を鈍化させ，両部門に相互に悪循環し，遅かれ早かれ過剰生産恐慌に突入する。国家の金融引締め政策が発動して利子率が引き上げられれば，利潤率低下と利子率上昇の衝突は早めにやってくるだろう。また，独占段階と同じく，非独占の利潤率は低いし利子率は差別的に高いから，真っ先に非独占が先行して恐慌になっていくだろう（非独占主導型恐慌）。

第2項　産業予備軍の枯渇

実質賃金率が上昇しなくとも加速的蓄積が持続化していけば，やはり産業予備軍が枯渇し，剰余価値・利潤（余剰生産手段と余剰生活手段）は絶対的に増加しなくなり，「資本の絶対的過剰生産」が発生する。好況期の貨幣供給は「成長通貨」の性格があったが，もしこの時期に貨幣供給が増加すれば，第2章（注66）で指摘したように「真正インフレ」が発生するだろう。もしこうした極限的状況に近づけば，国家は景気の加熱状態と判断して景気引締め政策を発動し，人為的・なし崩し的に恐慌を引き起こす。

第3項　実質賃金率の下限

自由競争段階や独占段階においては，「実質賃金率の下限」まで実質賃金率

---

77) トーマス・ワイスコップは，利潤率を利潤シェア・操業度・産出係数に分解して，戦後アメリカの景気循環における利潤率の循環的動向を分析している。ワイスコップの分析結果については，拙著『現代資本主義の循環と恐慌』79-82頁で紹介している。

が低下し、それが契機となって景気は下方に反転する可能性があった。しかし戦後の労働組合運動の高揚と冷戦体制のもとでの「東西競争」の状況下では、生活を保障できないような実質賃金率の低下は起こりにくくなったといえよう。労働者を「体制内化」させ労使協調を維持するためにも、国家はこのような事態を放置できなくなり、強制的に賃金交渉に介入してくるであろう。「実質賃金率の下限」よりも、独占資本の目標（要求）利潤率と「独占的労働市場」での実質賃金率確保の目標とが両立できなくなり、激しい分配闘争が起こる可能性が高い。しかし、1990年代日本の長期停滞状態におけるように労働運動が後退するときには、実質賃金率が低下しつづけ下限にぶつかる可能性がなくなったとはいえないだろう。

第4項　信用制限

　管理通貨制（不換銀行券制）のもとでは、信用制限は中央銀行の金融引締めによって起こってくる。すなわち中央銀行の民間銀行への信用供与が制限されるし（中央銀行の当座預金の増加）、銀行の準備率引上げ指導などによって、現実資本への貨幣供給が制限され、それが種々の要因による利潤率低下と結びついて恐慌状態になし崩し的に移行していく。この際、中央銀行は急激な利子率騰貴を避けようとするから、急激な信用崩壊（信用恐慌）や金融恐慌（パニック）は回避される。

第5項　景気引締め政策の発動

　すでに指摘してきたように、景気が加熱状態だと判断すれば国家は金融・財政政策によって景気を引き締める[78]。あるいは賃金騰貴などに対抗するために意図的に恐慌を引き起こすこともある（安定恐慌）[79]。あるいは、産業予備軍が枯渇してきて「真正インフレ」の危険性があれば、人為的に恐慌を引き起こす。しかし、利潤率が低下したり産業予備軍が枯渇しなくとも、スタグフレーション期のように急激な物価騰貴が起これば、国家は総需要抑制策に転換する。

---

[78] 1950・60年代前半までの日本においては、「国際収支の天井」にぶつかって繰り返し景気引締め政策が展開した。

急激な物価騰貴は国際競争力を低下させるし，銀行の実質利子率をマイナスにするし，社会的・政治的不安を醸成する。また第2節第2項で指摘したような「貨幣錯覚」や「インフレ心理」による景気の過熱化の危険性もあった。こうした事態を回避しようとして国家が財政と金融両面から景気を引き締めることによって，人為的・なし崩し的恐慌になっていく。

第4節 恐慌の形態変化

以上のようないくつかの契機によって過剰蓄積が露呈し，恐慌になっていく。過剰蓄積の発現である点では自由競争段階や独占段階と変わらないが，その発現形態はいろいろ変化している[80]。

第1項 人為的・なし崩し的恐慌

以前は，低下する利潤率と上昇する利子率が衝突して激発性の恐慌が勃発した。しかし戦後は，利潤率低下なり物価騰貴の加速化などが一定程度進行すれば，激発性の恐慌を避けるために財政・金融政策を発動して，景気引締めに走る。過剰蓄積が一層進展してしまって結果として利潤率が急激に低下しないように，あらかじめ財政支出を抑制する。また，利子率が急激に上昇しないように徐々に段階的に利子率を引き上げる。こうした景気引締め政策が成功すれば，激発性の恐慌は回避され，なし崩し的に恐慌状態に転換する。産業予備軍が減少し賃金騰貴が激しいときには，産業予備軍を確保するために人為的に恐慌を引き起こすこともある[81]。

---

79) アメリカのラディカル派の産業予備軍理論はこの点を強調している。Raford Boddy and James Crotty, "Class Conflict and Macro-Policy: the Political Business Cycle", *The Review of Radical Political Economics*, Spring 1975; Raford Boddy and James Crotty, "Wages, Prices and the Profit Squeeze", *The Review of Radical Political Economics*, Summer 1976.

80) 本節は表現を若干変更したが基本的に拙稿「現代資本主義の循環と恐慌」(富塚良三・吉原泰助編『恐慌・産業循環（上)』〈資本論体系9-1〉有斐閣，1997年）の再論である。

81) Boddy and Crotty, "Class Conflict and Macro-Policy", *op. cit.*

第2項　金融恐慌の回避

　戦後は金融恐慌が回避されてきた。国家は利子率の急激な上昇を回避し，信用関係の大攪乱が起こらないようにする。また金融機関が危機に陥っても，預金が保証されているから「取り付け」騒ぎは回避される。さらに最後の手段として，国家機関や企業集団が緊急融資によって金融機関を救済する。このようにして貨幣・信用・金融制度全般にわたる崩壊（パニック）が回避されてきた。

第3項　蓄積の停止と独占利潤の確保

　第2章第1節第2項で考察したように，独占資本は期待限界利潤率が目標（要求）利潤率より低いと予想すれば投資を控える。恐慌期にはまさにこうした状態が実現している。しかし独占利潤が喪失してしまっているのではない。既存の投下資本全体には，長期的な目標利潤を確保するように独占価格が設定されている。恐慌期には操業度が標準的水準より低下し利潤はもちろん低下しているが，目標利潤に近い利潤が確保される。それだけ独占資本の恐慌対応力が強まっていることになる。

第4項　恐慌負担の転嫁

　非独占資本では市場価格の低下によって資本破壊が起こるが，これは恐慌による犠牲を資本自らがこうむっていることを意味する。しかし独占資本はマイルドな価値喪失を独占利潤によって回収してしまうのは，資本価値喪失としての損失を独占価格によって他階層に転嫁してしまっていることを意味する。好況期の独占価格の維持は蓄積を促進したが，不況期の独占価格維持は，「恐慌の損失」を他階層に転嫁し，それだけ蓄積の再開を遅らせていることになる。

第5項　物価＝賃金の悪循環の可能性

　利潤率と賃金率が対抗関係にあるように，資本の目標（要求）利潤率と「独占的労働市場」で確保しようとする労働者の実質賃金率（要求実質賃金率）とは対抗関係にある。労働生産性が実質賃金率上昇を上回るときには両方の要求が満たされるが，そうでなければ物価と賃金の悪循環が発生し，不況下での物価騰貴として典型的なスタグフレーションとなる。すなわち，独占資本は目標

（要求）利潤が確保できなければ独占価格を引き上げる。対抗的に労働組合が実質賃金率を維持すべく貨幣賃金率の引上げを要求するから，独占価格を引き上げても結果として利潤率の上昇とならない。独占資本は新投資に踏み切らず，独占価格を再度引き上げる。こうした価格上昇に対抗して労働組合や国民各層が対抗的に賃金や価格を引き上げていく悪循環が発生する。利潤率は改善されないから，不況のもとでの物価騰貴が進行する。

第5節 不 況

戦後においても好況期に累積化した不均衡は，不況期に逆の不均衡がある程度累積化し，好況期の不均衡が整理・解消されるが，いろいろな要因によって自動回復力は弱まる。

第1項 蓄積の停滞

戦後も独占段階と同じく，先端産業を中心とした成長産業が不況期に設備投資をおこなうから，労働手段への需要は自由競争段階ほどは減少しない。しかし経済全体では独占段階や自由競争段階と同じく，価格・操業度低下→実現利潤率低下→期待利潤率低下→蓄積減少という悪循環が進行し，蓄積が累積的に減少し，成長率が低下したり（成長率循環），縮小再生産が進展していく。

第2項 不均等縮小の弱化

第2節第2項で考察したように，戦後は部門間の不均等発展は弱まる傾向にあったから，不況期の不均等縮小も弱まるだろう。したがって本項では縮小再生産過程一般として考察しよう。さらに戦後は，縮小再生産の累積性が弱まる傾向がある。国家が不況の進化を回避するために，景気引締め政策から景気刺激政策に転換すれば，有効需要の減少が軽減される。失業保険などの所得再配分も消費需要の減少を軽減する。また独占資本は，不況が深化しないことを期待して長期的投資計画を続行するだろう。さらに耐久消費財の買い替え時であれば個人消費が伸びる。こうした諸要因が景気の下支えとして働くから，不況の深化に歯止めがかかる[82]。他方で，貨幣賃金率や原材料などの費用や利子率

が低下すれば，利潤率低下は弱まり，徐々に蓄積条件が改善されていく。

第3項　信用の緩和

　第2章第4節第4項で指摘したように，独占段階では信用政策の景気制御作用が弱まるかもしれない。しかし戦後は金融政策によって利子率が左右される。景気引締め策がつづくかぎり利子率は上昇するが，緩和政策に転換すれば，利子率は独占段階よりさらに低下するようになる。それだけ貨幣・信用の側面から景気回復の要因が強く働くことになる。しかし低金利政策がかならずしも成功するとはかぎらない[83]。

第4項　資本破壊作用の麻痺

　独占段階においては第2章第5節第4項で考察したように，独占資本のもとでは資本破壊は主として操業度低下によるマイルドな資本価値破壊として進展した。そのために資本破壊作用は弱まる。しかし，費用を価格がカバーできなくなれば独占といえども資本を破壊せざるをえない。しかし，不況の深化を食い止めるために国家はたえず一定の需要を注入するから，操業度は累積的に低下しなくなる。その結果，国家独占資本主義のもとでは資本破壊が弱まり，恐慌の暴力的調整化作用を阻害する。そして過剰生産資本が好況期にも持ち越される傾向がでてくる。

第5項　周期の短縮化傾向[84]

　以上の好況期・不況期の考察より，固定資本の循環と景気の循環とがズレてくる。独占資本の価値破壊が不徹底になり，資本破壊による補塡投資強制が起こりにくくなる。また，独占資本が投資を計画的に分散するから，それだけ固定資本の「集中化」が弱められる。耐久消費財や住宅投資が「ライフ・サイクル」をもつために，固定資本循環が景気循環を規定する作用が弱められる。こうした諸要因が作用するために，固定資本循環と景気循環とがズレるように

---

82)　戦後恐慌が軽微化したことについては，拙著『現代資本主義の循環と恐慌』69頁，参照。
83)　利子率低下は投資誘因の一つではあるが，現実資本の期待利潤率が回復しなければ，投資は起こらない。1990年代の日本の超低金利政策の「失敗」がこのことを実証している。

なる。

　さらに循環周期が短縮化する傾向が生じる。それらを列挙すれば，①非独占資本の利潤率は低く利子率は高いので，その衝突が早まり，非独占が先行して早く恐慌になる。②国家の景気政策によって，好況期・不況期がともに短縮化する。③「完全雇用政策」が成功している間は，産業予備軍減少が速まり，賃金騰貴が早く出現する。④世界的な資源ナショナリズムが高揚している間は，早めに原料価格が騰貴する。⑤独占資本が保有する「意図的過剰能力」（遊休予備資本）は，需給の調整期間を短縮する。こうした諸要因によって循環周期が短縮化する傾向が生じる。

第6節　回　復

　前節で考察したように，戦後は，縮小再生産の不均等性が弱まり累積性も弱化し，財政・金融政策の発動によって資本破壊作用は不十分になり，利子率は人為的により低下する傾向があった。こうした変化は景気回復にどのように影響するだろうか。

第1項　利潤率回復―利子率低下

　利潤率低下と利子率上昇の衝突が緩和するか否かは以下の諸条件に依存する。資本破壊は不十分になるから，過剰資本の整理による利潤率回復は遅れる。実質賃金率が低下すれば利潤率を改善する。他方で利子率のほうは金融政策によって人為的に低められるから，信用が早く緩和される。かくして戦後においても，利潤率が改善され利子率が低下し，やがて利潤率が上昇し，景気が自動的に回復する可能性は残っている。

84）　本項は，基本的には拙稿「現代資本主義の循環と恐慌」の再叙述である。なお，10年周期説の支持者は多いが（たとえば岩下有司『景気循環の経済学』勁草書房，1994年），周期が10年前後であることは明確にされてはいないし，まして現代にも貫徹しているとする主張には疑問である。篠原三代平氏は設備投資/GNP比率の10年周期を検出したが，筆者は1990年代の長期不況期には検出できないと考えてきた。最近篠原氏は，平成大不況の経験を踏まえて，20年周期を提起している（篠原三代平〈経済学教室〉『日本経済新聞』2006年8月15日朝刊）。

第2項　産業予備軍の累増＝実質賃金率低下作用の喪失

　自由競争段階や独占段階においては，産業予備軍が累増し貨幣賃金率を低下させた。しかし戦後は，「失業に政府が責任あり」とするケインズ政策が実施されていた間は，財政政策の発動によって早めに景気を回復させてきたから，産業予備軍は累積しなかった。しかし，市場原理主義（新保守主義・新自由主義）は「失業の犠牲を払ってもインフレを抑制する」ことを優先させるから，それを徹底した場合には大不況が起こらないとは断言できない。2007-08年の世界金融危機と世界同時不況によって，失業が累積し労働者階級の実質賃金率低下がひきつづき進展していけば，大不況になる可能性は大きくなることに注意しておこう。

第3項　景気刺激政策の発動

　すでに述べてきたように，国家が早めに景気を回復しようとして財政・金融を緩和させることによって，景気が回復していく。しかし，累積化する財政赤字は，国家の景気政策の「足枷(あしかせ)」となってきたことを注視しなければならない。

第4項　補塡投資集中化の弱化

　戦後は資本破壊が不十分となり投資も分散化する傾向にあったから，不況末期から好況前半期の固定資本の補塡投資の「集中化」は弱くなった。

第 4 章　戦後日本資本主義の循環と発展

　第Ⅱ部で蓄積モデルの循環と発展を数値解析する。しかし蓄積モデルを機械的に歴史に適用することはできない。モデルの結論はたえず歴史によって検証されなければならない。蓄積モデルと短期循環（在庫循環）・中期循環（設備投資循環）やSSA理論[85]や長期波動（コンドラチェフ波動）との関連を考えるために，戦後日本の循環と発展過程を検証しておこう。

第 1 節　戦後の成長と循環

　経済企画庁（現内閣府）の景気基準日付（Reference Cycle）によると，戦後の日本経済は13の景気循環を経験し，現在（2006年10月）は2002年1月からはじまる第14循環の途中にある。景気は長い低迷をようやく抜けだして，本格的な好況を迎えていると判断できる。このように日本経済も資本主義経済である以上，景気循環（変動）運動として発展せざるをえない[86]。しかし序章で指摘したように，資本主義経済は景気循環を単に繰り返すだけではなく，繰り返し運動をしながら構造（蓄積条件）を変化させる。その結果，景気循環の形態（姿）が変化したり，経済全体のパフォーマンスが変わってきた。すでに，段階を画するような構造変化による景気循環の変容については，第1章～第3章で考察した。日本資本主義も戦後61年にわたる長期的発展過程において発展の「局面」が変化してきたから，本章の第2節以下で，発展過程をSSA理論や長期波動論と関連づけて考察してみたい。

---

85)　SSA＝Social Structure of Accumulation（蓄積の社会構造論）はアメリカのラディカル派が展開したモデルであり，その内容については補論第2節第4項で紹介する。

86)　資本主義経済には景気循環・恐慌がなぜ必然的なのかについては古くから研究が積み重ねてこられたが，景気学説と景気理論については，補論第2節と拙著『景気循環論』（青木書店，1994年）第1・2章を参照されたい。景気学説と景気循環論の課題と未決問題については，補論で検討する。

図 4-1　成長率（鉱工業生産）

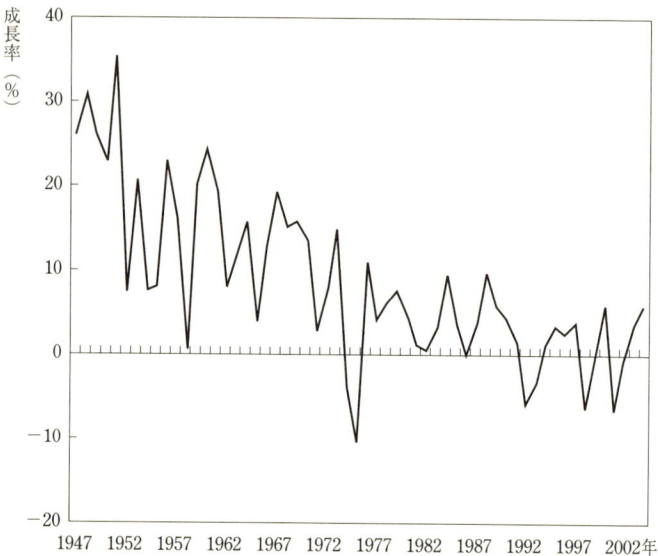

（資料）　経済産業省『生産・出荷・在庫指数確報』より集計。

第1項　長期発展過程

　戦後の日本経済の発展過程を，経済復興期（1945～54年），高度経済成長期（1955～70年），スタグフレーション期（1971～83年），バブル期（1984～90年），バブルの崩壊と長期停滞期（1991～2005年頃まで）に区分しよう。経済指標の長期動向を検討し，時期ごとに経済のパフォーマンスが変化してきたことをまず確認しておこう。なお経済復興期については一貫したデータがないので省略する[87]。

　図 4-1 から図 4-4 は，成長率（鉱工業生産）・物価騰貴率（企業物価・卸売物価と消費者物価）・失業率（完全失業率と有効求人倍率）・売上高経常利益率（全産業）の長期動向を示す[88]。それぞれの年データを上記の時期区分ごとに平均して示すと，表 4-1 のようになる。各データの長期動向をみておこう。成

---

[87]　戦後復興期については，拙著『戦後の日本資本主義』（桜井書店，2001年）の序章をみられたい。
[88]　古野高根氏がデータ収集と図表の作成をした。

第4章　戦後日本資本主義の循環と発展　77

図4-2　物価騰貴率

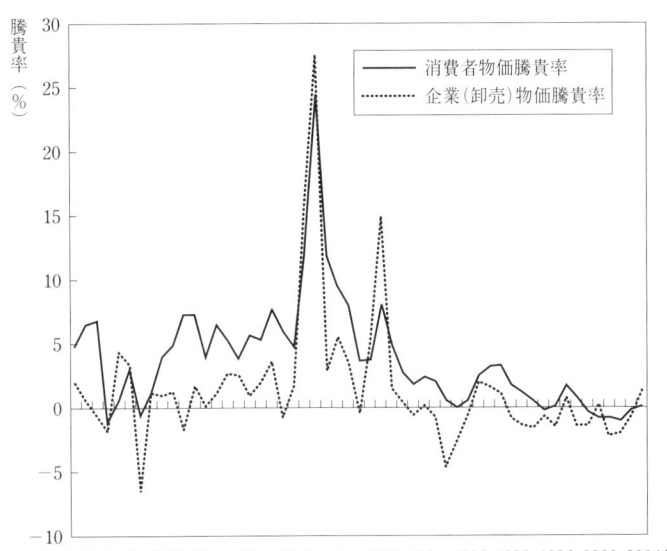

(資料)　企業物価指数＝日本銀行，消費者物価指数＝総務省統計局。

図4-3　失業率

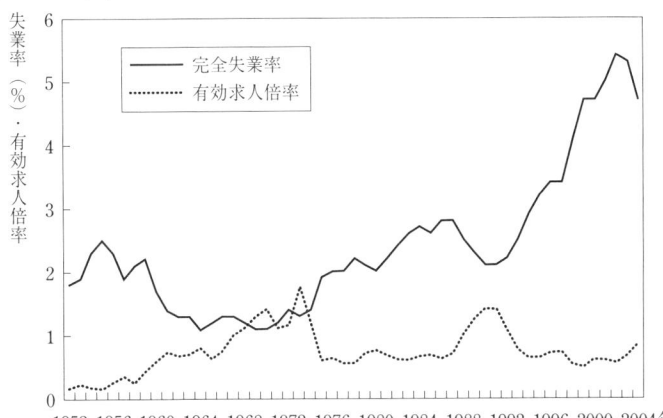

(資料)　失業率＝総務省統計局，有効求人倍率＝厚生労働省。

図 4-4 売上高経常利益率（全産業）

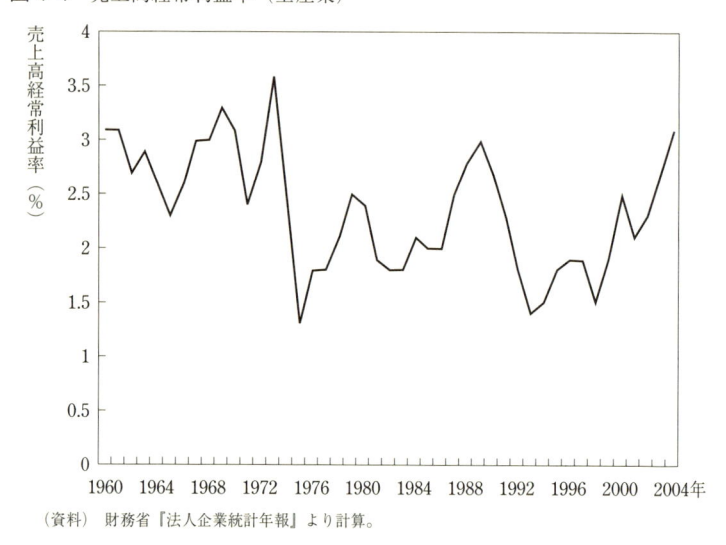

（資料） 財務省『法人企業統計年報』より計算。

表 4-1 長期経済指標（平均値） (単位：%)

	鉱工業生産 (成長率)	卸売物価 騰貴率	消費者物価 騰貴率	完全失業率	有効求人 倍率	売上高 経常利益率
高度成長期	14.2	0.9	4.0	1.6	0.701	2.88
スタグフレーション期	3.7	5.9	7.7	1.9	0.843	2.21
バブル期	5.1	−0.8	1.5	2.5	0.901	2.44
長期停滞期	0.1	−0.8	0.4	3.8	0.724	2.05

（資料） 図 4-1〜図 4-4 と同じ。

長率の単純平均は，高度成長期14.2％，スタグフレーション期3.7％，バブル期5.1％，バブルの崩壊と長期停滞期（1991〜2004年間，以下同じ）0.1％となり，スタグフレーション以降極端に成長率が落ち，1990年代以降は長期停滞的状態にあったことことがわかる。したがって1970年代以降は，低成長ないし長期的停滞といえる。卸売物価（企業物価）の騰貴率は，高度成長期0.9％，スタグフレーション期5.9％，バブル期−0.8％，バブルの崩壊と長期停滞期−0.8％となり，消費者物価の騰貴率は，高度成長期4.0％，スタグフレーション期7.7％，バブル期1.5％，バブルの崩壊と長期停滞期0.4％となる。高度成長期には卸売物価が安定していたのに消費者物価が上昇し，スタグフレーション期になると

両物価が急騰し，バブル期には物価騰貴が沈静化し，バブルの崩壊と長期停滞期には卸売物価が若干低下した。完全失業率は，高度成長期1.6％，スタグフレーション期1.9％，バブル期2.5％，バブルの崩壊と長期停滞期3.8％となる。有効求人倍率は，高度成長期0.70，スタグフレーション期0.84，バブル期0.90，バブルの崩壊と長期停滞期0.72となる。完全失業率で判断すると失業率が段階的に高くなっている。有効求人倍率はバブル期にかけて改善したが，その後再び低下した。最近は若干回復している。ともあれ高失業時代になってきたと判断できる。最後に売上高経常利益率は，高度成長期2.88％，スタグフレーション期2.21％，バブル期2.44％，バブルの崩壊と長期停滞期2.05％となり，スタグフレーション期以降利潤率が低下したまま低迷していると判断できる。このように長期的には経済の様相が変わってきたことが確認できる。すなわち，高度成長期は高成長・高利潤率・低失業率と卸売物価安定＝消費者物価の騰貴，スタグフレーション期は低成長・低利潤率・中失業率・激しい物価騰貴，バブル期は低成長・低利潤率・中失業率・物価騰貴の沈静化，バブルの崩壊と長期停滞期は長期停滞・低利潤率・高失業率・物価の軽微な低下，と特徴づけることができる。

第2項　経済企画庁の景気基準日付

　景気基準日付による景気循環（13循環）を第1項の時期区分に対応させれば，表4-2のようになる。景気基準日付は月単位で測っているから時期区分の年と多少ズレている。また各循環の名称は筆者が付けたものである。好況（拡張）の期間の平均値を比較すると，高度成長期38.5ヵ月，スタグフレーション期24.3ヵ月，バブル期39.5ヵ月，バブルの崩壊と長期停滞期30ヵ月となり，不況（後退）期間は，高度成長期12.8ヵ月，スタグフレーション期20.3ヵ月，バブル期24.5ヵ月，バブルの崩壊期と長期停滞期19.5ヵ月となる。スタグフレーション期に好況期間は短くなったが，バブル期には高度成長期とほぼ同じである。不況（後退）期間は，スタグフレーション以降バブル期にかけて長期化していると判断できる。このように時期ごとに好況・不況の期間が変わっているといえる。高成長のときは長い好況と短い不況，低成長・停滞のときは好況期間の短縮化と不況の長期化ということがいえそうである（長期停滞期はもともと

表 4-2　景気基準日付

	谷	山	谷	拡張期間	後退期間	循環期間
経済復興期						
第1循環						
（朝鮮戦争特需景気）	1950. 6	1951. 6	1951.10	12	4	16
第2循環						
（合理化景気）	1951.10	1954. 1	1954.11	27	10	37
高度経済成長期						
第3循環						
（神武景気と57・8年恐慌）	1954.11	1957. 6	1958. 6	31	12	43
第4循環						
（岩戸景気）	1958. 6	1961.12	1962.10	42	10	52
第5循環						
（オリンピック景気）	1962.10	1964.10	1965.10	24	12	36
第6循環						
（いざなぎ景気）	1965.10	1970. 7	1971.12	57	17	74
スタグフレーション期						
第7循環						
（列島改造景気）	1971.12	1973.11	1975. 3	23	16	39
第8循環						
（減量経営景気）	1975. 3	1977. 1	1977.10	22	9	31
第9循環						
（輸出主導型景気）	1977.10	1980. 2	1983. 2	28	36	64
バブル期						
第10循環						
（バブル再発景気）	1983. 2	1985. 6	1986.11	28	17	45
第11循環						
（バブル高進景気）	1986.11	1991. 2	1993.10	51	32	83
バブルの崩壊期						
第12循環						
（金融危機景気）	1993.10	1997. 3	1999. 4	41	25	66
第13循環						
（長期停滞景気）	1999. 4	2000.11	2002. 1	19	14	33

（注）(1)景気基準日付は経済企画庁発表にしたがった。ただし第1循環の谷は筆者が判定した。(2)景気の名称は筆者が付けた。(3)期間は月単位である。
（出所）　拙著『戦後の日本資本主義』（桜井書店，2001年）92頁より。

弱々しい景気回復だったので不況の期間も短くなっている）。次項で説明するように景気基準日付は短期循環（在庫循環）とみなせるから，中期循環の拡張期と下降期における短期循環のこうした動きの違いは，長波の上昇期と下降期における景気循環の動きの違いと似ていることを指摘しておこう。

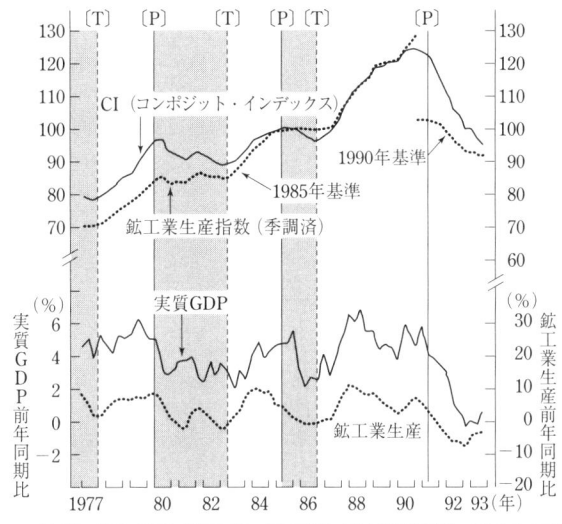

図 4-5 コンポジット・インデックスと実質 GDP, 鉱工業生産

(出所) 篠原三代平『戦後50年の景気循環』(日本経済新聞社, 1994年) 44頁。
(原資料) 経済企画庁『景気動向指数』1994年 4 月。

第 3 項　長期・中期・短期循環の複合作用 (交差・合成)[89]

　戦後の日本経済のダイナミックな発展過程をみる場合にも，いくつかの経済波動 (循環) が複合的に作用しているとみなければならない。以下，戦後日本経済における短期循環・中期循環・長期波動の存在の有無を検証してみよう。
　(1) **中期循環**　図 4-5 はコンポジット・インデックス[90]と実質 GDP (国内総生産)・鉱工業生産の動向，図 4-6 は鉱工業生産と設備の稼働率 (操業度) 指数の動向を示す。図において網の部分は景気基準日付の後退期を示し，T は景気の谷 (不況の底)，P は景気の山 (好況の最高期) を示す。どの指標もだいたい同じような波動をしているが，操業度が最も景気基準日付に対応した動き

---

89)　本項の分析は，篠原三代平『戦後50年の景気循環』(日本経済新聞社, 1994年) による。
90)　経済企画庁が出している景気動向指数に DI (ディフュージョン・インデックス) があり，これは個別指標を 3 ヵ月前と比較し，上昇・変化なし・低下の三つに区分し，それぞれに 1, 0.5, 0 のウェイトをつけて加重平均したものである。コンポジット・インデックスは変化の速度を加味して合成された指数である。

図 4-6 生産指数と操業度（稼働率）

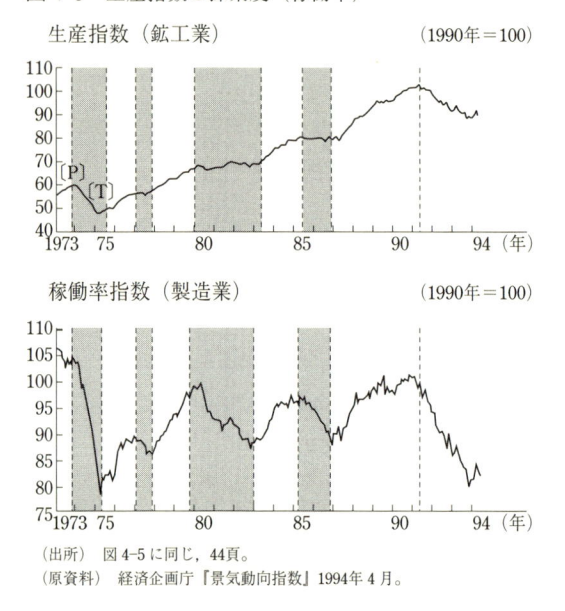

生産指数（鉱工業） （1990年＝100）

稼働率指数（製造業） （1990年＝100）

（出所）　図 4-5 に同じ、44 頁。
（原資料）　経済企画庁『景気動向指数』1994 年 4 月。

をしている。図 4-7 は，平均株価，民間法人所得／国民所得比率，設備投資／GNP 比率の動向を示す。黒丸は篠原三代平氏が判断した景気の山であり，黒三角は景気の谷である。貨幣資本の運動を示す株価と現実資本の動きを示すほかの指標はズレているが，基本的には中期循環的な動きを示しているといえる[91]。

(2) **短期循環**　図 4-8 は鉱工業生産の成長率循環と在庫の増減を示している。黒丸は景気の山，黒三角は景気の谷であるから（篠原判断），経済企画庁の景気基準日付は在庫循環を反映していると判断できる。両循環を比較すれば，鉱工業生産の成長率循環は製品在庫の変化に半年から 1 年先行していることがわかる。図 4-9 は鉱工業出荷と製品在庫との関係を示す。縦軸に出荷の前年同期比，横軸に製品在庫の前年同期比をヒットさせると，時計回りに動いていることがわかる。すなわち景気が山を越えて出荷が低下するとしばらくは在庫が増えるが，不況の深化とともに在庫も減少する。出荷が増えはじめ景気が回復すると在庫も引きつづき減少し，好況の深化とともに在庫が増えはじめる関係にある。このように，中期循環と短期循環は密接に関係しながら複合的に作用していることになる。

(3) **長期的成長**　鉱工業生産の成長率循環から（図 4-1），成長率は循環しな

---

[91] 篠原氏は 10 年周期の設備投資率循環（成長率循環）を主張しているが，こうした成長率循環がある時期に検出されるからといって，10 年周期の循環運動が貫徹しているとはかならずしもいえない。第 3 章注 84 も参照。

第4章 戦後日本資本主義の循環と発展　83

図4-7　中期循環の主要指標

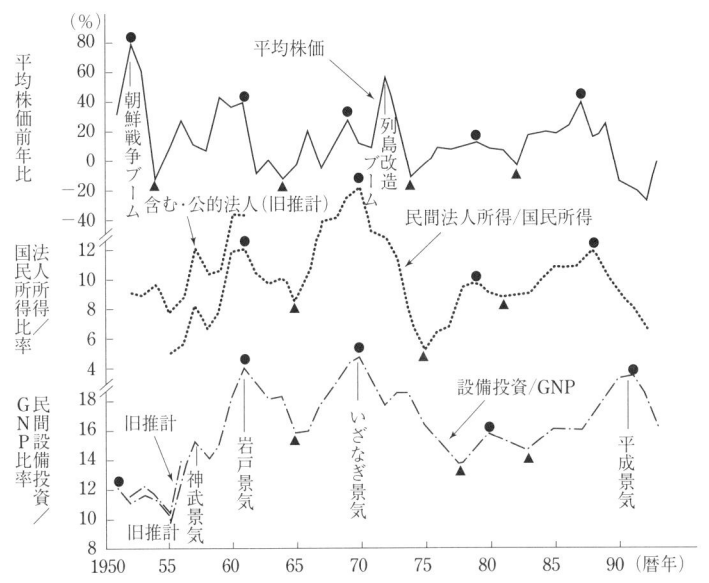

（資料）　株価→日経平均株価東証225種年平均の前年比。ほかは国民所得統計による。
（注）　●印，▲印はそれぞれの指標の山と谷を示す。
（出所）　図4-5に同じ，28頁。

図4-8　鉱工業生産の成長率循環と在庫調整

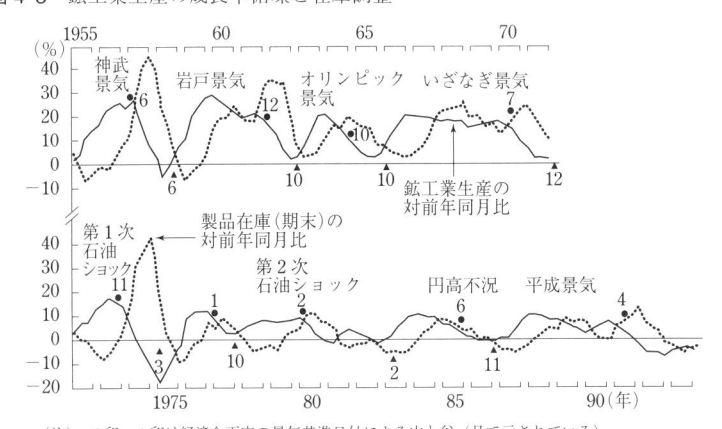

（注）　●印，▲印は経済企画庁の景気基準日付による山と谷（月で示されている）。
（出所）　図4-5に同じ，146頁。

84 第Ⅰ部 景気循環の段階的変容

図4-9 鉱工業出荷と製品在庫の循環図

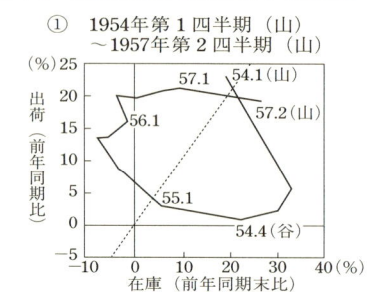

① 1954年第1四半期（山）～1957年第2四半期（山）
② 1957年第2四半期（山）～1961年第4四半期（山）
③ 1961年第4四半期（山）～1964年第4四半期（山）
④ 1964年第4四半期（山）～1970年第3四半期（山）
⑤ 1970年第3四半期（山）～1973年第4四半期（山）
⑥ 1973年第4四半期（山）～1977年第1四半期（山）
⑦ 1977年第1四半期（山）～1980年第1四半期（山）
⑧ 1980年第1四半期（山）～1985年第2四半期（山）

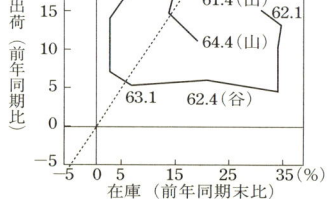

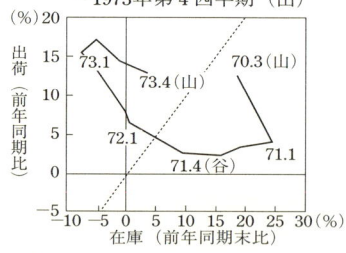

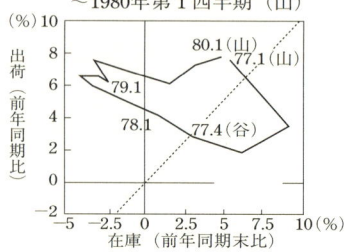

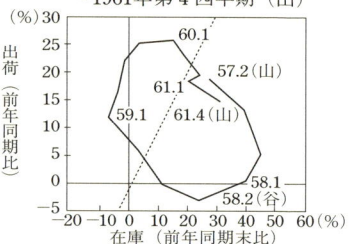

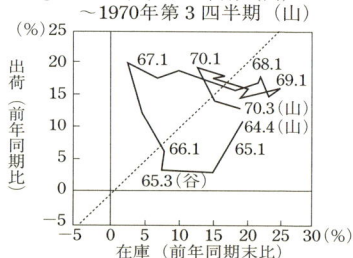

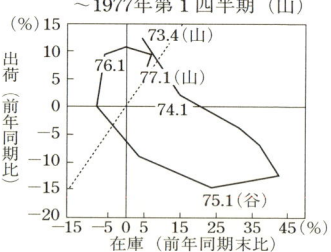

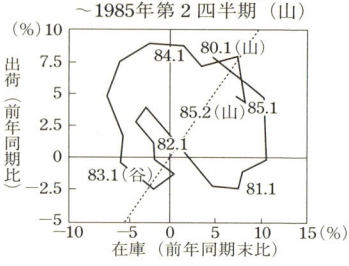

（出所）図4-5に同じ，148-149頁。
（原資料）経済企画庁『経済白書』（平成5年度）参考資料，13-14頁。

がら岩戸景気をピークとして長期的に低下しており，1990年代の長期停滞期にはマイナス成長もみられる。物価騰貴率の循環から（図4-2），第1次石油危機時の狂乱物価をピークとした長期的な波動がみられる。いわゆるコンドラチェフの長期波動の原因と周期は確定しがたいが，日本経済についてもこのような長期的波が存在することを否定できない。長期波動研究者たちの戦後のクロノロジーは，1945年が谷，1970年が山，1995年が谷となるが，こうしたクロノロジーはあまりに50年周期にこだわりすぎている[92]。

第2節　高度経済成長期（1950年代後半～60年代）[93]

アメリカのラディカル派のSSAモデル（蓄積の社会構造論）は，資本蓄積にとって有利な蓄積諸条件（構造）が確立すれば長期波動的な上昇局面を迎え，蓄積条件が蓄積の阻害要因に転化すれば蓄積は低迷化するとともに蓄積条件が変えられていき，資本蓄積に有利な新たな構造が形成されることによって上昇局面を新たに迎えるとする[94]。戦後の発展過程は第1節第1項でみたようにいくつかの「発展局面」として時期区分された。この「発展局面」はSSAモデルが想定するタイム・スパンとは異なるが，蓄積条件と動態過程の相互関係の変化という視点から，戦後の循環と発展を検討してみよう。

第1項　蓄積構造

（1）**国家の政策**　政府の政策は高度経済成長の開始時期（1950年代半ば）に，自由企業と自由市場を前提とし，全体的な目標を明示しながら行政指導によって間接的に誘導していくものとして確立した。その経済政策遂行上の手段として外為法と外資法が制定され，国内の政府系の長期設備資金の供給機関として日本開発銀行と日本輸出入銀行，日本興業銀行と日本長期信用銀行が設立された。産業政策は産業基盤の造成であり，具体的には新鋭重化学工業のための産

---

92) コンドラチェフ波動の研究については，補論第5節で詳細に検討する。
93) 以下の第2節～第4節は，基本的に拙著『戦後の日本資本主義』の第3章第3節～第5節と同じである。
94) SSAモデルの文献については，補論第2節第4項で紹介する。

業配置と地域開発であり，4大工業地帯にかわって太平洋沿岸ベルト地帯の形成であり，全国的に工場誘致ブームが起こった。その基本的性格は，独占資本を中心とした新鋭重化学工業を建設することを最優先させ，公害対策をはじめとする環境政策はまったく考慮されていないものだった。しかも，輸出市場こそ日本の生命線であり，輸出を量的にも質的にも拡大することが国民的課題であるかのような経済至上主義・輸出至上主義とも呼ぶべきイデオロギーのもとで展開された。文部省（現 文部科学省）の教育政策は国民の生活を守る政策ではなく，高度経済成長とその国民的課題とされた輸出至上主義に役立つ人間の養成政策に変質してしまった。

（2）**資本体制**　高度経済成長の開始期にすでに，巨大企業の独占的支配体制が確立した。しかも戦後は近代的な企業集団として再編成された。企業集団内部の独占的大企業は人的結合・融資・株式の相互持ち合い関係によって結合関係を強めながら，政府や官僚という国家機関と癒着した（政・官・財の複合体制）。独占資本は会社の存続と発展を最優先させる会社主義を生みだしたが，労働者も会社の発展によって所得を増大していこうとする会社主義に陥った（企業別組合運動）。

（3）**社会体制**　高度経済成長がはじまる1955年の階級構成を戦前と比較すると，支配階層は若干の増加，旧中間層は低下，新中間層は増大，労働者層は横這いとなり，前近代的な要素を残しながらも先進資本主義国に近い階級構成になった。工場内では「年功序列制」にもとづくピラミッド型の管理・被管理関係が形成された。政治の世界では55年体制が生みだされ，保守と革新という対抗関係が明確になったが，同時に，安定した長期自民党支配を生みだした。その結果，「政・官・財」の同盟関係が成立し，政治腐敗が隠蔽化される体質が形成された。革新側の反安保闘争は未曾有の国民運動となった。国民大衆が民主主義の危機を感じて立ち上がったということは，国民の中にそれだけ民主主義が定着してきたことを意味するし，体制側は改憲に変わる新しい対応を迫られた。教育の世界は，教育の国家管理を目指す文部省と地域に根ざした民主主義教育を目指す日教組との激突の舞台となった。

第2項　動　態

　ドッジ・ラインによる資本主義的秩序の回復，単独講和と日米安全保障条約を契機とする国際経済への復帰，国家の政策体系の確立と55年体制の確立などをへて，日本資本主義は新鋭重化学工業の建設へと入る。「もはや戦後ではない」と当時の『経済白書』がいったように，高度経済成長がはじまる。神武景気にはじまり，1957年のアメリカの恐慌によって一時後退するが，すぐに岩戸景気に引き継がれる。新鋭重化学工業を中心として「設備投資が設備投資を生む」好循環が形成され，企業集団の系列ワンセット主義による過当競争（強蓄積）によって促進された。そのために過剰蓄積化し，1960年代前半の不況を迎える。オリンピック景気によって一時的に回復するが，昭和40年不況（1965年）に陥る。日銀の緊急融資や建設国債の発行，ベトナム戦争の拡大によるベトナム特需によって回復し，第2次高度経済成長としての「いざなぎ景気」が進行し，もはや「国際収支の天井」に制約されないほどの黒字体質が生まれ，経済大国化していった。1955年から1971年にかけての国民所得構成要因の成長を調べると，政府支出4.3倍，民間最終消費6.5倍の増加にたいして，財貨・サービスの輸出と海外からの要素所得12.2倍，国内総資本形成13.1倍となる[95]。設備投資と輸出がダントツに増加しており，両要因が主導した。

　第1節第1項で考察したように，この時期は高成長・高利潤率・低失業率・消費者物価の騰貴と卸売物価の安定，として特徴づけられる。失業率と消費者物価の騰貴率を合計したスタグフレーション度（ミゼラブル指数ともいう）は，5.9％と低い。両指標の相互関係は後掲の図4-10のようになる（上部の図）。失業率が高くなれば物価騰貴率が低下し，逆ならば逆となる逆相関関係が検出される。

第3項　帰　結

　世界的な高成長は過剰投資（過剰蓄積）を生みだし，収益性危機（利潤率の長期的低下）に陥った。同時に物価騰貴も加速化し，1970年前後からは景気が悪化し成長率が低下する中で，物価騰貴が引きつづき加速化するスタグフレー

---

[95]　東洋経済新報社編『経済変動指標総覧』（東洋経済新報社，1983年）より計算。

ション病に陥る。真っ先にスタグフレーションになったのはイギリスであるが（イギリス病），ヘゲモニー国家アメリカも1970年に恐慌に突入するとともにスタグフレーション病が顕在化した。このスタグフレーションは高成長の帰結であり，その経済政策の支柱となっていたケインズ政策が成功したがゆえに失敗したものである。その原因（スタグフレーション体質）として，①過剰蓄積による販路の悪化，②労賃や原料（資源）価格の上昇によるコスト上昇圧力，③労働生産性の停滞，④独占資本の価格転嫁行動，などがあった[96]。

　世界的な高成長は，国際的不均等発展を逆転させた。膨大な海外軍事支出と多国籍企業による資本輸出によってアメリカの国際競争力は低下し，国際収支がしだいに赤字化していった。アメリカはドルの金兌換請求を制限しようとして「金プール制」（1962年）・「金二重価格制」（1968年）にするが，1971年8月にはスタグフレーションから脱出する必要にも迫られて，金・ドル交換を一方的に停止してしまった（ニクソンの新経済政策）。これが世界的な過剰流動性を増幅させ，インフレーションの歯止め装置をなくし，スタグフレーションの高進とその後の短期貨幣資本の浮遊（投機化）傾向を生みだす元凶となった。

　高成長は日本の労働者階級の意識変化を引き起こした。労働者帰属意識は圧倒的に多いが，階層帰属意識としては「中」意識が圧倒的に多くなった。こうした意識変化は，政府が進めた「所得倍増計画」が国民の経済的欲求への関心を生みだしたことや，テレビを中心とした独占資本の意識的な欲求喚起政策（広告・宣伝活動），労働運動そのものの中で総評が後退し全日本労働総同盟（同盟）や IMF・JC（国際金属労連日本協議会）の結成などが影響していた。

第3節　スタグフレーション期（1970～80年代前半）

第1項　蓄積構造

　高成長の帰結として述べたように，旧 IMF 体制が崩壊し，変動相場制に移行した。固定相場制下では各国は固定相場を維持する義務があったから，ドルの減価（アメリカのインフレーション）の枠内のインフレーションしか原理的

---

96)　拙著『現代資本主義の循環と恐慌』（岩波書店，1981年）の第5章，参照。

には許容できなかった。この固定相場制が撤廃されたということは、世界的なインフレーションの歯止め装置をなくしたことになる。また金との兌換を停止したドルはアメリカに還流することなく、ユーロ市場を中心として浮遊することになり、世界経済の投機化が進行するようになる。

またこの時期には資源ナショナリズムを背景として、2度にわたって石油輸出国機構は原油の値段を大幅に吊り上げた。石油エネルギーに依存している先進資本主義国は[97]スタグフレーションを激化させ、非石油輸出の発展途上諸国は窮地に陥った。このように、石油を中心とした資源価格と先進国の輸出する工業製品の価格とが逆転する国際的な「価格革命」が発生した。

スタグフレーションになることによって国家の政策は行き詰まった。インフレーションを抑えようとして総需要を国家が抑制しようとすると、不況が長期化・深化してしまうし、不況からの脱出を早めようとして総需要を拡大しようとすると、インフレーションを高進させてしまうジレンマに陥った。これは高度成長期の国家の景気政策が機能不全となったことを意味し、ケインズ経済学の権威が失墜することになる。もともとケインズ主義は一国経済を対象としていたが、IMF体制が事実上崩壊し短期資本が投機化して流入・流出することは、国民国家の財政・金融政策の効果を阻害する。ケインズ的国家政策は二つの面から行き詰まったのである。

世界経済においては、アメリカのヘゲモニーが後退し、ドイツを中心とするヨーロッパ（EEC）、日本を中心とする東アジア、との3極構造が形成された（米・日・欧）。世界全体がスタグフレーションから脱出できずにいるときに、日本だけは徹底的なリストラ（「減量経営」）をし、省エネを進め、ME技術を生産工程に真っ先に導入することによって、石油価格上昇を吸収する体制を整えた。こうして日本は集中豪雨型の輸出拡大によって、各国とくにアメリカとの貿易・経済摩擦を激化させていった。しかしアメリカの金融的反撃は、日本が「一人勝ち」したこの時期にはじまっていた。

---

97) 当時の日本の石油依存率は70％近くであった。

90　第Ⅰ部　景気循環の段階的変容

図4-10　フィリップス曲線の動向

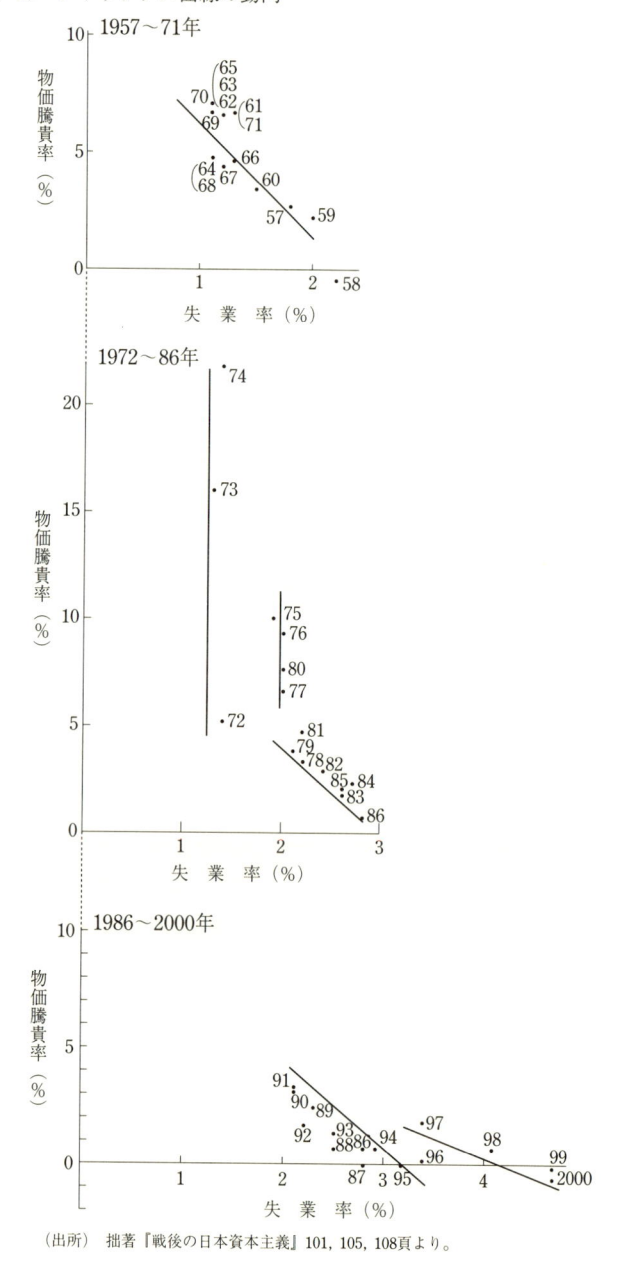

1957〜71年

1972〜86年

1986〜2000年

（出所）　拙著『戦後の日本資本主義』101, 105, 108頁より。

第2項　動　態

　世界的な過剰流動性の時期に，田中内閣は「日本列島改造計画」を発表し積極財政政策を発動したために，マネー・サプライは急増した。ところが高度成長期の過剰蓄積によって設備投資欲は冷えていたから，急増したマネーは改造計画に煽られて土地や株式などの資産のほうに向かった。まさに80年代後半のバブルの先駆けが発生した。私鉄を中心として山林の分譲開発やゴルフ場建設のための土地漁りが進行した。実体経済のほうも多少は上昇するが，かつての高度経済成長期の勢いは当然ない。景気上昇期にすでにインフレーションが進行していたが，1973年秋の原油価格の4倍強の値上げによって物価が狂乱的に上昇した。田中内閣は総需要抑制政策に転換し，1974-75年の恐慌に突入する。狂乱的物価騰貴は沈静化し景気は若干上昇するが，それでも1973年のピーク時の鉱工業生産までは回復しなかった。この恐慌はそれまでの最大の規模であったし，日本は最高の高成長の反動として長引く停滞的局面を迎えた。本格的に景気が回復するのは，「減量経営」の徹底化と世界に先駆けてのME技術の導入，集中豪雨的輸出の拡大によってである。しかし1978～79年に石油価格が再度吊り上げられ，これを契機として景気が後退し，世界的にそれまでの最大の長期不況に陥る。1983年2月に回復に向かうが，物価が鎮静化に向かったのに株価が上昇しはじめる。

　この期間にスタグフレーション度は当然，高度経済成長期の5.5％から9.6％へと急上昇している。図4-10は失業率と物価騰貴率の関係を示すが，フィリップス曲線は1972年から1977年の物価騰貴の時期には垂直線となり，失業率の動向したがって景気の動向とは無関係に物価が急騰したことを物語っている。1979年から1986年間は高度経済成長期と同じく逆相関関係を示している（1980年はやや例外的）。

第3項　帰　結

　1980年代に入ると物価騰貴率は徐々に低下し，反対に失業率が上昇するようになる。ひとまず物価騰貴が軽微化したことによって，スタグフレーションは再熱の危険性を孕みながらも沈静化した。そして日本は債権大国化し政・官・財の日本的複合体制の優秀さが宣伝され，そうした日本的経営を賛美するエコ

ノミストや経済学者がぞくぞくと登場した。しかしアメリカ金融資本はこの間に世界戦略を練り直していた。日米経済摩擦を背景として1983年に訪日したレーガン政権は，金融の自由化を要求し翌年には中曽根内閣はこれを受け入れる。1985年のプラザ合意によって，円高容認と内需拡大のための財政支出拡大，そして超低金利政策を実施する。バブルそのものは1983年の景気回復とともに開始していたが，プラザ合意によってバブルに油が注がれたといってよい。

第4節　バブルと長期停滞期（1980年代後半～1990年代）[98]

第1項　蓄積構造

　バブルは国際通貨体制としてのIMFの事実上の崩壊に遠因があり，日本では「日本列島改造ブーム」として第1次バブルというべきものが発生した。世界的には金融自由化が実施される1980年代の半ばくらいからはじまった。アメリカでは1987年11月のブラック・マンデーによって破裂する。日本でも株価は暴落したが，1988年初頭には立ち直り，1990年の年頭に破裂した。その後の日本の「長期的停滞」とは対照的に，アメリカは一人勝ちとなり「長期的繁栄」を迎える。日本資本主義は長い間バブルの後遺症に陥っていたから，バブルの形成と崩壊の時期を一つにして考察する。

　レーガン政権の金融自由化要求は，1984年に一連の金融自由化処置となって実現した。宮崎義一は，投機目的の資金の流出入を制限していた為替管理における「実需原則」と「円転換規制」を撤廃したことを重視している[99]。前者は実体取引とは無関係に先物為替取引ができるようにし，後者は外貨を円に転換したりユーロ円を国内運用に回す道を開いた。資金過剰とその投機的使用への道を開いたことになる。

　こうした「金融の自由化」・「金融の国際化」処置にもかかわらず，ドルは下がらずアメリカの金利も下がらなかった。レーガン政権の第2期に財務長官と

---

[98] 第1節第1項ではこの時期を二つに区分したが，バブル期の蓄積構造が崩壊期に行き詰まった関係にあり，蓄積構造そのものは変化しなかったから，本節は一つの時期として考察する。

[99] 宮崎義一『複合不況』（中央公論社，1992年）109-114頁。

なったベーカーは1985年9月22日に「プラザ合意」を成立させる。円高・ドル安への転換であり，アメリカとの金利差維持の要求や円高不況からの脱出策として，日銀は公定歩合を連続的に低下させた。この金融緩和処置はバブルを加熱させる「政策的失敗」だった。

　アメリカ金融資本の「金融自由化戦略」が世界的に展開することによって，投機目的のマネー・ゲームが進行する。世界の貿易高をはるかに凌ぐマネー取引が出現し，マネー（貨幣資本の運動）が実体経済（現実資本の運動）を振り回す転倒した世界が出現してしまった。このバブルは日本では1990年の年頭に破裂するが，1989年から1991年にかけて東欧・ソ連の「社会主義」が解体する世界史的な事件が発生する。戦後世界の政治・軍事関係を規定してきた超大国アメリカとソ連を中心とする冷戦体制が崩壊した。これは世界の軍事バランスを崩し，一方的に有利となったアメリカ帝国主義は湾岸戦争に踏み切ったし，アメリカの諜報機関はその対象を日・欧の企業活動へ向けるようになった。情報戦争がアメリカから日・欧に仕掛けられたようなものである。それと同時にアメリカ国内では，情報通信革命がいち早く進み，それがまた国際的な金融戦争を有利に展開させた。このようにバブル崩壊以降の1990年代は，再びアメリカの覇権が復活した時期といってよい。

第2項　動　態

　日本の景気は1983年2月から第10循環に入るが，1983年秋頃から株価が上昇しバブルが開始する（「バブル再発景気」）。1985年6月の不況局面に入り，「プラザ合意」によって「円高不況」となるが，バブルは進行していく。「円高不況」から脱出し景気は回復するが，バブルはアメリカのブラック・マンデーによって第1局面を経て第2局面へと突進していった。バブルそのものは1990年の年頭に破裂するが，景気は約1年遅れの1991年2月に不況に転換する（「バブル高進景気」）。景気は1993年に第12循環に入るが，不良債権を抱えた金融機関が1995年と1997年に金融危機に陥る（「金融危機景気」）。景気は1999年4月に回復に向かうが，その回復は金融機関の「貸し渋り」や消費と設備投資の冷え込みによってはかばかしくなかったところに，アメリカの景気後退の影響を受けて景気後退した。2005年春くらいから15年にわたる長期停滞からようやく

抜けだしたが，世界同時不況に直撃されて，2007年10月をピークとして実体経済は急角度で落ち込み，いつ回復に向かうかは定かではない状態にある。図 4-10 の下の図は失業率と物価騰貴率の関係を示しているが，1996・97年に失業率が上昇したのに物価も若干上昇している点を除けば，だいたいフィリップ曲線は逆相関関係に戻ったといえる。

第 3 項　帰　結

　1990～2004年の日本は，バブルの後遺症，日米情報戦争と金融戦争での敗北によって，長期的な停滞状態であったと総括できる。不良債権処理のための公的資金の投入にもかかわらず，株価の下落とともに不良債権は増加さえした。公的にはメガバンクの不良債権は 4 分の 1 に減ったといわれるが，実態は不明である。それは「失われた15年」でもあり，高度経済成長期に形成された日本資本主義の構造や制度や枠組みが行き詰まってきたにもかかわらず，小泉内閣の構造改革は成功したとはいえないばかりか，かえって格差の拡大・財政破綻・外交関係の悪化・米国の世界戦略への従属を深めた[100]。世界的には新自由主義イデオロギーの下でのアメリカを主導としたグローバリゼーション（グローバル資本蓄積）の矛盾の経済的帰結が，2007-08年の世界金融危機・世界同時不況であった。同時にグローバル資本蓄積は未曾有の環境破壊を進めてしまった。

---

100)　小泉構造改革の総括的批判として，生前最後の著作となった都留重人『市場には顔がない』（岩波書店，2006年 3 月）参照。戦後日本資本主義の危機と改革の視点からの分析として，拙稿「日本資本主義の危機と改革 (1)(2)」（『東京経大学会誌』第233号，2003年 2 月，第234号，2003年 3 月）参照。貧困・失業と環境破壊はグローバル資本蓄積のもたらした矛盾の楯の両面として認識しなければならない。この点については，拙著『エコロジカル・マルクス経済学』（桜井書店，2010年 4 月）参照。

第Ⅱ部　景気循環モデルの数値解析

第5章　景気循環モデル
―― 固定・流動資本モデル＝三部門モデル ――

第1節　問題提起

　序章で説明したように資本主義経済では，私的な個別資本が利潤動機によって投資を決定するから，生産する時点においては社会的需要を事前に知ることができない。しかもその投資によって基本的に需要が規定されるから，生産者は絶えず変動する需要に直面して事後的に対応しなければならない。市場の変動に対する資本の対応は，生産量を維持して価格で調整するか，価格を維持しながら生産量（操業度・稼働率）を調整するか，価格と生産量を同時に調整するかのいずれかである。筆者は，価格支配力によって独占価格（寡占価格）が設定される独占段階においては価格維持＝操業度調整が支配的であり，自由競争と価格競争が貫徹する傾向があった自由競争段階においては操業度維持＝価格調整があてはまると考えてきた[101]。拙著『景気循環論』では価格調整型の蓄積モデルを設定して，数値解析によってサイクルを検出した。本章では，価格調整型に加えて数量調整型と価格調整と数量調整をミックスした蓄積モデルを提起したい。第Ⅰ部の考察では，自由競争段階の好況期にはフル操業下の価格調整を，不況期には価格調整と数量調整とをミックスした調整を想定した。独占段階の好況期の独占資本はフル操業にいたるまでは数量調整，フル操業を超えれば価格調整を想定した。非独占資本は自由競争段階と同じだと想定した。さらに拙著では生産手段は毎期更新されると想定したが（流動資本モデル）[102]，

---

[101]　独占資本の価格維持＝操業度（数量）調整型の投資行動などによる独占資本主義や現代資本主義の恐慌と景気循環の特徴（形態変化・変容）については，すでに第Ⅰ部で引用した拙著『独占資本主義の景気循環』（新評論，1974年）第6・7・8章，拙著『現代資本主義の循環と恐慌』（岩波書店，1981年）第4章，拙稿「現代資本主義の循環と恐慌」（富塚良三・吉原泰助編『恐慌・産業循環』〈資本論体系9-1〉有斐閣，1997年）を参照。

本章では労働手段・労働対象・生活手段の三部門構成とする（固定・流動資本モデル）[103]。

また序章第6節で説明したように，短期的な循環と長期的な発展とは切り離すべきではないと考える。もちろん，長期的な波動なり発展はすぐれて構造的要因（蓄積の社会的構造）に規制されるし，短期的なサイクルは循環的に変動する要因によって規定される。しかし資本主義経済は，短期的な循環を繰り返しながら長期的な成長なり波動を形成し，その長期的波動が長期的・構造的要因を変化させてきたのが歴史的現実であった。したがって，循環と長期的発展とを統一的に説明する必要があることになる[104]。歴史的な段階的発展は，こうした長期的発展傾向への資本主義自身の対応なり調整であったと考えられる。本書では全面的に展開する用意はないが，循環と発展とを統一的に考察する必要性を提起しておきたい。

以下，本章で三部門分割の価格調整型蓄積・数量調整型蓄積・価格＋数量調整型蓄積（ミックス型）を数理モデル化する。次章で循環と長期的発展を数値解析し，それぞれの蓄積パターンの循環的特徴と長期的特徴とを検出し比較し，最後にそれぞれの蓄積モデルの特徴が含意する経済学的内容を若干提起しておきたい[105]。

---

102) 二部門分割（流動資本）モデルは第7章で紹介する蓄積モデルであるが，詳しくは拙著『景気循環論』（青木書店，1994年）を直接読まれたい。

103) 拙著『景気循環論』の補論において数量調整型の景気循環モデルを作ってみたが，好況分析と不況分析とが切り離されていて循環分析にはなっていなかったし，数量調整を本格的に論じるためには，本章のように固定資本を導入したほうが適切である。生産手段は労働手段と労働対象から成り立つので，固定資本モデルは流動資本モデルよりも現実の世界に近いといえる。さらに固定資本（労働手段）を導入することによって，固定資本の循環周期（耐用年数）と景気循環の周期とを関連づけることができるかもしれない。

104) カール・マルクスが「近代社会の経済的運動法則」の解明といったとき，その運動法則は循環法則と発展法則との両方が含まれていると解釈する。宇野弘蔵の三段階論では，循環法則は「永遠に繰り返されるもの」と想定され，発展過程は段階論としての歴史的なタイプ論とされており，両法則が切り離されてしまっている。マルクスの体系でいえば，長期的法則を解明しようとした資本蓄積論や利潤率の傾向的低下法則などはやはり理論的に考察すべきである。マルクスの低下法則は，利潤率循環の視点から蓄積が進展していく過程の中で論じるべきであろう。利潤率の長期的動向の数値解析については，第7章でおこなう。

第 2 節　予備的考察

第 1 項　前　提

　モデル分析[106]では本質関係をなるべく単純化して定式化しなければならないから，以下のような前提をおく。基本的には流動資本モデルと同じであるが，新しい点は固定資本を導入した三部門分析にしたことと，価格調整に数量調整も加えた点である。それぞれのモデル上の特徴は次節以下で説明するので，ここでは共通する前提を明示しておこう。

---

105)　拙稿「利潤率の成長循環と資本主義の存続条件――置塩信雄のメッセージと数値解析」（『東京経大学会誌』第247号，2005年11月）を独占研究会（東京経済大学で毎月開催）で報告し，貴重なコメントや意見を聞くことができた（2006年 1 月28日）。そこで受けたコメントや質問によって筆者の見解もより明確になり，本書を執筆する気持ちになった。以下，当日の質疑にも可能なかぎり答えるように展開したい。

106)　従来の恐慌・景気学説において，不明確な仮定や対極的な主張がなされてきた。たとえば，実質賃金率の動向であり，好況期に実質賃金率が上昇するのか低下するのかについて見解が対立している。実質賃金率が上昇すると主張するのが宇野恐慌論であり過剰投資説の流れである。逆に低下すると主張するのが置塩蓄積論であり過少消費説の流れである。また，投資と利潤の関係についても，多くのマルクス経済学者たちは『資本論』第 2 巻第 3 篇の論理次元で考えていて，剰余価値（利潤）がすでに実現していると想定して（「価値通りの販売」），その利潤が投資を決定（規制）すると考えている。しかしマルクス自身も第 3 巻においては商品の実現を問題にしているのであり，利潤が実現するためには投資需要が先行しなければならない（投資が利潤を決定する）。さらにすでに述べたように，循環と成長（発展）とを切り離すべきではない。こうした経済諸量や経済過程の因果関係を明確にするためには，因果関係（決定関係）を数理モデル化することが有効である。実質賃金率については，すでに第Ⅰ部で考察したように，貨幣賃金率と生活手段価格の相互関係（実体的にいえば生活手段量と就業労働力の相互関係）いかんによって決まってくるのであり，一般化することはできない。拙著『景気循環論』における数値解析の結果は，実質賃金率は好況後半から不況前半にかけて上昇し，不況後半から好況前半にかけて低下した（『景気循環論』135頁）。また市場価格なり生産価格の体系から利潤を定義すれば，利潤の源泉はサープラス（余剰生産手段と余剰生活手段）であるが，需要したがってそれを集計する因子としての価格が決定されなければ利潤を規定できない関係にある（『景気循環論』第 4 章）。さらに蓄積モデルを設定すれば，短期的な循環と長期的発展傾向とが同時に数値解析することが可能となる（注105の拙稿，参照）。筆者は理論的に循環と発展を同時に説明するためにはモデル分析が不可欠であると考えている。モデル化できない恐慌・景気学説は学説ではあるが，数理的に論証されていない。

（1）社会的生産物を労働手段（資本財：サフィックスで1と表現），労働対象（生産財：サフィックスで2），生活手段（消費財：サフィックスで3）の三部門に分割する。

（2）技術不変とする。したがって技術的パラメータ（資本係数，資本の技術的構成）は一定とする[107]。

（3）固定資本の現物補塡によって既存の労働手段量は一定に維持され，新投資によって労働手段量は増加していく。したがって労働手段の量は既存量と追加量の合計となる。固定資本の貨幣的補塡D（減価償却額）は定率でなされるとする。減価償却額は銀行に積み立てられ（預金），現物補塡するときに銀行から引き出されることになる。経済が拡大しているときには，減価償却額（D）は現物補塡額（R）を上回ることになり，減価償却積立金が増加する。ある時点においてもD＝Rとなるためには超過部分が追加投資されなければならないが，追加的投資になるか否かは期待利潤率の動向に依存する。経済が縮小しているときには，逆に減価償却積立金が減少する。

（4）経済主体は資本家と労働者から構成され，資本家は消費せず，労働者は貯蓄しないとする[108]。

（5）投資が利潤を決定し，その逆ではない[109]。すなわち，資本家は蓄積欲を満たすために貨幣を銀行から借り入れて，それを投資と賃金に支出し，労働者は受け取る賃金を全額消費に支出するものとする。固定資本の現物補塡と蓄積（追加的投資）用の貨幣は銀行に積み立てられた減価償却積立金と蓄積積立金を引き出して調達される。いいかえれば，労働手段と労働対象の需要は資本

---

[107] 任意の時期において技術的パラメータを変更して数値解析することは可能であるが，本章においては長期的にも不変としておく。こうした分析を踏まえて，はじめて技術進歩が導入された場合の経済効果が明確になる。

[108] こうした仮定は非現実的であり，資本家の消費や労働者の貯蓄を考慮すべきであるとする批判があるが（たとえば井村喜代子「恐慌論研究の現状と問題点（上）」『経済評論』1975年10月号，名和隆央「再生産の条件方程式について」『立教経済学研究』第59巻第1号，2005年7月），資本と賃労働の敵対的性格を明確にするためにこのように仮定しておく。資本蓄積にとって本質的なのは蓄積（投資）にあり，資本家の個人消費や労働者の貯蓄は副次的な存在だと考える。もちろん歴史的な景気動向を分析したり予測したりするときには，消費性向の動向，その資本家と労働者との違いが重要になることを否定するつもりはない。

家から，生活手段の需要は賃労働者からでてくることになる。その結果利潤が発生（実現）し，支払った賃金部分も還流し，資本家は銀行に返済するものとする[110]。

（6）三部門とも生産期間は1期で，市場は期末に成立し，価格（価格調整の場合）なり実現率（数量調整の場合）が決定されるものとする[111]。

（7）賃金は前払いとする。したがって賃金に支払われる貨幣は投下する可変資本であり，利潤率の計算に入る。また，次期に雇用される追加的労働者の消費は，今期生産された生活手段の消費に入る。

（8）数量と価格を分離する。したがって価格調整の場合には市場経済の特徴は価格変動に現れる。数量調整の場合には実現率や操業度の変動に現れる[112]。

（9）生産構造（生産関数）は次のようになる。期首に労働手段・労働対象・労働力の配置が決まっていれば，技術的関係から期末の生産量が確定し，期末

---

[109] マルクスの『資本論』第2巻第3篇の再生産表式分析においては，「価値通りの販売」が前提となっている。そのために剰余価値・利潤がすでに実現されたものとして，それが蓄積と消費にどのように分配されるかが考察されている。いわば経済原則を実現させる資本主義的形態機構論となっているし（宇野弘蔵），また，計画経済のもとでの意識的・協議的なサープラス（剰余価値）の分配可能性も示唆される。いわば分析課題がこのようになっているから「価値通りの販売」が前提されているのであり，その世界では利潤（剰余価値）が先行し投資が決まるようになっている。しかし販売（実現）の可能性を問題にするときには，注106でも指摘したように，生産物が需要によって実現して価格と賃金が決まり，それによって生産されているサープラス（余剰生産手段と余剰生活手段）が利潤として実現される。こうした市場価格の世界である景気循環の世界においては，投資が利潤を決定する関係にある。拙著『景気循環論』67-68頁，と本書の第8章第2節，参照。こうした論理次元の相違を無視して，「価値通りの販売」の前提での議論をあたかもマルクスの全理論だとするのは誤りである。『資本論』第2巻第3篇と市場価格の運動の世界である景気循環との次元の相違を無視しているといわざるをえない。

[110] 銀行との関係でいえば，流動資本（労働対象と労働力への投資）は銀行の信用創造によって貨幣が供給され，固定資本の現物補填投資は自己の積立金（預金）が引き出され，固定資本の新投資は，蓄積基金として積み立てられている部分を超えるものは銀行の信用創造によって供給されることになる。さきの独占研究会では，こうした想定は川合一郎の信用創造論に近いことが指摘されたが，本書では信用論に深入りすることはできない。

[111] 本章のモデルも期間分析であり，非線形の定差方程式となる。歴史的な10年周期の設備投資循環や50年前後といわれる長期波動（コンドラチェフ波動）にあてはめようとするならば，サイクルの周期や固定資本の耐用年数と期間とを対応させればよい。しかし歴史的な循環や波動は抽象的な数理モデルによって機械的には解釈できないであろう。

に交換されることによって次期期首の配置が決定される。

第2項 記 号

X：生産物，F：労働手段，R：労働対象，L：就業労働力，N：労働人口，L/N：雇用率（θ），n：労働人口の自然成長率，θs：標準的雇用率，w：貨幣賃金率，ws：標準的貨幣賃金率，P：価格，$\bar{P}$：固定価格，u：計画（意図した）操業度，us＝標準操業度，z＝実現率（意図せざる操業度），π：実現利潤率，α＝X/F：資本係数の逆数，β＝L/F：資本の技術的構成の逆数，δ＝F/R：労働手段・労働対象比率，Mf：労働手段需要（労働手段への投資額），Mr：労働対象需要（労働対象への投資額），Pe：予想価格，πe：予想（期待）利潤率，ε：減価償却率

第3節 価格調整型蓄積モデル

まず，需給関係が価格変動によって調整される経済を考察しよう[113]。経済諸量は以下のように決定されていく。

（1）期末の生産量は，期首の労働手段・労働対象・労働力の配置によって決定される。

$$X_1^t = \alpha_1 F_1^t, \quad X_2^t = \alpha_2 F_2^t, \quad X_3^t = \alpha_3 F_3^t \tag{1}$$

---

[112] マルクスの再生産表式は物量に価値を掛けた価値量として表現されているが，物量関係が価格関係によって実現されていく資本主義経済の特徴を明確にするために，物量と価格を分離して表現する。マルクスの場合も，再生産表式分析においては価値を一定としているから，事実上は物量体系である。

[113] マルクスの場合，基本的には価格のバロメータ機能が重視され，競争と価格変動による利潤率の均等化（生産価格の成立）が経済学体系の骨格となっているといってよい。しかし数量調整を無視しているのではなく，再生産の弾力性との関連において操業度（稼働率）が指摘されているし（カール・マルクス，中峯・大谷ほか訳『資本の流通過程——資本論第2部第1草稿』大月書店，1982年，第3章第4節），不況期のスケッチにおいては価格下落とともに操業度（稼働率）低下が同時に起こることを指摘している（『資本論』第3巻第15章第3節）。価格調整型景気循環論のメリットは，価格の自動調整作用によって均衡が成立していると想定する新古典派の成長論やそれと事実上同じ土俵に入っている宇野恐慌論を批判することができる点にある。

（２）労働手段への投資額（補塡投資＋新投資）は，次期の労働手段の拡大（縮小）は次期の期待利潤率に依存すると仮定し，それに予想する生産手段の購入価格を掛けたものとなる。期待利潤率がプラスであれば労働手段を拡大すると想定し，拡大率の利潤率への反応係数を ρ（>0）とする。予想価格は三部門とも同じとし，補塡投資は貨幣的補塡（減価償却）に等しいと仮定する。新投資は期待利潤率に規制されるから[114]，

$$\mathrm{Mf}_1^t = \mathrm{Pe}_1^t \mathrm{F}_1^t (\varepsilon + \rho \pi \mathrm{e}_1^t), \quad \mathrm{Mf}_2^t = \mathrm{Pe}_1^t \mathrm{F}_2^t (\varepsilon + \rho \pi \mathrm{e}_2^t),$$
$$\mathrm{Mf}_3^t = \mathrm{Pe}_1^t \mathrm{F}_3^t (\varepsilon + \rho \pi \mathrm{e}_3^t) \tag{2}$$

（３）労働手段の供給量と需要額が決まるから，労働手段の価格（市場清算価格）が決まる。市場清算価格[115]によって生産物は全部実現すると仮定する[116]。

$$\mathrm{P}_1^t = (\mathrm{Mf}_1^t + \mathrm{Mf}_2^t + \mathrm{Mf}_3^t) / \mathrm{X}_1^t \tag{3}$$

（４）労働手段価格が決まるから，各部門の次期の労働手段は，追加的労働手

---

[114] 筆者の「流動資本モデル」では，蓄積需要額（不変資本投資額）を期待利潤率で決定したが，本章では期待利潤率は生産手段の拡大率を規定し，その生産手段を調達すべく予想する価格を掛けたものとして蓄積需要を決定するとした点で変更している。また，期待利潤率がプラスであれば生産を拡大すると想定することは，率が低下しても量が拡大すれば投資することを意味する。単純再生産を想定し，固定資本の現物補塡額と貨幣的補塡額（減価償却）は同じと仮定する。その結果，成長率がプラスであり続けていれば超過補塡となり，逆なら過少補塡となる。なお，景気・恐慌学説の分岐点は投資関数の違いに大きく左右される。代表的な投資関数には加速度原理（サムエルソン）・利潤原理（カレッキー）・ストック調整原理（ハロッド）などがあるが，マルクス経済学の恐慌論についていえば，宇野恐慌論には投資関数が不在（価格機構による自動調整の想定）であり，富塚恐慌論では投資増→市場価格上昇→利潤率上昇→投資増，となっており利潤原理に分類されるだろう。置塩景気循環論はハロッドの資本係数を操業度（稼働率）に置き換えたものであり，一種のストック調整型といえよう。本章の投資関数は利潤原理の一種であるが，投資行動は現実には第Ⅰ部で指摘したように，需要・技術・競争・信用・期待などによって具体的に規定される。モデルでは，こうした投資誘因は反応係数の大きさに影響するものとして処理できる。

[115] 生産物全部を実現（クリアー）する価格として「市場清算価格」と呼んでおこう。生産価格ではなく市場価格の一種である。

[116] 調達したい生産手段（生産手段への実物需要）は生産された生産手段以上には調達できないから（在庫はないものとしている），そのギャップは価格変動によって調整されることになる。実物需要が供給量より大きければ超過需要状態であり価格が上昇し，逆であれば超過供給となり価格が低下する。

段＋補塡労働手段＋今期労働手段－補塡労働手段，となる。その結果，超過補塡や過少補塡は解消する。

$$F_1^{t+1}=Mf_1^t/P_1^t+F_1^t(1-\varepsilon), \quad F_2^{t+1}=Mf_2^t/P_1^t+F_2^t(1-\varepsilon),$$
$$F_3^{t+1}=Mf_3^t/P_1^t+F_3^t(1-\varepsilon) \tag{4}$$

（5）次期の労働手段が決まったから，次期の労働対象が決まる（労働手段の決定を先行させる，いわば労働手段主導）。

$$R_1^{t+1}=F_1^{t+1}/\delta_1, \quad R_2^{t+1}=F_2^{t+1}/\delta_2, \quad R_3^{t+1}=F_3^{t+1}/\delta_3 \tag{5}$$

（6）次期労働対象を調達するために価格を予想して労働対象への投資額を決める。

$$Mr_1^t=Pe_2^t R_1^{t+1}, \quad Mr_2^t=Pe_2^t R_2^{t+1}, \quad Mr_3^t=Pe_2^t R_3^{t+1} \tag{6}$$

（7）労働対象の供給量と需要額が決まったから，労働対象の価格が決まる。

$$P_2^t=(Mr_1^t+Mr_2^t+Mr_3^t)/X_2^t \tag{7}$$

（8）次期労働手段が決まっているから，次期の雇用労働力が決まる。

$$L_1^{t+1}=\beta_1 F_1^{t+1}, \quad L_2^{t+1}=\beta_2 F_2^{t+1}, \quad L_3^{t+1}=\beta_3 F_3^{t+1} \tag{8}$$

（9）次期の労働力が決まるから，労働市場で貨幣賃金率が決まる。標準的雇用率以上に雇用率が高まれば賃金は上昇すると想定する[117]。νは雇用率に対する貨幣賃金率の反応係数（$\nu>0$）。

$$w^t=ws+\nu\{(L_1^{t+1}+L_2^{t+1}+L_3^{t+1})/N^t-\theta s\} \tag{9}$$

（10）生活手段の供給量と需要額が決まったから，生活手段の価格が決まる。

$$P_3^t=w^t(L_1^{t+1}+L_2^{t+1}+L_3^{t+1})/X_3^t \tag{10}$$

（11）労働手段・労働対象・労働力の価格が決まったから，実現する利潤率が決まる。投下資本額は固定資本（労働手段）・流動不変資本（労働対象）・可変

---

[117] 労働市場で決定されるのは貨幣賃金率なのか実質賃金率なのか。すでに指摘したようにさまざまな景気学説や恐慌論において，異なっているのが現状である。すなわち，マルクスや宇野やグッドウィンは雇用率によって実質賃金率が決定されると考えていた。ケインズは貨幣賃金率が決定されると考えていた。置塩は実質賃金率を維持すべく生活手段の価格を予想して貨幣賃金率を決定するとした（置塩信雄『経済学と現代の課題』大月書店，2004年，195-196頁）。置塩は労働者の賃金交渉力を高く評価していることになるが，過大評価のように思われるし，期待される実質賃金率が一定の値を下回れば労働力を提供しないとするのには疑問である。本章でも，労働者は雇用を優先させていかなる貨幣賃金率でも受け入れざるをえない立場にあると想定する。

資本(労働力)であり,利潤は売上高から減価償却費・労働対象(原材料)と賃金のコストを控除した額になる。価格は再調達価格とする[118]。

$$\pi_1^t = \{X_1^t P_1^t - (P_1^t \varepsilon F_1^t + P_2^t R_1^t + w^t L_1^t)\}/(P_1^t F_1^t + P_2^t R_1^t + w^t L_1^t)$$
$$= (\alpha_1 P_1^t - P_1^t \varepsilon - P_2^t/\delta_1 - w^t \beta_1)/(P_1^t + P_2^t/\delta_1 + w^t \beta_1)$$

同じく,

$$\pi_2^t = (\alpha_2 P_2^t - P_1^t \varepsilon - P_2^t/\delta_2 - w^t \beta_2)/(P_1^t + P_2^t/\delta_2 + w^t \beta_2)$$
$$\pi_3^t = (\alpha_3 P_3^t - P_1^t \varepsilon - P_2^t/\delta_3 - w^t \beta_3)/(P_1^t + P_2^t/\delta_3 + w^t \beta_3) \tag{11}$$

モデルを完結させるために,予想値(期待値)を前期の実現値に代替させよう。いいかえれば,前期の実現値にしたがって予測するものと仮定する。したがって,$\pi e = \pi^{t-1}$, $Pe_1^t = P_1^{t-1}$, $Pe_2^t = P_2^{t-1}$, とする。初期値(π^0, P_1^0, P_2^0, F_1^0, F_2^0, F_3^0, N^0, n),技術的パラメータ(α, β, δ, ε),反応係数(ρ, ν),標準量(θs, ws)を与えると,第1期の経済諸量が決定し,次期の労働手段・労働対象・労働力の配置と今期の利潤率が決定されるから第2期へと移り,動態過程が進行していく。数値解析は次章でおこなう。

第4節 数量調整型蓄積モデル

つぎに,需給関係が実現率や操業度によって調整される経済を考察しよう[119]。価格は固定されていて,期首の労働手段をどれだけ操業するか(供給態度)が決まることによって期末の供給量が決定され,需要額との対応で実現率が決定される。未実現の生産物は在庫を形成することなく廃棄されるものと想定する(在庫不在)。その「損失」はあらかじめ標準操業度のもとで設定される固定価格(独占価格)によって補填できるように,価格が設定されていると想定する。結論を先にいえば,このモデルのかぎりでは中期的な循環運動をしなかったので,次章では長期的な循環のみ数値解析する。

---

118) 再調達価格で計算する根拠については,置塩の同上書,192-193頁,と同じである。
119) 本章のモデルは資本主義経済を対象としているが,計画経済における固定価格のもとでの蓄積に応用することも可能であろう。

数量調整型蓄積モデル

経済諸量は以下のように決定されていく。

（1）期首に計画操業度（意図した過剰能力）[120]が決定されることによって供給態度が決まる。計画操業度は前期の実現率とする。すなわち，前期の実現率が今期も達成されると考えて操業目標を立てるものとする。

$$u_1^t = z_1^{t-1}, \quad u_2^t = z_2^{t-1}, \quad u_3^t = z_3^{t-1} \tag{1}$$

（2）計画操業度が決まるから，期末の生産量が決まる。

$$X_1^t = u_1^t \alpha_1 F_1^t, \quad X_2^t = u_2^t \alpha_2 F_2^t, \quad X_3^t = u_3^t \alpha_3 F_3^t \tag{2}$$

（3）労働手段需要（投資額）。価格は固定されていて既値であるから（$\bar{P}$），期待利潤率によって決定される追加的労働手段と現物補填を加えた労働手段を掛けた額が投資額となる。

$$Mf_1^t = \bar{P}_1 F_1^t(\varepsilon + \rho\pi e_1^t), \quad Mf_2^t = \bar{P}_1 F_2^t(\varepsilon + \rho\pi e_2^t), \quad Mf_3^t = \bar{P}_1 F_3^t(\varepsilon + \rho\pi e_3^t) \tag{3}$$

（4）次期の労働手段（価格調整型蓄積と同じ）。

$$F_1^{t+1} = Mf_1^t/\bar{P}_1 + F_1^t(1-\varepsilon), \quad F_2^{t+1} = Mf_2^t/\bar{P}_1 + F_2^t(1-\varepsilon),$$
$$F_3^{t+1} = Mf_3^t/\bar{P}_1 + F_3^t(1-\varepsilon) \tag{4}$$

（5）次期の労働対象（価格調整型と同じ）。

$$R_1^{t+1} = F_1^{t+1}/\delta_1, \quad R_2^{t+1} = F_2^{t+1}/\delta_2, \quad R_3^{t+1} = F_3^{t+1}/\delta_3 \tag{5}$$

（6）労働対象需要（投資額）（価格調整型と同じ）。

$$Mr_1^t = \bar{P}_2 R_1^{t+1}, \quad Mr_2^t = \bar{P}_2 R_2^{t+1}, \quad Mr_3^t = \bar{P}_2 R_3^{t+1} \tag{6}$$

（7）次期の労働力（価格調整型と同じ）。

$$L_1^{t+1} = \beta_1 F_1^{t+1}, \quad L_2^{t+1} = \beta_2 F_2^{t+1}, \quad L_3^{t+1} = \beta_3 F_3^{t+1} \tag{7}$$

（8）貨幣賃金率（価格調整型と同じ）。

$$w^t = ws + \nu\{(L_1^{t+1} + L_2^{t+1} + L_3^{t+1})/N^t - \theta s\} \tag{8}$$

---

[120] 期末に実現される率は期首にはわからないから，計画操業度のもとに意図的に過剰能力を保有しながら生産する。期末に実現率が決まることによって「意図せざる過剰能力」が発生する。固定価格経済（数量調整型経済）のもとでは，変動は実現率や計画操業度によって調整される。「意図した過剰能力」と「意図せざる過剰能力」を最初に分析したのはジョセフ・シュタインドルである（宮崎義一・笹原昭五・鮎沢成男訳『アメリカ経済の成熟と停滞』日本評論社，1962年）。

（9）実現率の決定。生産手段・労働対象・生活手段の供給量とそれぞれの需要額が決まったから，固定価格のもとで実現率が決定される。

$$z_1^t = (Mf_1^t + Mf_2^t + Mf_3^t)/(\bar{P}_1 X_1^t)$$
$$z_2^t = (Mr_1^t + Mr_2^t + Mr_3^t)/(\bar{P}_2 X_2^t) \qquad (9)$$
$$z_3^t = \{w^t(L_1^t + L_2^t + L_3^t)\}/\bar{P}_3 X_3^t$$

(10) 実現利潤率の決定

$$\pi_1^t = (\alpha_1 \bar{P}_1^t z_1^t - \bar{P}_1^t \varepsilon - \bar{P}_2^t/\delta_1 - w^t \beta_1)/(\bar{P}_1^t + \bar{P}_2^t/\delta_1 + w^t \beta_1)$$
$$\pi_2^t = (\alpha_2 \bar{P}_2^t z_2^t - \bar{P}_1^t \varepsilon - \bar{P}_2^t/\delta_2 - w^t \beta_2)/(\bar{P}_1^t + \bar{P}_2^t/\delta_2 + w^t \beta_2) \qquad (10)$$
$$\pi_3^t = (\alpha_3 \bar{P}_3^t z_3^t - \bar{P}_1^t \varepsilon - \bar{P}_2^t/\delta_3 - w^t \beta_3)/(\bar{P}_1^t + \bar{P}_2^t/\delta_3 + w^t \beta_3)$$

(11) 予測値を前期の実現値に代替させる。

$$\pi e = \pi^{t-1}$$

第5節　価格調整＋数量調整型蓄積モデル

　前節の数量調整型蓄積では，期首に決定された計画操業度によって決まる期末の生産物を，価格を維持するために固定価格で実現できる物量だけを販売し，残りは廃棄するものとした（在庫不在）。本節では，期末に供給された生産物は価格を調整して全部実現させるものと想定する。次期の期首において新たに計画操業度が決定されるので，需給は価格調整と数量調整の双方によってなされる世界である。

蓄積モデル

　経済諸量は以下のように決定されていく。

（1）計画操業度の決定。前節では計画操業度を前期の実現率としたが，本節では全生産物実現を想定しているので（実現率＝1），計画操業度を期待利潤率によって決め，かつプラスの利潤が期待されれば計画操業度を上昇させるものとする（σ は反応係数）[121]。

---

121) この場合には期首において期待利潤率を決めることになる。期末においても市場状態は未知であり，実現利潤率はわからないから，期首と期末の期待利潤率は同じだと想定する。数値解析上は，前期の実現利潤率に代行させるから，同一である。

$$u_1^t = u_1^{t-1}(1+\sigma\pi e_1^t), \quad u_2^t = u_2^{t-1}(1+\sigma\pi e_2^t), \quad u_3^t = u_3^{t-1}(1+\sigma\pi e_3^t) \qquad (1)$$

（2）期末の供給量（数量調整型蓄積と同じ）。
$$X_1^t = u_1^t \alpha_1 F_1^t, \quad X_2^t = u_2^t \alpha_2 F_2^t, \quad X_3^t = u_3^t \alpha_3 F_3^t \qquad (2)$$

（3）労働手段需要。価格が変動するから，予想価格によって労働手段投資額を決定する（価格調整型と同じ）。
$$Mf_1^t = Pe_1^t F_1^t(\varepsilon + \rho\pi e_1^t), \quad Mf_2^t = Pe_1^t F_2^t(\varepsilon + \rho\pi e_2^t), \quad Mf_3^t = Pe_1^t F_3^t(\varepsilon + \rho\pi e_3^t) \qquad (3)$$

（4）労働手段の価格（価格調整型と同じ）。
$$P_1^t = (Mf_1^t + Mf_2^t + Mf_3^t)/X_1^t \qquad (4)$$

（5）次期の労働手段（価格調整型と同じ）。
$$F_1^{t+1} = Mf_1^t/P_1^t + F_1^t(1-\varepsilon), \quad F_2^{t+1} = Mf_2^t/P_1^t + F_2^t(1-\varepsilon),$$
$$F_3^{t+1} = Mf_3^t/P_1^t + F_3^t(1-\varepsilon) \qquad (5)$$

（6）次期調達すべき労働対象（価格調整型と同じ）。
$$R_1^{t+1} = F_1^{t+1}/\delta_1, \quad R_2^{t+1} = F_2^{t+1}/\delta_2, \quad R_3^{t+1} = F_3^{t+1}/\delta_3 \qquad (6)$$

（7）労働対象需要。価格が変動するから，予想価格の下で投資額を決定する（価格調整型と同じ）。
$$Mr_1^t = Pe_2^t R_1^{t+1}, \quad Mr_2^t = Pe_2^t R_2^{t+1}, \quad Mr_3^t = Pe_2^t R_3^{t+1} \qquad (7)$$

（8）労働対象の価格（価格調整型と同じ）。
$$P_2^t = (Mr_1^t + Mr_2^t + Mr_3^t)/X_2^t \qquad (8)$$

（9）次期の労働力（価格調整型と同じ）。
$$L_1^{t+1} = \beta_1 F_1^{t+1}, \quad L_2^{t+1} = \beta_2 F_2^{t+1}, \quad L_3^{t+1} = \beta_3 F_3^{t+1} \qquad (9)$$

（10）貨幣賃金率の決定（価格調整型と同じ）。
$$w^t = ws + \nu\{(L_1^{t+1} + L_2^{t+1} + L_3^{t+1})/N^t - \theta s\} \qquad (10)$$

（11）生活手段の価格（価格調整型と同じ）。
$$P_3^t = w^t(L_1^{t+1} + L_2^{t+1} + L_3^{t+1})/X_3^t \qquad (11)$$

（12）実現利潤率。
$$\pi_1^t = (u_1^t \alpha_1 P_1^t - P_1^t \varepsilon - P_2^t/\delta_1 - w^t \beta_1)/(P_1^t + P_2^t/\delta_1 + w^t \beta_1)$$
$$\pi_2^t = (u_2^t \alpha_2 P_2^t - P_1^t \varepsilon - P_2^t/\delta_2 - w^t \beta_2)/(P_1^t + P_2^t/\delta_2 + w^t \beta_2) \qquad (12)$$
$$\pi_3^t = (u_3^t \alpha_3 P_3^t - P_1^t \varepsilon - P_2^t/\delta_3 - w^t \beta_3)/(P_1^t + P_2^t/\delta_3 + w^t \beta_3)$$

（13）モデルを完結させるために，予想値を前期の実現値に置き変える。

$$\pi e = \pi^{t-1}, \quad Pe_1^t = P_1^{t-1}, \quad Pe_2^t = P_2^{t-1}$$

　次章でそれぞれのモデルを数値解析しよう。（第 1 版では固定資本は事実上流動資本として処理されていて，固定資本モデル（三部門分割）としては未完成であった。第 2 版では，固定資本回転の特殊性を全面的に投入した。その結果，期末の労働手段への需要は現物補塡と追加部分（新投資）の合計となり，次期期首の労働手段は補塡・追加部分と残存固定資本部分（未補塡）との合計となるように訂正した。第 2 版を読めば十分であるが，第 1 版と第 2 版の結論は変わっていない（第 6 章第 4 節）。第 6 章での数値解析が定性的に異なる場合は，固定資本モデルと流動資本モデルの違いに由来し，定性的に同じ場合は，調整モデルの特性に由来するものと推定されることを指摘しておきたい。）

第6章　蓄積モデルの数値解析

第1節　価格調整型蓄積の数値解析（景気循環と長期波動）

前章第3節の価格調整型蓄積モデルの初期値とパラメータを，以下のようにおく[122]。

$\pi_1^0=0.05$, $\pi_2^0=0.05$, $\pi_3^0=0.05$, $P_1^0=90$, $P_2^0=80$, $F_1^0=550$, $F_2^0=450$, $F_3^0=300$, $N^0=15{,}000$, $n=0.03$, $\alpha_1=2$, $\alpha_2=1.5$, $\alpha_3=1$, $\beta_1=2.5$, $\beta_2=2$, $\beta_3=1.5$, $\delta_1=\delta_2=\delta_3=2$, $\varepsilon=0.1$, $\rho=0.1$, $\nu=5$, $\theta s=0.7$, $ws=10$

第1項　景気循環

成長率・利潤率・雇用率・貨幣賃金率・実質賃金率は，図6-8～図6-12のように長期的に変動（成長循環）する（次期の成長率は今期期末に決定されるので成長率が生産量より1期先行して表現されている）。労働手段の成長率循環でみれば，第18期から第42期までが1サイクルを描いている（図6-8）。生産量のピークは，労働手段が29期，労働対象が40期，生活手段が32期となっている。19期から27期にかけて，労働手段の成長率＞生活手段の成長率＞0＞労働対象の成長率，となる（労働手段の不均等発展）。28期から29期は，生活手段の成長率＞労働手段の成長率＞0＞労働対象の成長率，となる（生活手段の不均等発展）。30期に労働手段は縮小し，31期に労働対象が拡大する（依然として生活手段の不均等発展）。32期に，労働対象の成長率＞生活手段の成長率＞0＞労働手段の成長率，となる（労働対象の不均等発展）。33期には生活手段が縮小するが，34期から40期にかけては労働手段のほうが生活手段よりも不均等に縮小する。41・42期は全部門が縮小再生産になる。以下，19期を1期におきかえて，それぞれの循環的変動とその相互関係を検討しよう。

---

[122]　数値解析は，Microsoft Excel で計算した。

(1) **価格の変動**（図6-1）　労働手段価格は好況初期に若干上昇し，生産量がピークになる15期近傍にかけて低下し，その後生産量の落ち込みを反映して上昇する（図6-7）。労働対象は好況末期まで生産量は低下し，その後不況期にかけて急上昇する。価格は好況後半から不況前半にかけて急上昇するが，生産量のピーク前の18期から急落していく。生活手段は13期まで若干低下しその後若干上昇する。労働対象の変動が大きいが，労働手段が労働対象に対して反対方向の運動をし，またそれぞれの価格循環にタイム・ラグが存在している。このように相対価格が調整されていることが，資本蓄積が循環的に変動する最大の要因と推測できる。

(2) **雇用率・貨幣賃金率・実質賃金率の変動**（図6-2・図6-3・図6-4）　雇用率は好況前半に低下し，好況末期にかけて安定し，不況期に急落している。貨幣賃金率はそれに呼応したように変動している。このような貨幣賃金率と生活手段価格の循環的変動の結果，実質賃金率は好況末期にかけて上昇し不況期にかけて低下している。

(3) **利潤率**（図6-5）　価格と賃金率がこのように変動する結果，利潤率は図6-5のように変動する。労働手段は好況初期の第3期にピークとなり，不況初期の16期にボトムとなる。労働対象は第8期にボトムとなり，不況初期の第17期にピークになる。生活手段は第4期から第9期にかけて若干上昇し，不況前半の17期まで急落し，その後は急回復していく。この循環においては変動の幅は労働対象が最も大きく，生活手段が最も小さい。こうなるのは図6-1からわかるように，労働対象の価格が一番騰貴しているからである。しかし成長率でみるとそれほどの格差はない（図6-6）。利潤率という貨幣次元の変動と生産量や成長率といった物量の変動は同じではないことに注意しておこう。利潤率が低下しても生産量は減少せず増加するからである。こうなるのは，投資関数を前章第3節の(2)式のように，利潤がプラスであれば労働手段を拡大すると想定したからである。

なぜこのような循環的運動をするのだろうか。価格や賃金がタイム・ラグをともないながら背反的に変動し，相対価格が調整され，その結果，利潤率も同じように背反的に変動し，部門間の不均衡が生じているからだと推定される。

第 6 章　蓄積モデルの数値解析　113

図 6-1　価格の循環

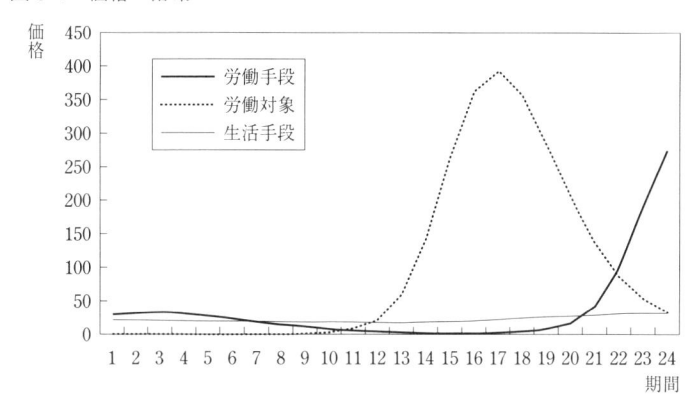

図 6-2　雇用率の循環

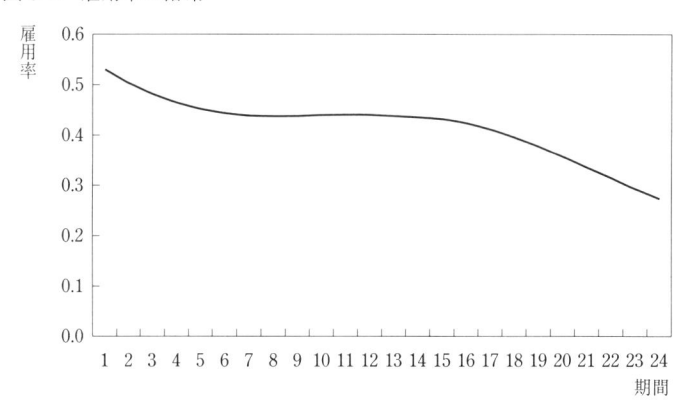

図 6-3　貨幣賃金率の循環

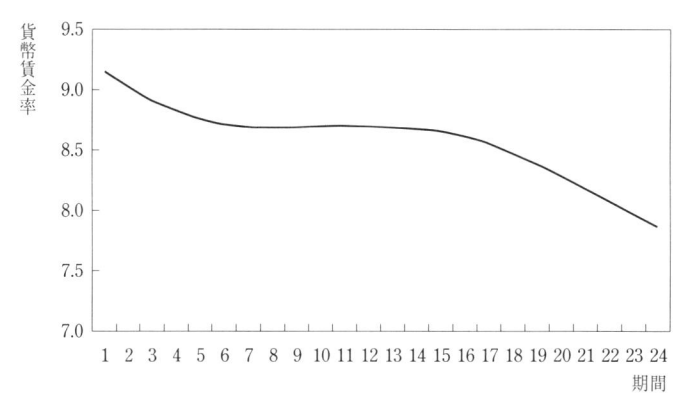

図 6-4　実質賃金率の循環

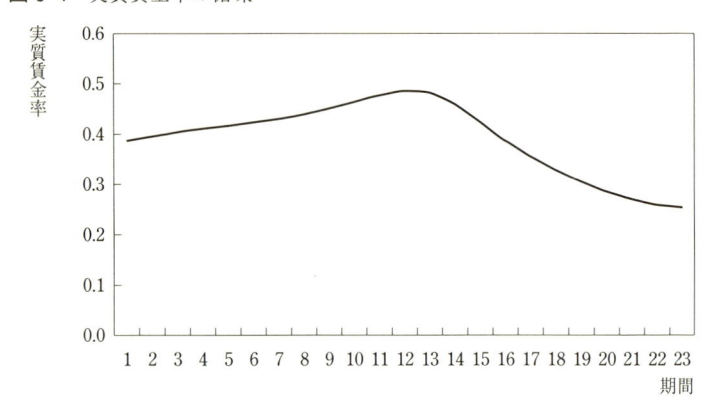

図 6-5　利潤率の循環

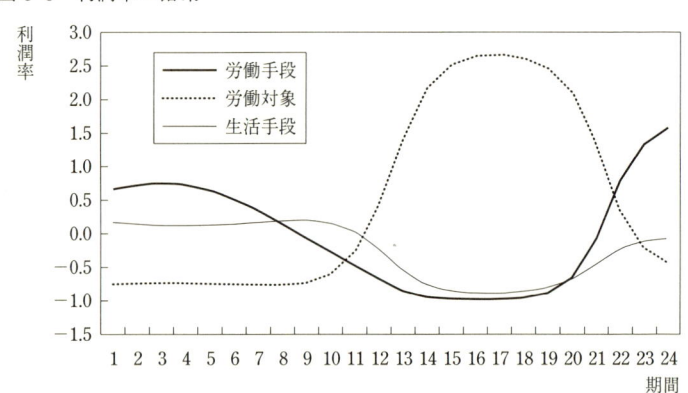

図 6-6　粗成長率の循環

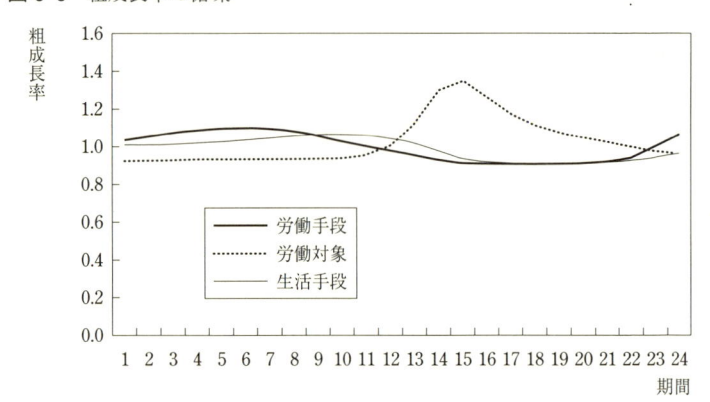

図 6-7　生産量の循環

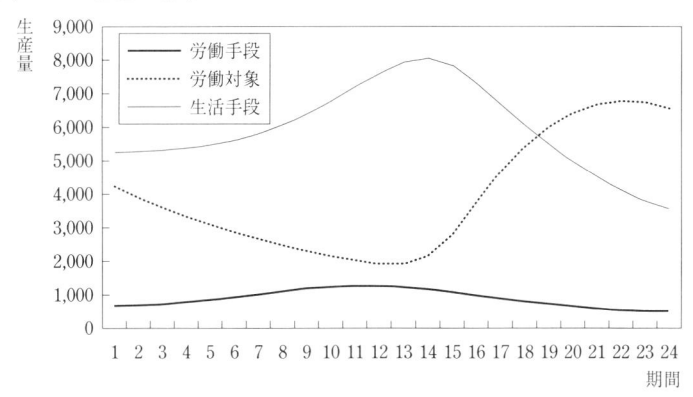

第2項　循環的発展

(1) **循環的成長（強蓄積経済）**（$\rho=0.1$）　前項と同じ初期値とパラメータでの長期の成長軌道は以下のようになる。粗成長率は図 6-8 のように 1（ネットの成長率ゼロ）を中心として長期的に循環している（生産量は成長率がプラスであれば拡大し，マイナスとなれば縮小しながら，大幅に変動しながら趨勢として拡大していく）。利潤率は図 6-9 のように長期的に循環しているが，部門間の利潤率は相反した動きをしている。すなわち，各部門の利潤率はサイクルを描いているが，それぞれのピークが一定せず，むしろピークとボトムが同時化する傾向が見られる。雇用率は図 6-10 のようにサイクルを描きながら低下するので，貨幣賃金率は図 6-11 のようにそれに照応して変動し，実質賃金率は図 6-12 のように長期的に変動している。利潤率の平均値は図 1-2 のように変動しているから，利潤は消滅しないと考えられる[123]。

(2) **循環的成長（中蓄積経済）**（$\rho=0.05$）　投資の反応係数 ρ を 0.05 に下げても（人口成長率不変，$N^0=30{,}000$），成長率や利潤率は図 6-8・図 6-9 とほとんど変わらない運動をする。雇用率や貨幣賃金率や実質賃金率もほぼ同じよ

---

[123]　雇用率がゼロに収束していけば，同じ価格調整の世界でも流動資本モデルと固定資本モデルでは利潤率の動向が違っていることになる。前者では利潤が消滅する傾向にあったのに対して（第 7 章第 4 節参照），後者ではかならずしもそうならない。こうなる原因については今後の課題として残る。

116　第Ⅱ部　景気循環モデルの数値解析

図 6-8　粗成長率の成長循環

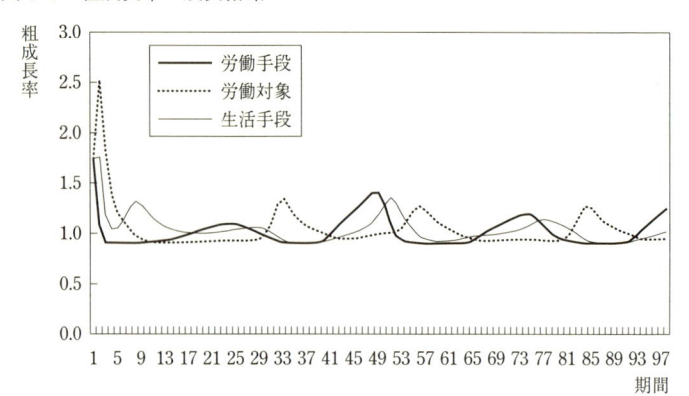

図 6-9　利潤率の成長循環

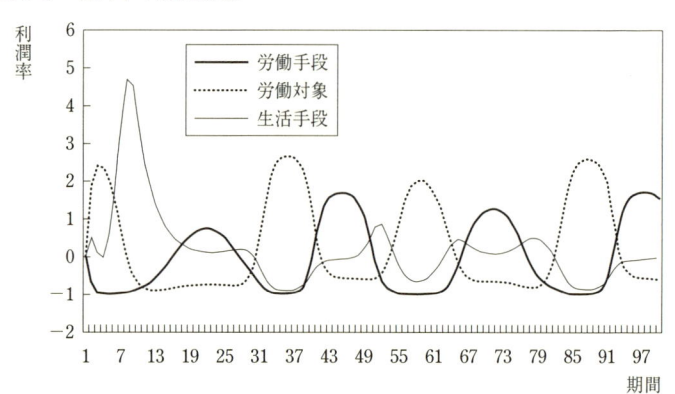

図 6-10　雇用率の成長循環

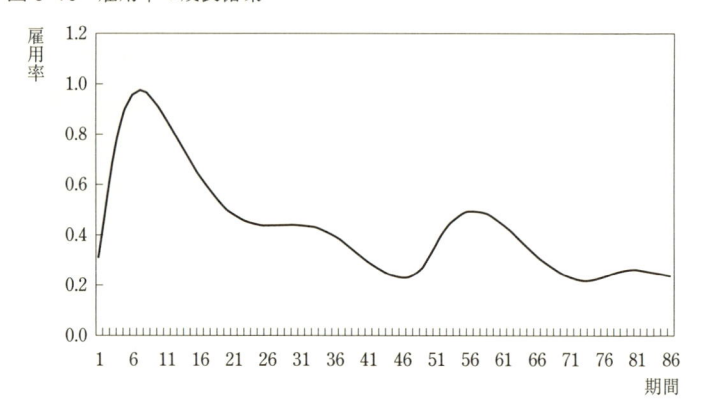

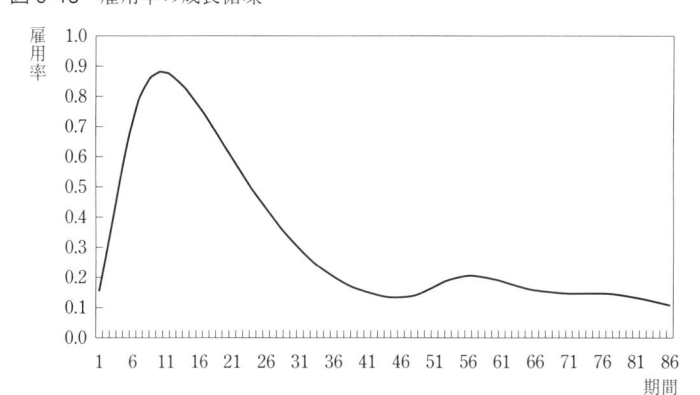

第 6 章 蓄積モデルの数値解析　117

図 6-11　貨幣賃金率の成長循環

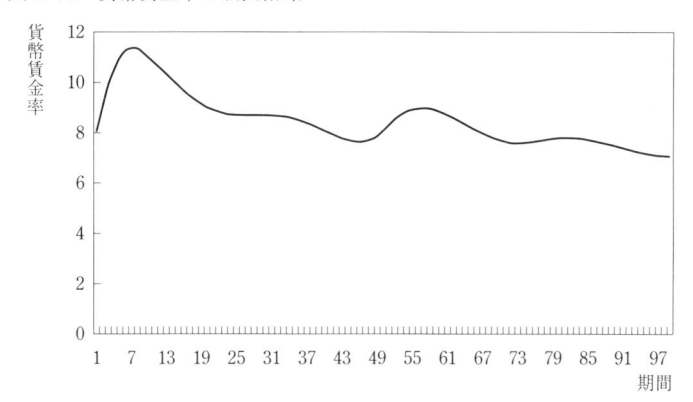

図 6-12　実質賃金率の成長循環

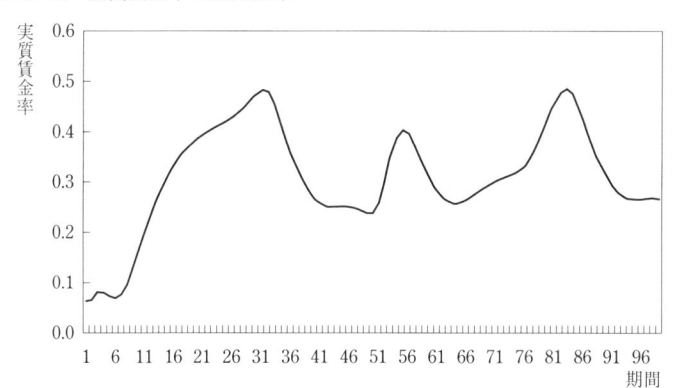

図 6-13　雇用率の成長循環

118　第Ⅱ部　景気循環モデルの数値解析

図 6-14　貨幣賃金率の成長循環

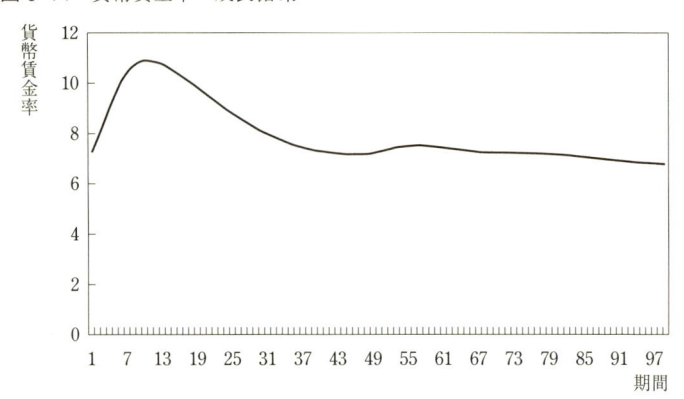

図 6-15　実質賃金率の成長循環

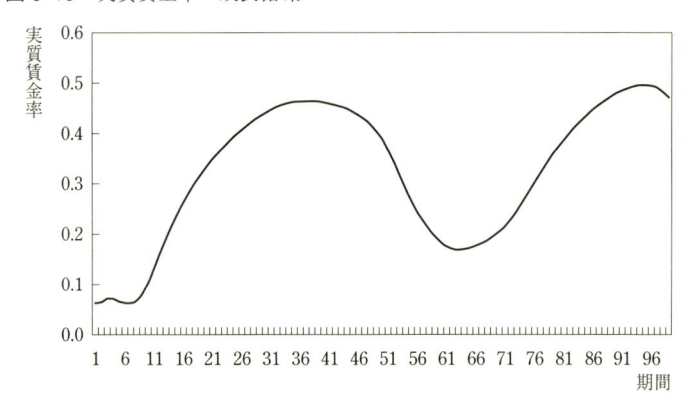

うに変動をする（図 6-13・図 6-14・図 6-15）。利潤率の平均値を見ると，利潤は存在すると考えられる。

（3）**超長期的循環（弱蓄積経済）**（$\rho=0.01$）　反応係数をさらに下げると，超長期的な動きを示す。成長率は図 6-16 のように長期的に低下するので，生産量は図 6-17 のように長期的に一つの循環をする（生産量の大小は初期の労働手段と資本係数の逆数の大小関係に依存する）。利潤率は強蓄積経済と中蓄積経済では比較的短い変動を繰り返したのに対して，このケースでは図 6-18 のように長期的にしか変動していない(労働手段では長期的にマイナスとなる)。したがってこのケースでは短期的な循環はしないことにもなる。利潤が長期的

第 6 章　蓄積モデルの数値解析　119

図 6-16　粗成長率の成長循環

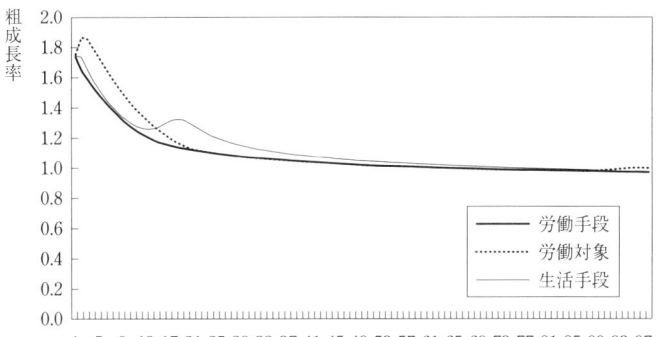

図 6-17　生産量の成長循環

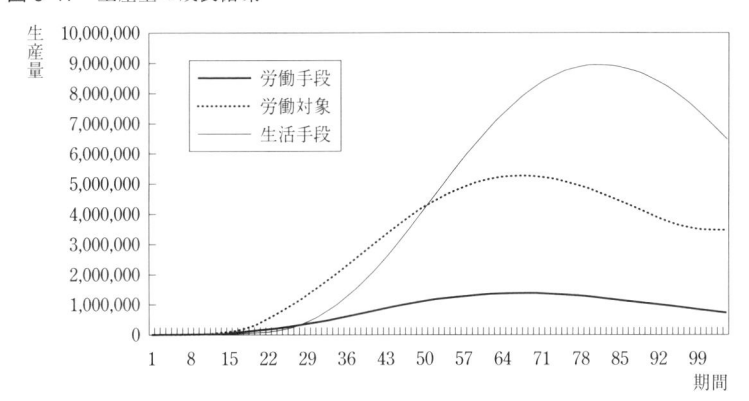

図 6-18　利潤率の成長循環

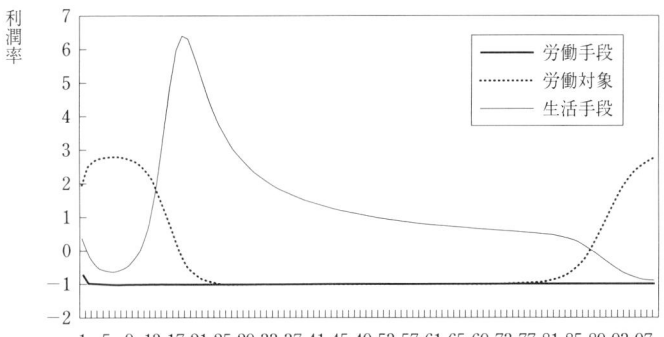

図6-19 価格の成長循環

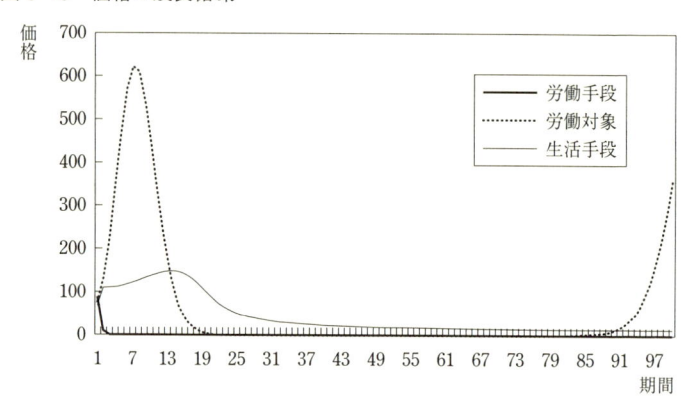

図6-20 実質賃金率の成長循環

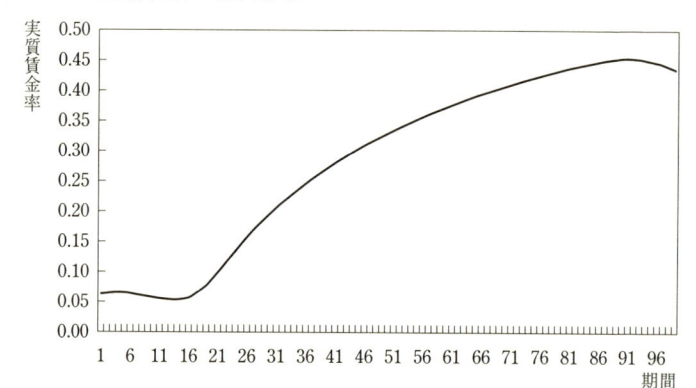

にマイナスでも生産が拡大するのは，固定資本の現物補填の影響と思われる。利潤率の平均値を見ると，累積利潤がプラスとはいえないかもしれない。雇用率はゼロに収束し，貨幣賃金率は6.5に収束するが，価格は図6-19のように変動しながら低下するので，実質賃金率は図6-20のように上昇する。

(4) **循環的成長（超強蓄積経済）**（$\rho=0.2$）　反応係数を（1）の強蓄積のケースよりさらに高めると，成長率や利潤率はさらに変動を強める。労働人口成長率を極端に上昇させなければ，早めに雇用率がゼロに収束してしまう（図は省略）。

このような長期波動の相違は，投資の利潤率への反応係数の大小による。反応係数が高いほど利潤率そして成長率の変動が頻発する。（1）や（2）の反応係数の場合には循環しながら長期に波動してゆくが，（3）のように反応係数が極端に小さい場合には長期的な波動しか示さず，短期的な循環はしない。そうなるのは利潤率が短期的には循環しないからであった。

第2節　数量調整型蓄積（長期波動）

第5章第4節の数量調整型蓄積モデルの初期値とパラメータを以下のようにおく。

$\pi_1^0 = \pi_2^0 = \pi_3^0 = 0.05$, $\bar{P}_1 = 300$, $\bar{P}_2 = 400$, $\bar{P}_3 = 600$, $F_1^0 = 620$, $F_2^0 = 580$, $F_3^0 = 100$, $N^0 = 3,000$, $\alpha_1 = 2$, $\alpha_2 = 1.5$, $\alpha_3 = 1$, $\beta_1 = 2.5$, $\beta_2 = 2$, $\beta_3 = 1.5$, $\delta_1 = \delta_2 = \delta_3 = 2$, $\varepsilon = 0.1$, $\nu = 5$, $\theta s = 0.8$, $ws = 20$, $u_1^0 = 0.6$, $u_2^0 = 0.81$, $u_3^0 = 0.81$, $z_1^0 = z_2^0 = z_3^0 = 0.85$

生活手段部門の労働手段を大きくすると利潤率がマイナスになってしまうので，労働手段部門・労働対象部門より大幅に小さく設定している。この蓄積モデルは循環運動を示さないので，長期的発展のみを数値解析する。

（1）**均等的拡大再生産1**（$\rho = 0.05$, $n = 0.05$：弱蓄積経済）　生産量は図6-21のように拡大し，図6-22のように各部門の粗成長率は1近傍に収束していく。利潤率は0.26付近に収束し，実質賃金率は一定となる（図6-23・図6-24）。実現率（1期遅れて計画操業度）は図6-25のように均等化する傾向にある。

（2）**均等的拡大再生産2**（$\rho = 0.1$, $n = 0.1$：中蓄積経済）　生産量は図6-26のように拡大し，図6-27のように各部門の粗成長率は1.027付近に均等化していく。利潤率は0.273付近に均等化するが，実質賃金率は一定となる（図6-28・図6-29）。実現率は図6-30のように，それぞれは収束するが，均等化はしない。

（3）**均等的拡大再生産3**（$\rho = 0.2$, $n = 0.2$：強蓄積経済）　生産量・成長率・利潤率・実質賃金率は，拡大再生産1・2と同じような運動をするので，図は省略する。粗成長率は1.059196に収束し，利潤率は0.29598に収束し，実質賃金率は0.0266667に収束し，実現率は労働手段が0.716382に労働対象が

図 6-21 生産量の長期的運動

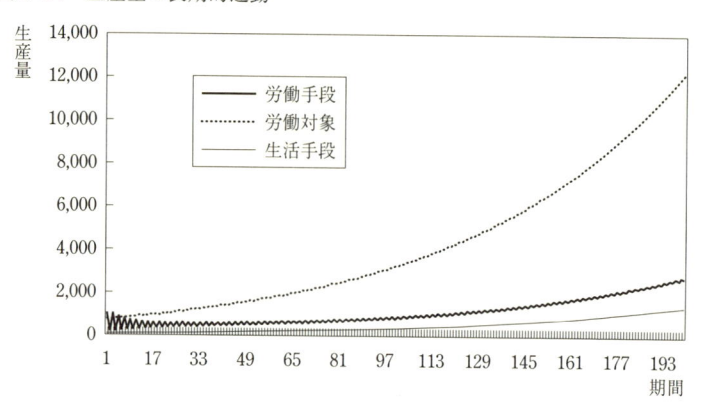

図 6-22 粗成長率の長期的運動

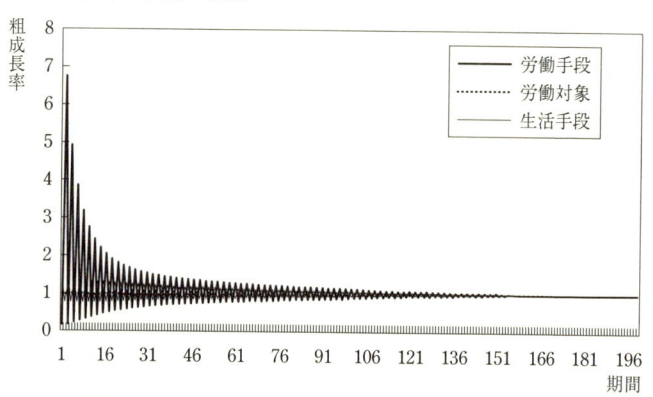

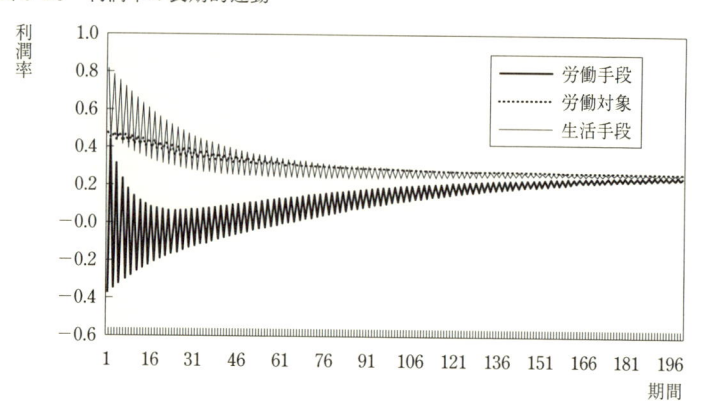

図 6-23 利潤率の長期的運動

第 6 章　蓄積モデルの数値解析　　123

図 6-24　実質賃金率の長期的運動

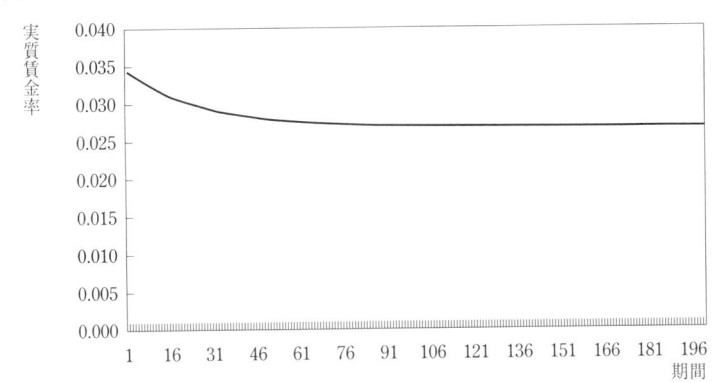

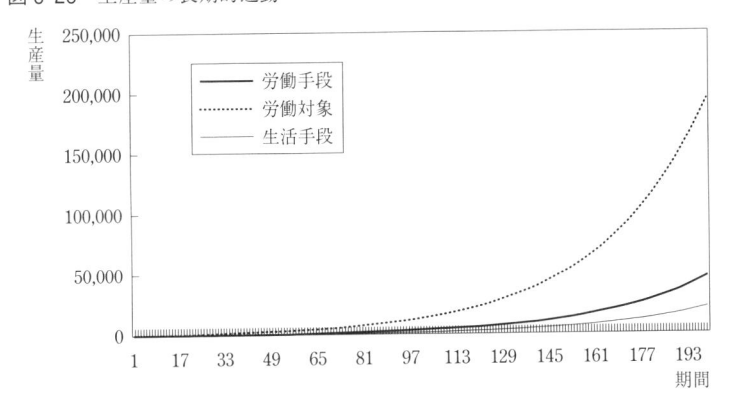

図 6-25　実現率の長期的運動

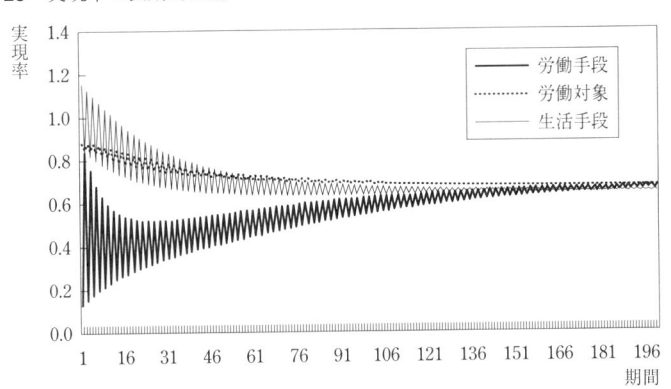

図 6-26　生産量の長期的運動

124　第Ⅱ部　景気循環モデルの数値解析

図6-27　粗成長率の長期的運動

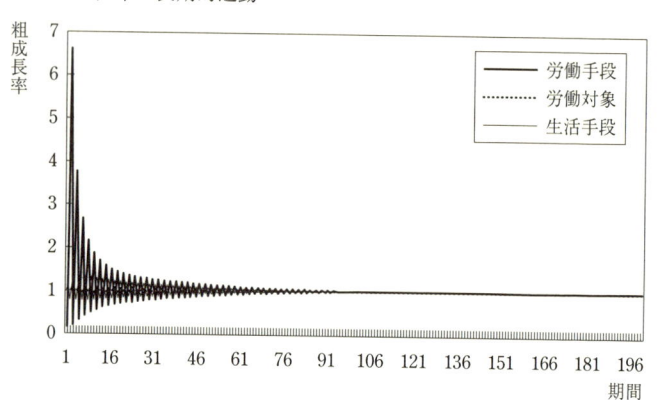

図6-28　利潤率の長期的運動

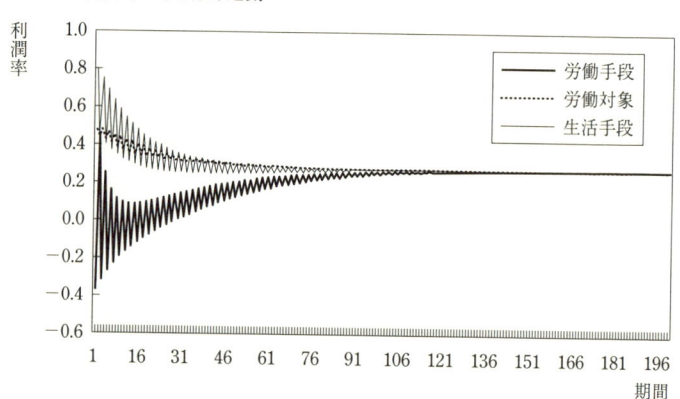

図6-29　実質賃金率の長期的運動

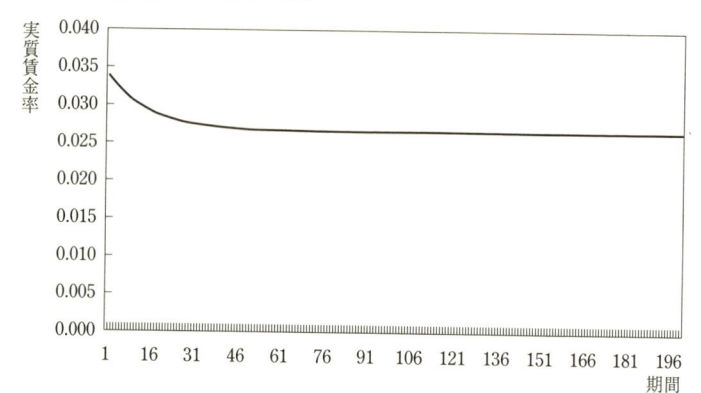

図 6-30　実現率の長期的運動

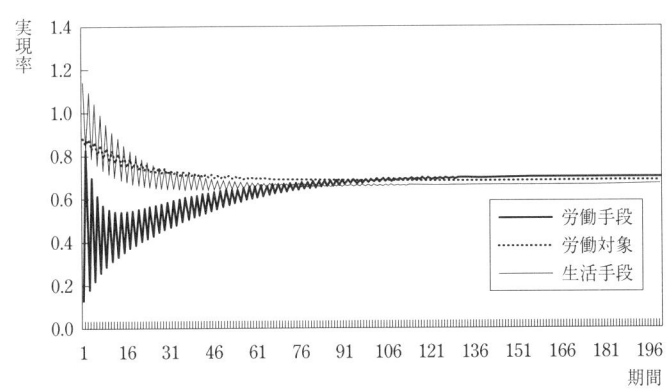

0.699102に生活手段が0.681822に収束する。

　以上の拡大再生産に共通することは，成長率が均等化して，安定的に拡大していく点である（均等的拡大再生産）。ただし数値解析した数値例では雇用率が早めにゼロに収束する。利潤率はかなり高いところに収束するから低下しないばかりか，利潤率は均等化する。超長期的に利潤率が均等化するという意味において，固定価格ではあるが生産価格が成立していることになる[124]。実現率は均等化しない。投資の利潤率への反応係数が高まれば（蓄積が強まれば），利潤率・成長率・実質賃金率・実現率の収束値は高まる傾向がある。この数量調整モデルでは何故に短期的な循環運動をしないのだろうか。初期値とパラメータの値のかぎりでは，調整要因とした実現率したがって計画操業度が安定化するので，短期的な循環運動は起こらない。固定価格経済（数量調整）のほうが伸縮価格経済（価格調整）よりも安定的な発展をするのかもしれない。今後の検討課題である。

第3節　ミックス型（価格調整＋数量調整）蓄積（循環と長期波動）

　第5章第5節の蓄積モデルの初期値とパラメータを以下のようにおく。計画

---

[124]　利潤率均等化の内容とそれと生産価格との関連については，第7章で考察する。

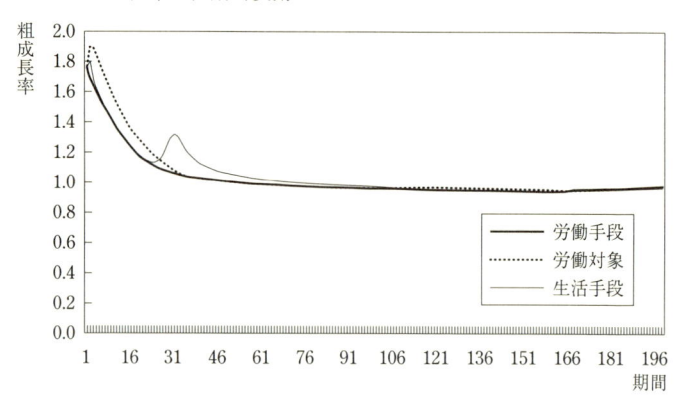

126　第Ⅱ部　景気循環モデルの数値解析

図 6-31　粗成長率の長期的変動

操業度と雇用率は１以下にならなければならないので，以下の数値解析では投資の利潤率への反応係数（ρ）と計画操業度（u）の利潤率への反応係数（σ）を低めに設定する[125]。また，生活手段部門の価格の初期値を他部門並みにすると生活手段の利潤率がマイナになってしまうので，生活手段部門の価格を高く設定している。

$us=0.7$, 　$\sigma=0.001$, 　$\pi_1^0=\pi_2^0=\pi_3^0=0.05$, 　$P_1^0=50$, 　$P_2^0=40$, 　$P_3^0=200$,
$F_1^0=600$, 　$F_2^0=300$, 　$F_3^0=200$, 　$N^0=300{,}000$, 　$n=0.16$, 　$\alpha_1=2$, 　$\alpha_2=1.5$,
$\alpha_3=1$, 　$\beta_1=2.5$, 　$\beta_2=2$, 　$\beta_3=1.5$, 　$\delta_1=\delta_2=\delta_3=2$, 　$\varepsilon=0.1$, 　$\rho=0.01$,
$\nu=10$, 　$\theta s=0.7$, 　$ws=10$, 　$u_1^0=u_2^0=u_3^0=0.8$

循環的成長　成長率と生産量は図 6-31・図 6-32 のように，超長期的な一波動しかしない。図 6-33 のように部門間の利潤率が長期的に背反した動きをするから，長期的波動が生じているものと思われる。計画操業度は図 6-34 のように高位で安定化している。数量調整と価格調整の両方をミックスさせるほうがより現実的であるといえるかもしれない。数値解析の結果は短期的な循環をせず，長期波動のみを示している。第２節の数量調整モデルでは均等的発展であったが，ミックス・モデルでは長期波動をしている。第１節の価格調整型の

---

[125]　投資の反応係数を高めると，利潤率，成長率，生産量は循環的に変動するが，操業度や雇用率が大幅に１を超えてしまい経済的に意味がないので，このケースは排除した。

第 6 章 蓄積モデルの数値解析　127

図 6-32　生産量の長期的変動

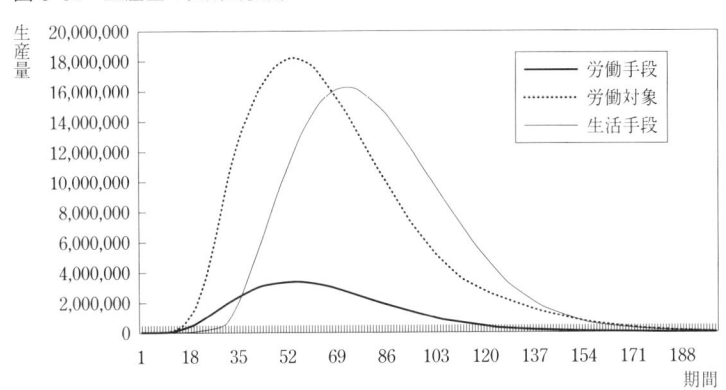

図 6-33　利潤率の長期的変動

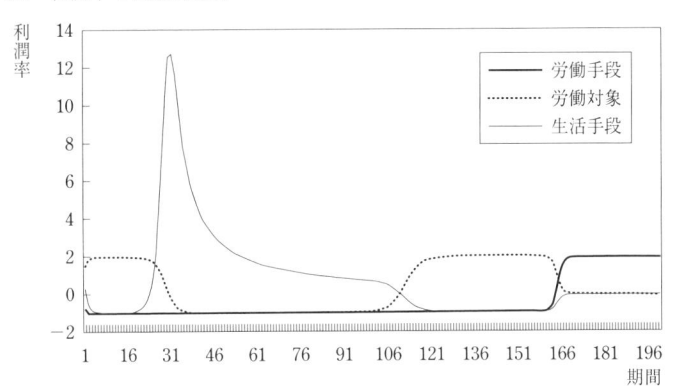

図 6-34　計画操業度の長期的変動

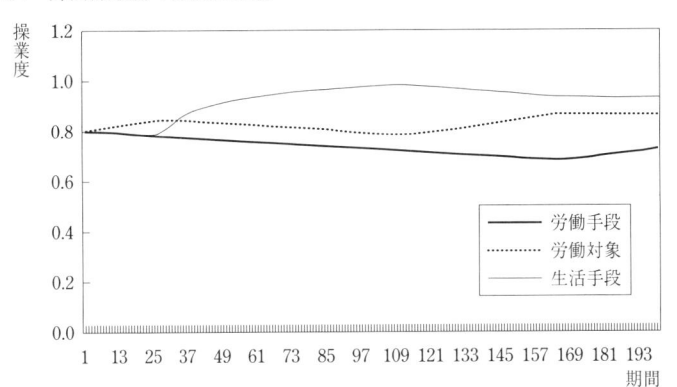

蓄積モデルも循環的に変動しながら長期波動をしていた点では同じであるが,このケースの周期ははるかに長い。コンドラチェフ波動のような長波に応用することができるかもしれない。

第4節　数値解析結果の解釈

以上,三部門分割の価格調整型蓄積・数量調整型蓄積・ミックス型(価格調整+数量調整)蓄積を数理モデル化し,循環運動と長期的発展を数値解析してきた。検出されたそれぞれの蓄積パターンの循環的特徴と長期的特徴を要約的に比較し,最後にそれぞれの蓄積モデルの特徴が含意する経済学的内容,とくに恐慌・景気循環論研究に対する示唆を若干提起しておきたい。

(1) 価格調整型蓄積は循環的に変動したが,変動の相違は投資の利潤率への反応係数の大小による。反応係数が高いほど利潤率そして成長率の変動が頻発する。また,反応係数が極端に小さいケースを除くと,三つのケースでは循環しながら成長していた(成長循環)。中期的にも循環していたのは何故であろうか。三部門の価格や賃金そして利潤率が,タイム・ラグをともないながら背反的に変動して,部門間不均衡が生じる。むしろ不均等に変動するからこそ,結果として相対価格が調整化される。いわば中期的循環を通して相対価格調整のメカニズムが作用しているからであろう。

(2) 数量調整型蓄積では三つのケースすべてが均等的拡大再生産になった。利潤率はかなり高いところに収束するから低下しないばかりか,利潤率は均等化するので,逆説的であるが固定価格のもとで生産価格が成立していることになる。しかし実現率は均等化しなかった(均等的拡大再生産1では均等化した)。投資の利潤率への反応係数が高まれば(蓄積が強まれば),利潤率・成長率・実質賃金率・実現率の収束値は高まる傾向があった。調整要因とした実現率したがって計画操業度が安定化するので短期的な循環運動は起こらなかった。計画操業度を前期実現率に等しいと置いた影響なのか,それとも数量調整型蓄積の特徴なのか。今後の検討課題として残されている。

(3) 数量調整と価格調整の両方をミックスさせた蓄積では,超長期的な一波動しかしなかった。価格調整型の蓄積モデルも成長循環したが,このケースの

周期ははるかに長い。コンドラチェフ波動のような長波に応用することができるかもしれない。

（4）拙稿「利潤率の成長循環と資本主義の存続条件」（本書の第7章）では，利潤率がゼロに収束し利潤が消滅するケースが多くあった。しかし本章で取り上げた多くのケースでは利潤が存在した（価格調整・ミックス型の場合は不確定）。その違いは，固定資本モデルと流動資本モデルの違いによるのか，それとも価格調整と数量調整の違いによるのか，パラメータと初期値の違いによるのか，やはり今後の検討課題として残されている。固定資本モデルでの数量調整の導入は，長波の動学研究に適しているのかもしれない。

（5）本書で筆者は，循環と長期的発展を統一的に説明することを提案した。従来の景気・恐慌学説はあまりにも短絡的・中期的視点に立ちすぎていて，長くても設備投資循環を想定した10年前後のタイム・スパンが中心となってきた。コンドラチェフ波動のような長波の存在自体を認めない見解が多数を占めているようだが，歴史上は大不況が長期的に繰り返し現れていて（たとえば19世紀末大不況，1930年代大不況，20世紀末大不況），長期的に波動しながら資本主義は発展してきたことを否定することはできない[126]。もちろん数理モデルを機械的に歴史的発展過程にあてはめることは慎まなければならないが，循環も発展も同じ資本蓄積によって基本的には規定されており，その諸矛盾が中期的に展開し発現するのが循環であり，長期的発展として展開し発現するのが長波なのである。マルクスの利潤率傾向的低下法則もこうしたダイナミックな長期的な資本蓄積の進行過程から捉えなおす必要があるだろう。第7章で指摘するように，宇野弘蔵においては循環法則と発展法則とが切断されてしまっていた。接合すべきであり，発展法則がもたらす矛盾，それによって引き起こされる蓄積の社会構造の破壊と，それに対する新たなる資本主義の対応によって，資本主義は歴史的には段階的に変化しながら発展してきたと考えなければならない。こうした視点は，21世紀に入った資本主義世界の動向を予見するためにも必要であろう。

（6）しかし中期的循環と長波とを同じ原因によって説明しようとするのは無

---

[126] 長期波動の諸研究の紹介と検討は補論第5節でする。

理である。前者は需要を構成する投資・消費・政府支出・輸出入，なかんずく投資によって規制されるし，またコスト要因でもある諸価格・操業度・賃金によって規制される。そして利潤（率）が景気全体のバロメータ機能を果たしている。後者は，戦争・革命・イノベーション・貨幣供給量・階級闘争（労使関係）などのいわば蓄積を規定する社会構造によって規定されているように思える。循環的要因なり矛盾によってただちに，長期的発展過程のはらむ矛盾を類推することはできない。両者の相違を明確にしたうえで，その統一的説明が必要となってくるだろう。

（7）以上の数理モデルでの解析は，マルクス派の恐慌論研究の成果を否定するものではない。マルクス派恐慌論の優位性は，恐慌そして景気循環の諸原因を資本主義経済の内的諸矛盾（「基本的矛盾」なり「根本的矛盾」）から出発させて体系化しようとしてきた点にある。また単なる数理モデルによって思弁的に考察するのではなく，資本主義の歴史性をも重視してきた。しかし恐慌・景気循環論が完成されているのではないし，資本主義は発展し変貌していく[127]。そこには注106で指摘したように対極的な見解が対立していたり，不明確な点が多々残されている。数理モデルを設定して因果関係とその動態を分析すれば，明確にすることができる。筆者自身はその結果，「恐慌の必然性」を説くことには無理があり，「恐慌の可能性を現実性に転化させる」条件論になった。こうしておいたほうが，現実の景気循環や恐慌を説明する際に有効であろう。また筆者の蓄積モデルは供給サイド（「搾取の諸条件」）と需要サイド（「実現の諸条件」）を統合的に説明しようとするものである。利潤率の循環的変動を取り上げただけでも，統合的視点に立たなければ考察できない。

---

[127] 代表的な近代経済学系統の景気学説とマルクス経済学系統の恐慌論の特徴と限界については，拙著『景気循環論』（青木書店，1994年）の第1・2章，参照。

第 7 章　利潤率の成長循環と資本主義の存続条件

　第 6 章において資本蓄積の長期動向を考察した。本章では利潤率に焦点を絞って，その長期動向を検討する。第 6 章の固定資本を導入した三部門分割の蓄積モデルの数値解析では，多くのケースにおいて利潤は消滅しない結果となった。しかし置塩信雄たちは，二部門の蓄積モデルで利潤が消滅するケースを提起した。筆者も二部門分割（流動資本モデル）で利潤率の長期動向（成長循環）を検討したので[128]，若干の修正・削除と注を追加して再録する。

第 1 節　問題提起

　拙著『景気循環論』において，高須賀義博が展開した基礎的蓄積モデルに，利潤原理の投資関数と労働市場の需給関係による貨幣賃金率決定（賃金率関数）を導入して，モデルを完結させた。そのモデルは循環的変動をしたので，さしあたりの景気循環分析には妥当だと判断して，循環的に変動しながら長期的にどのように成長（変動）するかについては考察しなかった。また，両部門の利潤率が循環的に変動し平均的水準が形成されるので，生産価格成立機構（利潤率均等化機構）が存在するとした[129]。これらの未検討の問題を考察するのが本章の課題である。
　ジョセフ・シュンペーターは，循環が一定の軌道上で繰り返されていけば，利潤は地代と賃金に吸収されて剰余価値は消滅すると論定した。そして新機軸（技術革新）が起こると剰余価値が発生し，それが生産的利子に分割されると

---

[128]　拙稿「利潤率の成長循環と資本主義の存続条件」（『東京経大学会誌』第247号，2005年11月）。
[129]　拙著『景気循環論』（青木書店，1994年）をめぐる独占研究会での討論の論点については，次章で再論する。筆者の景気循環論を詳細に検討した文献として，浅利一郎氏と石塚良次氏の書評がある（『東京経大学会誌』第192号，1995年 6 月，第203号，1997年 7 月）。

論じた[130]。その妥当性を検討するのも本章の課題のひとつである。マルクスは，労働者が搾取されている以上（剰余価値が生産される以上）利潤が存在し，利潤率は資本間に自由競争が貫徹する結果均等化し，生産価格が成立すると確信していた。そして，生産力の発展は剰余価値率を上昇させるが，それ以上に資本の有機的構成が高度化することによって，この均等化した利潤率が傾向的に低下していくと論定した[131]。

マルクスの論定に対して置塩信雄は，新技術が導入されても，実質賃金率が不変でかつ均等利潤率が成立すれば，その均等利潤率は上昇すると批判した（「置塩の定理」）。こうした諸問題，すなわち①資本主義経済の存続条件でもある利潤が存在しつづける条件，②生産価格（自然価格）の成立を保証する利潤率均等化のメカニズム，③利潤率の長期的傾向（マルクスの場合には利潤率の傾向的低下法則）などは資本主義経済の根本問題であるし，経済学体系の根幹にかかわる問題でもある。晩年の置塩信雄は第3節で紹介する蓄積モデルの賃金決定関数を変えた蓄積モデルを使用して，こうした根本問題を先駆的に数値解析によって提起した。

置塩はマルクスの剰余価値率循環と利潤率循環を数理モデルで表現して数値解析（シミュレーション）し，パラメータと初期値が一定の範囲にあれば，技術不変下では剰余価値も利潤も消滅することを示し，実質賃金率不変と均等利潤率の存在という自身の定理（「置塩の定理」）の前提条件に否定的な結論を導きだした[132]。中谷武氏は生産関数をさらに特定化させて，利潤が消滅するためのパラメータ相互の範囲を拡大した[133]。しかし置塩たちも明言しているように，利潤消滅は初期値とパラメータが一定の範囲にあるかぎりで成立するのであって，必ず成立するのではない。置塩たちの数値解析によっても，労働供給が増加する場合や技術進歩がある場合には，利潤は消滅しない。特別剰余価値獲得をめざした新技術の絶えざる採用は資本蓄積の正常な姿であり，こうし

---

130) ジョセフ・シュンペーター『経済発展の理論』（岩波文庫）第1・4・5章。
131) カール・マルクス『資本論』第3巻第13～15章，参照。
132) 置塩信雄『経済学と現代の諸問題——置塩信雄のメッセージ』（大月書店，2004年）。
133) Takeshi Nakatani, "Profit Squeeze and Competitive Pressure", *Kobe University Economic Review*, 47, 2001.

た蓄積が進む場合の利潤率の動向こそ本格的に検討されなければならない。本章では，蓄積の諸条件が異なれば利潤率は多様な循環的成長（長期的変動）をすることを示し，それらが資本主義の存続にとってどのような意味をもつかを考えてみたい。まず置塩が解明したマルクスの蓄積経路の弱点と，再構成した蓄積モデルを簡単に紹介しよう。

第2節　置塩信雄の数値解析の結果

最初に，マルクスの剰余価値率循環と利潤率循環についての置塩の数値解析の結果を簡単に紹介しておこう。マルクスは実質賃金率が労働市場で決定されると考えていたが[134]，それはたしかに循環する。しかし技術と労働供給が不変で循環が繰り返されていくと，雇用量が増加し実質賃金率が上昇するから剰余価値率は低下し，やがては剰余価値が消滅する。利潤存在の条件でもある剰余価値が消滅しないためには，①外生的に労働供給量が増加するか，②絶えず技術進歩がなければならない[135]。さらに予想利潤率にもとづいて投資が決定

---

[134] マルクスは『資本論』第1巻第23章でつぎのように述べている。「もし，労働者階級によって提供され，資本家階級によって蓄積される不払い労働の量が，支払い労働の異常な追加によらなければ資本に転化されえないほど急速に増大するならば，賃金が上昇し，そして他の一切の事情が不変ならば，不払い労働がそれに比例して減少する。しかし，この減少が，資本を養う剰余労働がもはや標準的な量で提供されなくなる点に接触するや否や，一つの反作用が生じる──すなわち，収入のうちの資本化される部分が減少し，蓄積が衰え，賃金の騰貴運動は反撃を受ける。したがって労働価格の高騰は，資本主義制度の基礎を侵害しないだけでなく，より拡大された規模でのこの制度の再生産を保証する限界のうちに閉じ込められ続ける。」（新日本出版社版，第4分冊，1069頁）。また，「近代的産業の特徴的な生活行路──すなわち，比較的小さな変動によって中断されながら，中位の活気，全力をあげての生産，恐慌，および停滞の諸期間からなる10ヵ年の循環という形態は，産業予備軍または過剰人口の不断の形成，大なり小なりの吸収，および再形成に立脚する。」（同上書，1088頁）

[135] 置塩，前掲書，149-164頁。こうした結論が導きだされるのは，「資本主義では資本家が生産手段を階級的に独占しているという『資本独占』の含意を軽視していたのではないかと思われる。『資本独占』は，剰余価値を消滅させるほどには資本家間競争を徹底させないのである。」（鶴田満彦氏の書評『経済』2005年2月号）との批評がある。「資本独占」が正常な搾取率を維持することを意味するのならば，雇用率の安定が利潤を保証するとした本章の結論と一致する。

され，それに必要な資金が調達できると仮定すれば，利潤率の循環は生じるが，投資の利潤率に対する反応係数が大きくなければ，技術不変下では利潤率はゼロに収束していく。技術不変のもとで利潤率が正の一定値に均等化するケースは，①資本家の実質個人消費を導入した場合，②労働供給が増大する場合である[136]。資本主義経済が自己再生産するメカニズムが存在するためには，マルクスと同じく技術進歩（資本の有機的構成の高度化）を議論しなければならない。マルクスの考え方から導きだされる結果は，利潤率が正の一定値にはかならずしも収束しないことになり，生産価格にかならずしも収束しない。またマルクスの考え方によれば，初期の部門構成（部門比率）は任意の構成から出発できないことになる[137]。こうした弱点を除くために，置塩は修正した蓄積モデルを提起した。置塩が採用したモデルは拙著で展開したモデルを賃金率決定について修正したものであるので，そのモデルを紹介し，置塩モデルとは若干違ったモデルを設定した場合の結果と比較してみよう。

第3節　蓄積モデル

第1項　前　提
（1）社会の総生産物を生産手段と生活手段の二部門に分割する。
（2）固定資本の捨象（流動資本モデル）。
（3）経済主体は資本家と労働者とし，資本家は投資し，労働者は賃金をすべて消費する。
（4）両部門の生産期間は1とし，市場は期末に成立し瞬時に売買がおこなわれる（流通時間ゼロ）。
（5）価格は伸縮的であり，社会的需給は市場価格（市場清算価格）によって調整される（価格調整型）。したがって生産物はなんらかの価格水準によって全部実現する。
（6）賃金は前払いとする。したがって次期に雇用される追加的労働者の消費

---
[136]　同上書，165-186頁。
[137]　同上書，191-192頁。

は，今期生産された生活手段に向けられる。

グッドウィンはマルクスの蓄積論をモデル化して，先駆的に成長循環を考察した[138]。本章の前提と比較すれば，(1)～(3)の前提は同じであるが，(4)の前提については，グッドウィンは生産期間を導入していない。その結果，生産調整は瞬時におこなわれることになる。新古典派の成長論と同じ扱いになっている。その世界は数学的には微分の世界であり，循環的変動過程が微分分析でおこなわれている。このモデルは定差分析となる。(5)の前提については，グッドウィン・モデルは循環的に変動するが，リアル・タームであり，物量と価格が分離されていないので，価格運動が排除されている。したがって不均衡の累積とその調整としての景気循環が概念化されていない。このモデルでは不均衡は価格変動として表現されている。(6)の前提についても，グッドウィン・モデルでは賃金は資本から排除されており，賃金後払いを前提にしているといえる。

第2項　蓄積モデル

記号を以下のようにする。基本的には前章までに使ってきたものと同じであるが，資本係数や資本の技術的構成はいままでは労働手段で定義してきたが，本章では生産手段で定義している。

X：生産物，K：生産手段，L：労働力，$\alpha = X/K$：資本係数の逆数，$\beta = L/K$：資本の技術的構成の逆数，$Q = K_1/K_2$：部門構成，ω：実質賃金率，N：労働力人口，L/N：雇用率，n：労働力人口の成長率，θ_s：標準的雇用率，w：貨幣賃金率，w_s：標準的貨幣賃金率，P：市場価格，M_k：蓄積需要（生産手段への投資額），R：粗利潤率（1＋純利潤率），Re：期待粗利潤率，ρ：投資の利潤率への反応係数，a：貨幣賃金率の雇用率への反応係数

経済諸量は以下のように決定されていく。

（1）期末の生産量は，期首の生産手段と労働力の配置によって決定されている。
$$X_1^t = \alpha_1 K_1^t, \quad X_2^t = \alpha_2 K_2^t \tag{1}$$

---

[138] R. M. Goodwin, "A Growth Cycle", in C. H. Feinstein (ed.), *Socialism, Capitalism and Economic Growth*, Cambridge University Press, 1967.

（2）蓄積需要（生産手段投資）は期待利潤率によって決定される。
$$M_{k_1}^t/M_{k_1}^{t-1}=1+\rho(\mathrm{Re}_1^t-1), \quad M_{k_2}^t/M_{k_2}^{t-1}=1+\rho(\mathrm{Re}_2^t-1), \quad \rho>0 \quad (2)$$
（3）生産手段の供給と需要額が決まるから，市場価格（市場清算価格）が決まる。
$$P_1^t=(M_{k_1}^t+M_{k_2}^t)/X_1^t \quad (3)$$
（4）生産手段価格が決まるから，次期に両部門に投下される生産手段が決まる。
$$K_1^{t+1}=M_{k_1}^t/P_1^t, \quad K_2^{t+1}=M_{k_2}^t/P_1^t \quad (4)$$
（5）次期生産手段が決まるから，次期両部門で雇用される労働力が決まる。
$$L_1^{t+1}=\beta_1 K_1^{t+1}, \quad L_2^{t+1}=\beta_2 K_2^{t+1} \quad (5)$$
（6）労働力需要が決まるから，労働市場で貨幣賃金率が決まる。
$$w^t=w_s+a\{(L_1^{t+1}+L_2^{t+1})/N^t-\theta_s\}, \quad a>0 \quad (6)$$
（7）生活手段需要が決まるから，生活手段の価格が決まる。
$$P_2^t=w^t(L_1^{t+1}+L_2^{t+1})/X_2^t \quad (7)$$
（8）価格と貨幣賃金率が決まるから，実現する利潤率が決まる（実現粗利潤率は売上高を再調達費用・再調達価格で評価した投下資本で割り，パラメータに置き換える）[139]。
$$R_1^t=\alpha_1 P_1^t/(P_1^t+w^t\beta_1), \quad R_2^t=\alpha_2 P_2^t/(P_1^t+w^t\beta_2) \quad (8)$$

今期末に決定される蓄積額（生産手段投資額）は来期の予想利潤率（期待利潤率）に依存するが，モデルを完結させるために前期末に実現した利潤率と等しいと仮定する。いいかえれば，利潤率予想に過去の実現利潤率が大きな影響を与えると仮定する。このモデルでは投資（蓄積）需要と実現利潤との関係はつぎのようになる。投資需要と労働力需要に必要な資本は銀行から借りてきて調達され，それらが支出されることによって商品が実現し，利潤が決定される。不変資本・可変資本部分と実現した利潤が返済にまわされる（借入先行）。初期値とパラメータを与えればモデルは完結し，数値解析できる。置塩モデルとの違いは(6)の賃金率決定式にある。このモデルでは雇用率によって貨幣賃金率が決定される。マルクスは雇用率によって実質賃金率が決定されると考えていたことになるが，グッドウィンはそれを踏襲していた。置塩では，労働市場

---

[139] 再調達価格を使用する根拠は置塩と同じである。置塩，前掲書，173頁，参照。

で決定されるのは貨幣賃金率であるが，その際，労働者は生活手段の価格を予想し，「予想実質賃金率」の大小によって労働を供給すると想定されている。その結果，雇用率が1を越えてしまう事態が避けられている。しかし，労働者がこのように主体的に実質賃金率を予想して賃金決定に参加しているかについては疑問が残るので，このモデルでは，労働者はいかなる賃金水準でも受け入れて生活していくしかない立場にあると想定する。

　以上の簡単な体系をほかの蓄積（成長）モデルと比較しておこう。価格変動を除けば，この蓄積モデルの決定関係は，期待利潤率（前期利潤率によって代替）→蓄積率（蓄積需要額）→労働需要（したがって雇用率）→貨幣賃金率→利潤率，となる。ケインズ派は，ケンブリッジ方程式（資本蓄積率＝貯蓄率×利潤率）と投資関数の交点によって資本蓄積率と利潤率を同時決定し，利潤率は賃金率を，資本蓄積率は労働需要を決定すると考える。資本蓄積率と利潤率が同時に決定されるとすれば，景気変動は雇用率の変動となって発生するが，はたして同時決定できるだろうか。ケンブリッジ方程式は投資と貯蓄の同時決定と同じことであるが，ケインズ自身やカレツキーは投資が利潤そして貯蓄を決定すると考えていた。利潤は価格や賃金が決定されなければ確定できない関係にある。新古典派は，労働集約度（資本と労働の比率）は連続的に変化し，かつ資本と労働ともに収穫逓減となるような特殊な生産技術を仮定し，労働市場は賃金率によって絶えず調整され，完全雇用が達成されていると仮定することから出発する。このときの労働供給によって資本蓄積率が決定され，それによって利潤率や賃金率が決定されると考えている。はじめから賃金率・価格・利子による調整が達成されることを前提とした均衡分析であり，景気変動は内生的には発生しないことになってしまっている[140]。

　このモデルでは，次節で具体的に分析するように，労働力の需要と供給によって決まる雇用率が貨幣賃金率を決定する。この貨幣賃金率が安定的であれば

---

140) ケインズ派や新古典派の蓄積モデルの特徴については，宇仁宏幸・坂口明義・遠山弘徳・鍋島直樹『入門 社会経済学』（ナカニシヤ出版，2004年）第3章（宇仁執筆），参照。なお同章において，マルクス派の特徴は，賃金シェアを不変とするように賃金率と利潤率が同時決定され，その後に蓄積率と労働需要が決定されるとしている点は疑問である。たしかに階級関係をマルクス派は重視するが，賃金シェアそのものが資本蓄積に左右される。

定常的循環を繰り返し，雇用率が上昇していけば，貨幣賃金率が上昇して累積的拡大循環（増幅的循環）が繰り返され，やがて完全雇用を突破してしまう。雇用率が低下していけば貨幣賃金率が低下し累積的縮小循環（減衰的循環）になる。やがて雇用率がゼロに収束すれば，貨幣賃金率も極限値（最低値）に収束して，単純再生産になる。

第4節　利潤存在の条件：利潤はかならずしも消滅しない

第1項　技術・労働供給不変のとき

α　投資の利潤率に対する反応係数が高くないとき（弱蓄積経済）——利潤率はゼロに収束し利潤は消滅する（$\rho=0.1$，$N^0=40,000$）

このケースはパラメータが一定の範囲にあるときに置塩や中谷武氏が例示した。このモデルによっても反応係数 ρ が高くない場合には，利潤率が傾向的に低下し，利潤が消滅する。パラメータを $\alpha_1=2$, $\alpha_2=3$, $\beta_1=1.5$, $\beta_2=2$, $\rho=0.1$, $n=0$, $a=10$, $w_s=15$, $\theta_s=0.9$，初期値を $N^0=40,000$, $M_{k_1}^0=30,000$, $M_{k_2}^0=15,000$, $R_1^0=1.1$, $R_2^0=1.1$, $K_1^0=1,500$, $K_2^0=750$，とおけば両部門の粗利潤率は図7-1のように1に収束し，利潤が消滅する（Microsoft Excelで計算）。投資の利潤率への反応が低いために蓄積が弱まり，労働需要が低下するから雇用率は図7-2のように減衰的に循環し，やがては0.189419に収束する。その結果，貨幣賃金率が図7-3のように減衰的に循環していく。貨幣賃金率は，(6)式において雇用率を0.189419としたときの7.8941924に収束していく[141]）。

β　反応係数が高いとき（強蓄積経済）——利潤率の変動幅は大きくなり利潤額は循環的に変動するが，累積利潤は増加し利潤が存在する（$\rho=0.5$，$N^0=30,000$）

ρ を0.1から0.5に高め，労働力供給量を40,000から30,000に減らすと（その他のパラメータや初期値は α のケースと同じとする，以下同様），図7-4のように利潤率の変動幅が大きくなり，やがて経済は完全雇用の壁にぶつかる

---

[141]　貨幣賃金率の低下は，(8)式より利潤率を上昇させるが（賃金の費用効果），(7)式より生活手段価格を低下させる（賃金の需要効果）。相反する両作用の結果，実質賃金率は一定値に収束し，利潤が消滅していく。

第 7 章 利潤率の成長循環と資本主義の存続条件　139

図 7-1　利潤の消滅傾向

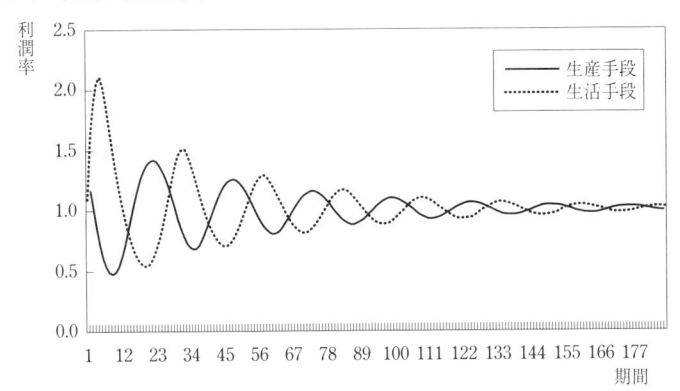

図 7-2　雇用率

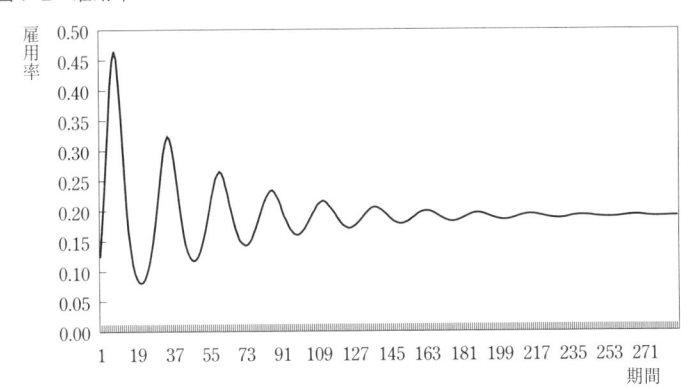

図 7-3　貨幣賃金率

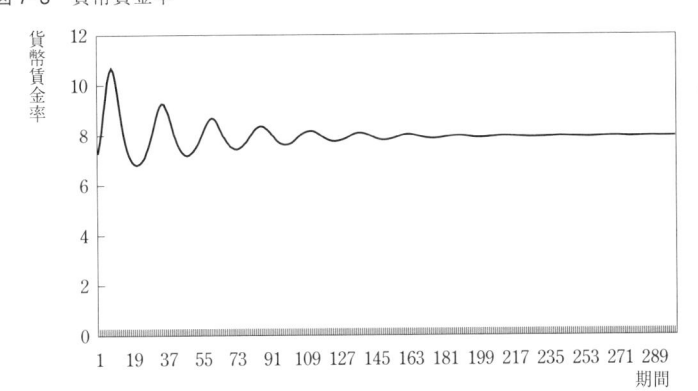

(159期)。強蓄積経済であるから,雇用率は循環しながら上昇し,貨幣賃金率も循環しながら上昇するからである。利潤額は図7-5のように増加と減少を繰り返すが,図7-6のように初期からの利潤を合計した累積利潤は増加していく(費用は期首すなわち前期末の調達価格で計算)。

第2項 労働力供給が増加するとき[142]

α 利潤率がゼロに収束し利潤も消滅する(単純再生産)($\rho=0.5$, $N^0=10{,}000$, $n=0.05$)

投資の利潤率に対する反応係数を0.5と維持し,労働供給量の増加率を5%とし,初期の労働供給量を10,000に減少させると,粗利潤率は図7-7のように循環的に変動しながらやがては1に収束する。こうなるのは労働供給が急増して雇用率がゼロに収束し,貨幣賃金率が6に収束するからである。

β 利潤率の変動幅が循環的に増幅し,利潤も存在する($\rho=0.5$, $N^0=10{,}000$, $n=0.04$)

反応係数と初期の労働供給量を〈2-α〉と同じくし,労働供給量の増加率を4%に下げると,図7-8のように利潤率は増幅的に循環する(ただし44期に完全雇用の天井を突破する)。このように変動するのは,労働供給量の増加率を5%から4%に下げたから雇用率が上昇し,貨幣賃金率が上昇するからである。44期までの累積利潤は図7-9のように循環的に増大していく。

第3項 間歇的に技術進歩が導入されるとき

α 労働供給量不変——利潤率は定常的循環から増幅的循環になる($\rho=0.5$, $N^0=40{,}000$, $n=0$)

〈1-β〉では初期の労働供給量を30,000としたが,40,000とすると,図7-10のように49期にかけて利潤率は循環的に減衰していく。利潤率の低下過程で新技術が導入されたならどうなるだろうか。いま50期と100期に資本の技術的構成が高まる新技術が導入されたとすると(β_1は1.5から1.2, 0.96に,β_2は2か

---

[142] 拙著『景気循環論』および『経済学原論』(青木書店,1996年)で例示したケースである。

第 7 章　利潤率の成長循環と資本主義の存続条件　141

図 7-4　利潤率の循環的上昇

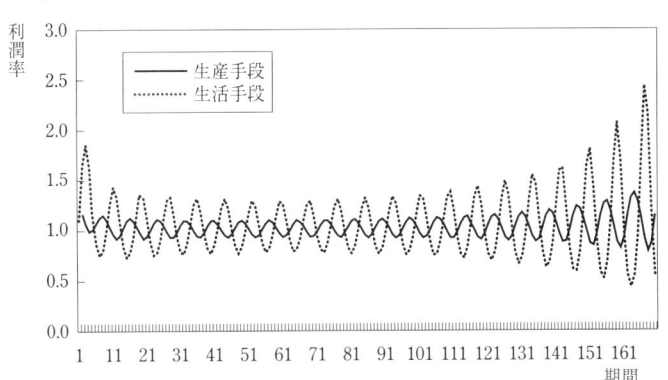

図 7-5　利潤額

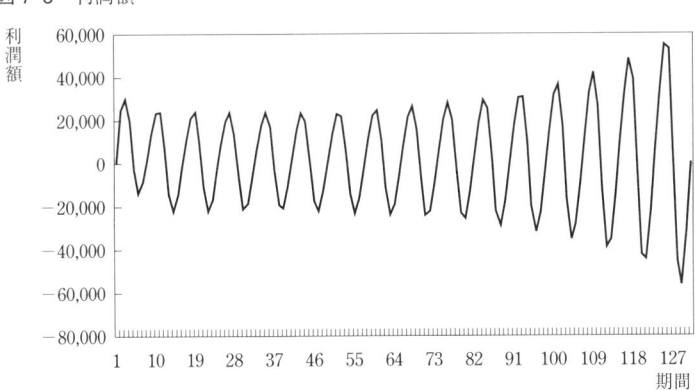

図 7-6　累積利潤額

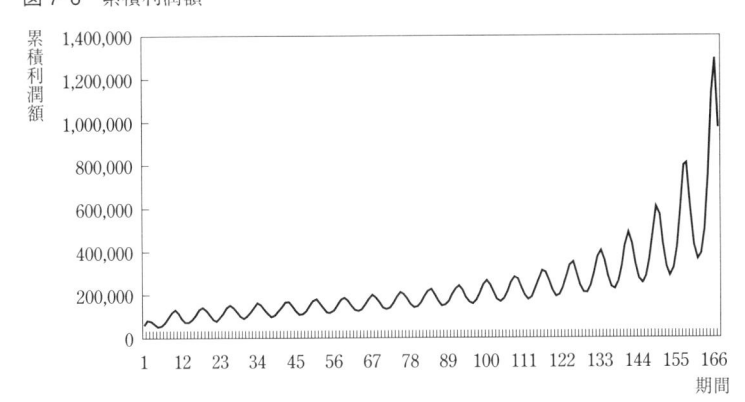

142　第Ⅱ部　景気循環モデルの数値解析

図 7-7　利潤率の減衰的低下

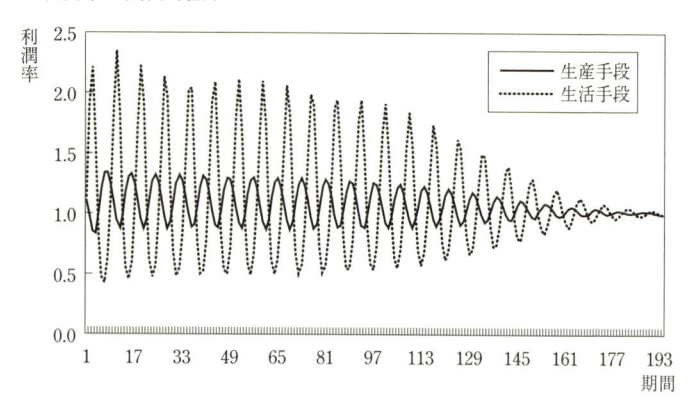

図 7-8　利潤率の増幅的循環

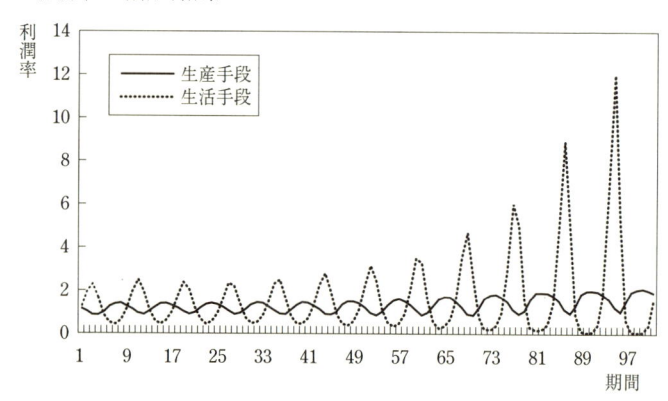

図 7-9　累積利潤額

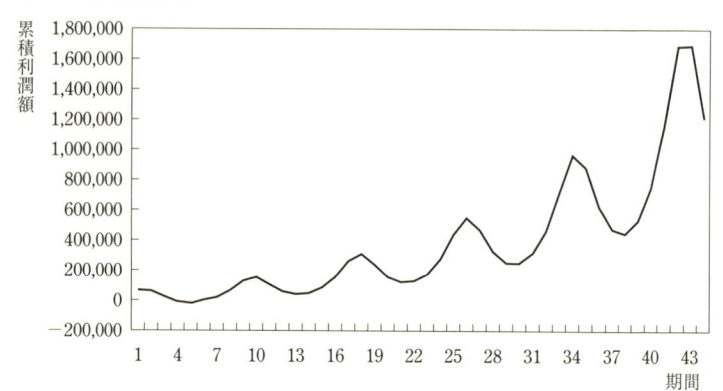

ら 1.6, 1.28 に低下), 利潤率は 50 期以降定常的に循環し, 100 期以降は増幅的循環となる。こうなるのは新技術の導入によって産業予備軍が確保され, 雇用率が安定的に上昇し, 貨幣賃金率も安定的に上昇するからである。利潤は図 7-11 のようにプラスとマイナスを繰り返すが, プラスが先行しているので正の利潤が存在することになる。累積利潤は図 7-12 のように累積的に拡大していく。

β　労働供給が増加し利潤が存在するケース ($\rho = 0.5$, $N^0 = 10{,}000$, $n = 0.05$)

〈2-α〉のケースにおいては利潤率が減衰的に循環し, やがては利潤が消滅した。いま同じ条件下で 21 期と 40 期に α のケースと同じ新技術が導入されたとすると, 利潤率は図 7-13 のように増幅循環する。44 期には完全雇用の天井を突破する。図 7-14 のように累積利潤は増加していく[143]。

γ　労働力供給が増加し利潤が消滅するケース ($\rho = 0.5$, $N^0 = 10{,}000$, $n = 0.1$)

〈3-β〉の状態から労働力供給の増加率を 10% に高めると, 2 回にわたる新技術の導入にもかかわらず, 粗利潤率は図 7-15 のように 1 に収束し利潤は消滅する。そうなるのは, 労働力供給が急増して, 雇用率がゼロに近づいてしまうからである。

第 4 項　完全雇用調整

拙著『景気循環論』において好況から不況への転換について, 価格機構が十全に作用して循環モデルが貫徹するケースを連続的循環とし, 均衡を維持すべき成長率がとれなくなったときに価格機構が機能麻痺に陥り, 暴力的に均衡化する不連続的循環とを区別して論じた[144]。以下の α から γ は, 完全雇用の天井にぶつかったときに労働供給量がそれ以上に増加しないから, 労働需要は強制的に縮小し, かつ価格機構が働くと仮定してシュミレーションしたものである。こうした完全雇用調整がされる場合に, 利潤率はどうなるだろうか。

---

[143]　グッドウィン・モデルの世界は, 労働力が増加し, 技術進歩が連続的に存在する世界である。その結論は, 利潤率は一定値に収束するとしているが, このモデルでは利潤率は増幅循環する。R. M. Goodwin, *op. cit.*, pp. 54-58.

[144]　拙著『景気循環論』第 10・11 章, 参照。

144 第Ⅱ部 景気循環モデルの数値解析

図 7-10 利潤率の循環的変動

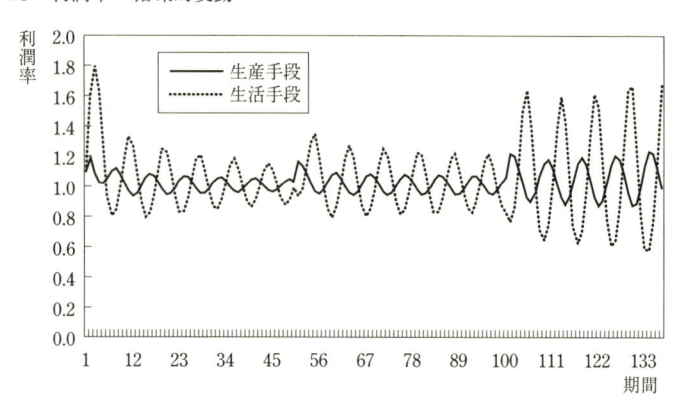

図 7-11 利潤額

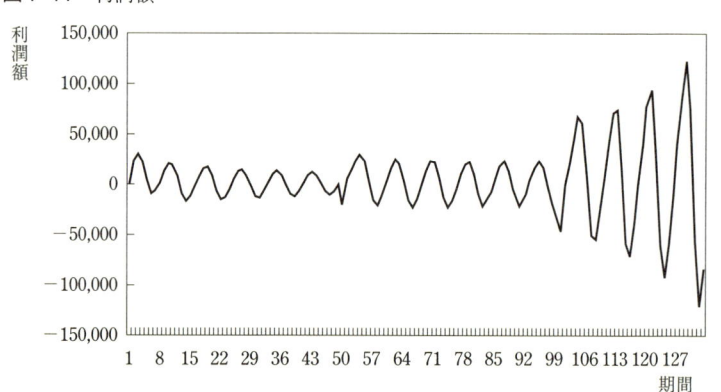

図 7-12 累積利潤額

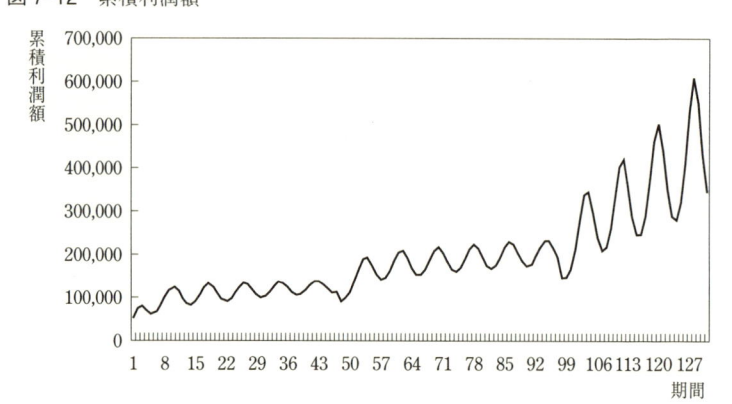

第 7 章　利潤率の成長循環と資本主義の存続条件　145

図 7-13　利潤率の増幅循環

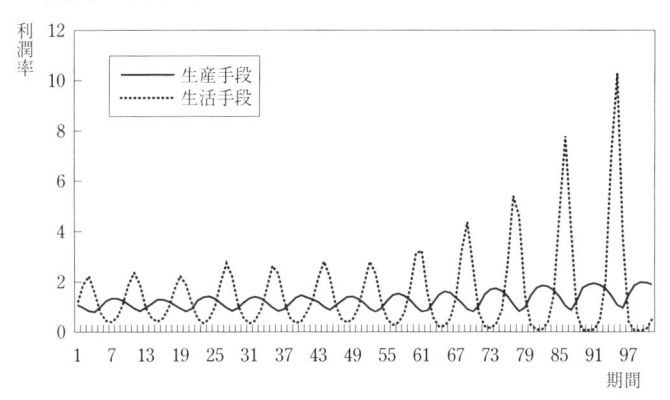

図 7-14　累積利潤額

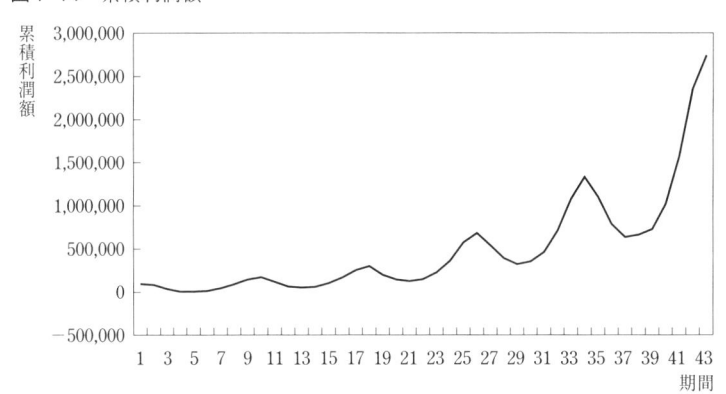

図 7-15　利潤率の減衰的循環

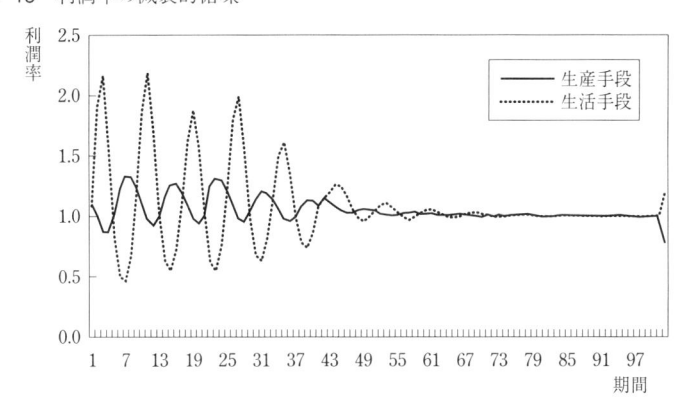

⟨1-β⟩, ⟨2-β⟩, ⟨3-β⟩は完全雇用の天井を突破した。いま、完全雇用になればそのときの労働供給量以上には雇用できないから、投資（蓄積）需要は強制的に縮小されるとしよう（両部門の強制縮小率は同じとする）。

α　図7-16は⟨1-β⟩ケースにおいて、第159～160期、167～169期、176期、183～185期に完全雇用調整（労働需要の強制的縮小）が起こったときの利潤率の変動を示す。利潤率は急落し、変動幅も小さくなる。累積利潤は図7-17のようになる。

β　⟨2-β⟩を第44～45期、52～53期、59～66期に完全雇用調整をおこなうと、図7-18のように利潤率は急落するが、やがて生活手段の利潤率が上昇して再び完全雇用の天井にぶつかる（第72期）。累積利潤は図7-19のように、調整後は大幅に変動する。

γ　⟨3-β⟩を第51～55期において完全雇用調整をおこなうと、図7-20のように利潤率は急落する。

この蓄積モデルによる利潤率・利潤・累積利潤の循環的成長を要約しておこう。⟨1-α⟩, ⟨2-α⟩, ⟨3-γ⟩のケースは、粗利潤率が1に収束し利潤も消滅した。そうなるのは、雇用率がゼロに収束し貨幣賃金率が最低値になるか、雇用率が低い一定値に収束し貨幣賃金率がやはり低い一定値に収束するからである。⟨1-β⟩, ⟨2-β⟩, ⟨3-α⟩, ⟨3-β⟩では、利潤率が増幅的に循環上昇し、累積利潤が増加する。こうなるのは雇用率が安定的に上昇するからである（完全雇用の天井にぶつかる場合もあった）。したがって、技術・労働供給不変（イノベーション不在）だと利潤は消滅するというシュンペーター命題とは一致しない。また労働供給の増加があれば利潤は存在するという置塩の数値解析とも一致しない。技術進歩が導入されると利潤が増加するが、なかには技術進歩の効果が低いような経済では利潤率低下傾向を打ち消すことはできないケースも存在した。このような結果になるのは、労働力供給増加の有無や技術進歩の有無にかかわらず、労働力供給に対応的に労働力需要（したがって資本蓄積）が生じるか否かに依存していることになる[145]。いいかえれば、蓄積需要に対応的な産

---

145) もちろん置塩は、投資の利潤率反応係数が高いときには利潤率が違った運動を示すことを指摘していたし、労働力供給増加がある場合とない場合を比較していたように、労働力供給に対する労働力需要の動向が雇用率・賃金率に影響することを知っていたと思われる。

第7章 利潤率の成長循環と資本主義の存続条件　147

図7-16　完全雇用調整1

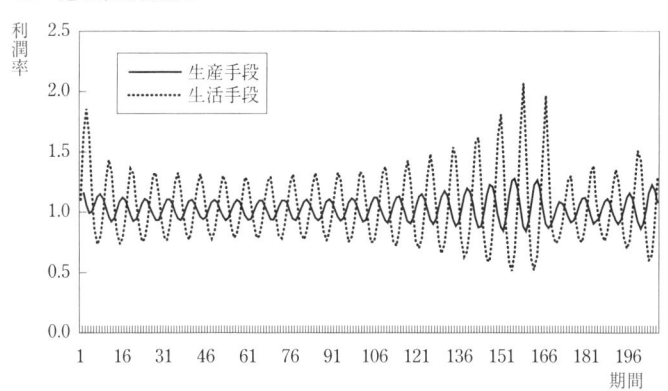

図7-17　累積利潤額

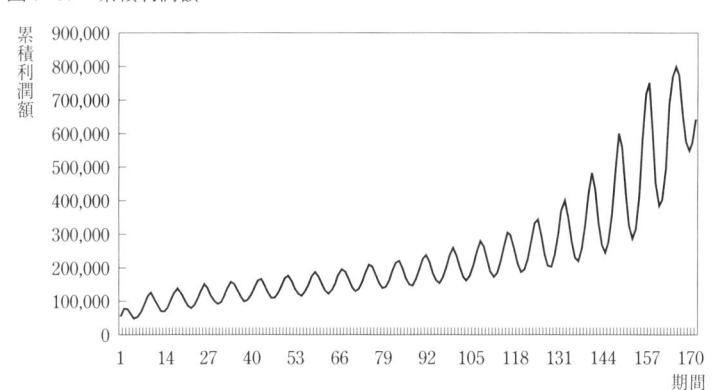

図7-18　完全雇用調整2

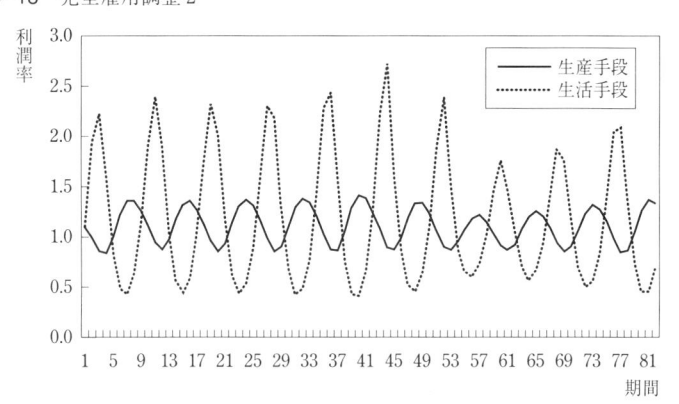

図 7-19　累積利潤額

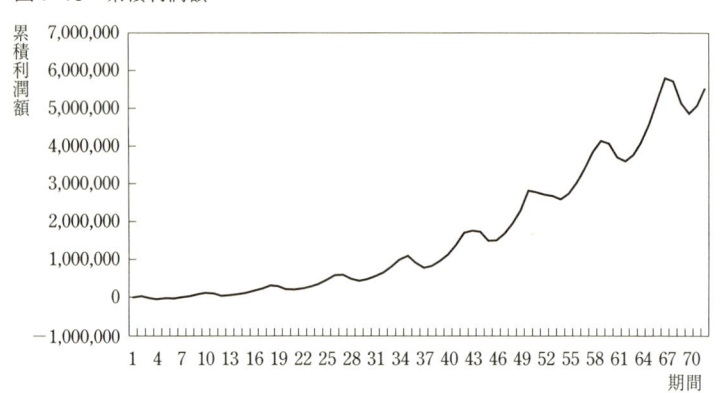

図 7-20　完全雇用調整 3

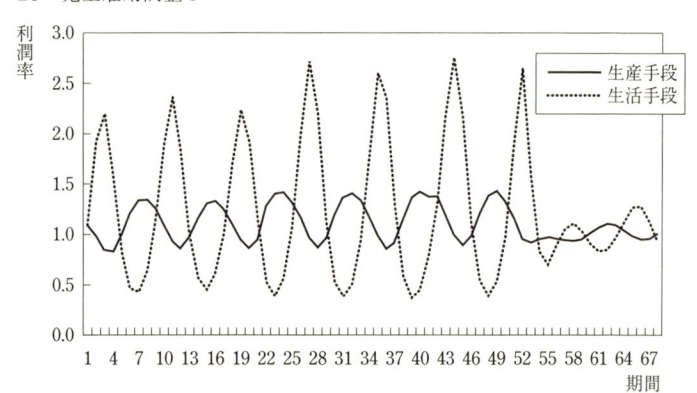

業予備軍が確保されているかに依存する。労働力供給に対応的に資本蓄積が進む場合には，雇用率が安定的に上昇し，利潤率はゼロに収束せず，一定の利潤も存在することになる。完全雇用の天井にぶつかり完全雇用調整が起こると利潤率は急落する。この点は，今後一層検討してみるべきである。

第5節　利潤率の均等化作用とは何か：生産価格成立の条件

　マルクスや古典派経済学（スミス，リカード）は，資本間の競争によって利潤率が均等化し生産価格（自然価格）が成立すると考えた。最近，生産価格成立

の条件をめぐって「生産価格への収斂問題」が検討されてきた[146]。拙著『景気循環論』においては，景気循環運動が平均化（均衡化）機構であるとする高須賀の考えを踏襲して，1循環をとおして両部門の利潤率が循環的に変動し平均化されているので，利潤率の均等化機構が存在すると主張した。この問題を考えてみよう。

第1項　利潤率は均等化するが，ゼロに収束してしまう場合

このケースを置塩は，技術進歩がないときの「正常な状態」とした。前節での数値解析でいえば，超長期的には利潤が消滅する〈1-α〉,〈2-α〉,〈3-γ〉のケースである。しかし〈1-β〉,〈2-β〉,〈3-α〉,〈3-β〉において利潤率はゼロに収束はしない。すべてのケースにおいて，利潤率の均等化運動をどのように理解したらよいのだろうか。正の均等利潤率が成立することを，超長期的に両利潤率の一定値への収束というように理解すれば，「置塩の定理」の前提条件に否定的な結果をもたらすとせざるをえない。しかし超長期的に一定値に収束することが利潤率均等化だとするのが妥当だろうか。

第2項　循環を繰り返しながら一定値に平均化している場合には，利潤率均等化作用が働いている

すべてのケースにおいて，利潤率は低下したり上昇したりしながら，循環をとおして平均化されている。したがって，それぞれの利潤率の平均化機構は存在していることが確認される。図7-21は，〈1-α〉から〈3-γ〉までの利潤率の変動過程を期間を短くして拡大表示したものである。興味深いのは，生産手段の利潤率が回復し生活手段の利潤率が低下するときの両利潤率の交差点（図で丸で囲った部分）を結んで観察すると，交差点は利潤率ゼロ（粗利潤率1）の近傍にあることが確認できる。こうなるのは，利潤率の運動は市場価格と賃金の運動をとおして相互に規制しあっているからである。こうした意味では均等化作用は働いている。また，それぞれの価格は図7-22のように循環的に変

---

[146]「生産価格への収斂問題」の研究動向については，たとえば，森岡真史「利潤率の均等化と交差調整」（『季刊・経済理論』第41巻第3号，2004年10月），参照。

150　第Ⅱ部　景気循環モデルの数値解析

図 7-21〈1-α〉　利潤率交差点

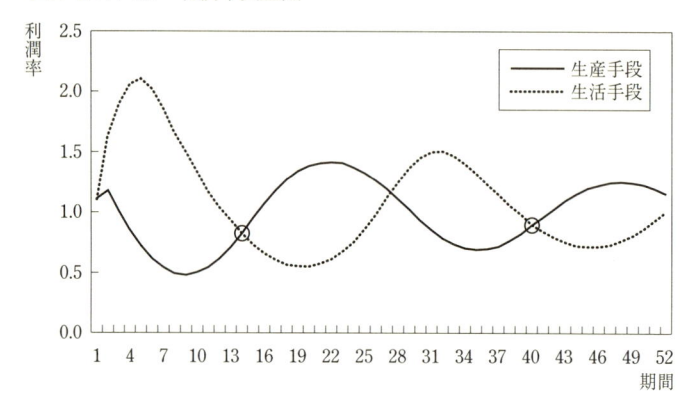

図 7-21〈1-β〉　利潤率交差点

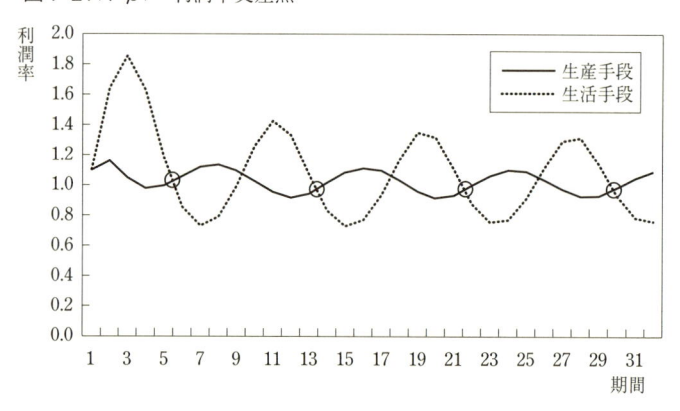

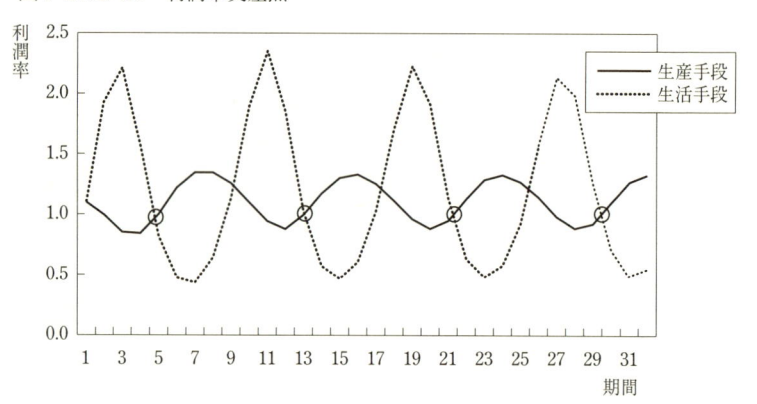

図 7-21〈2-α〉　利潤率交差点

第 7 章　利潤率の成長循環と資本主義の存続条件　151

図 7-21〈2-β〉　利潤率交差点

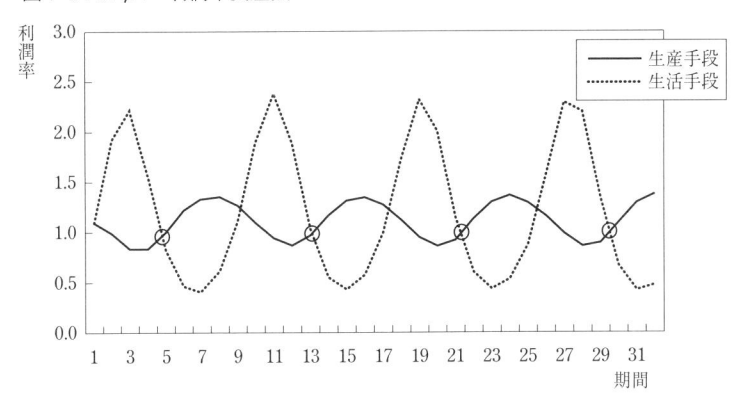

図 7-21〈3-α〉　利潤率交差点

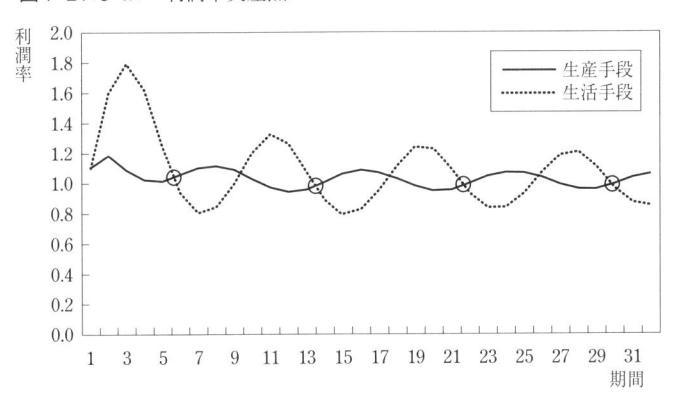

図 7-21〈3-β〉　利潤率交差点

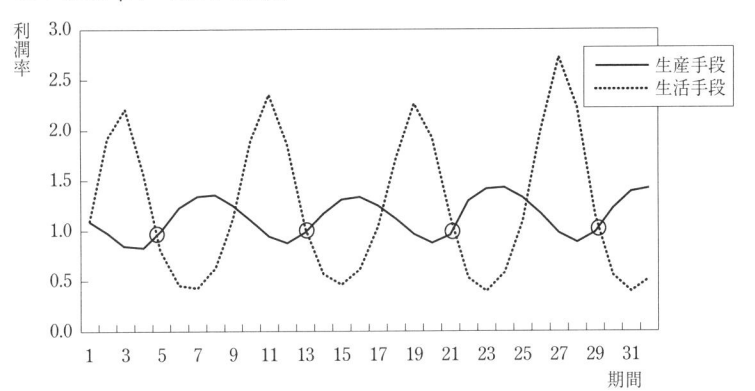

152　第Ⅱ部　景気循環モデルの数値解析

図 7-21〈3-γ〉　利潤率交差点

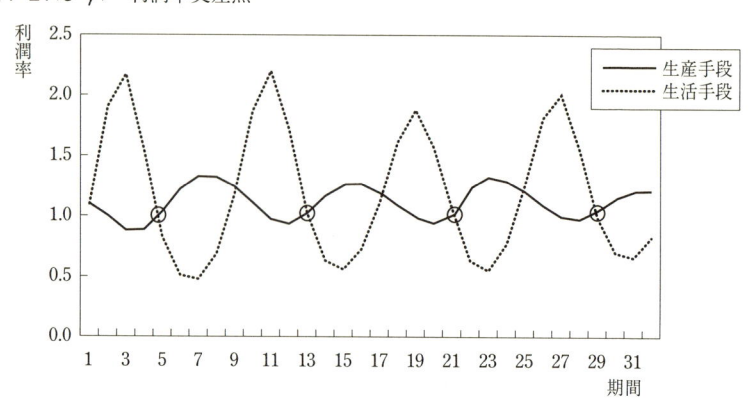

図 7-22(1)　生産手段価格の平均化（〈1-α〉のケース）

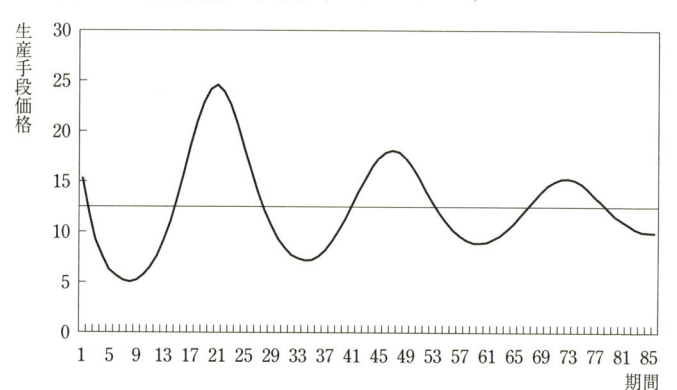

図 7-22(2)　生活手段価格の平均化（〈1-α〉のケース）

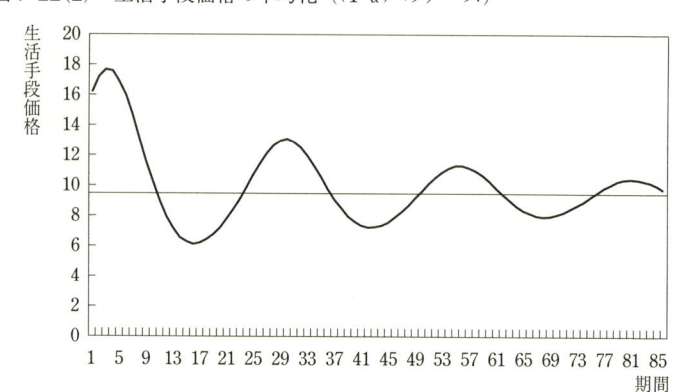

第 7 章　利潤率の成長循環と資本主義の存続条件　153

図 7-23　利潤率平均（〈1-β〉のケース）

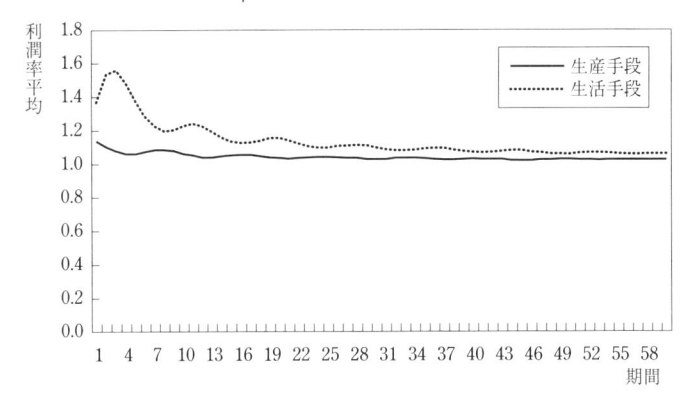

図 7-24　利潤率平均（〈2-β〉のケース）

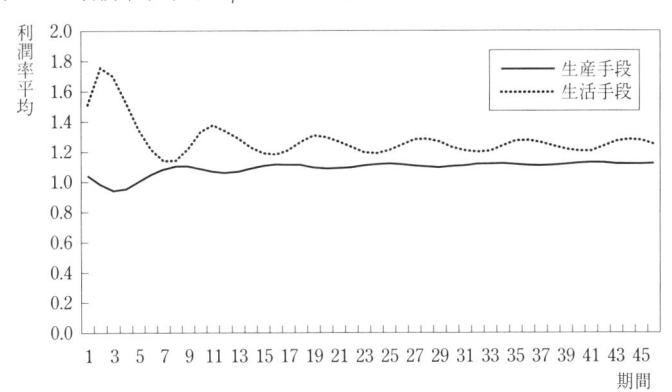

図 7-25　利潤率平均（〈3-α〉のケース）

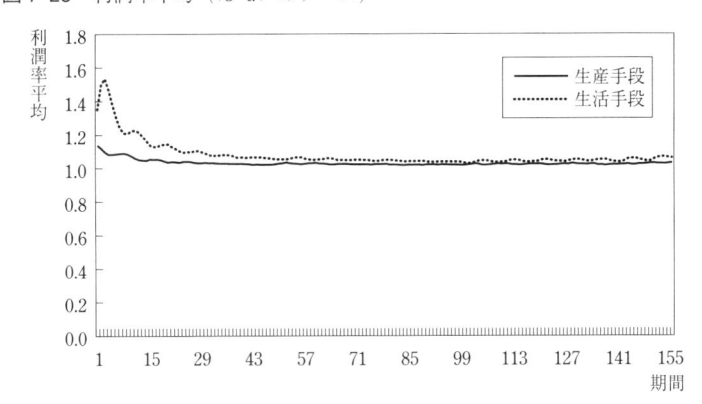

図 7-26 利潤率平均（〈3-β〉のケース）

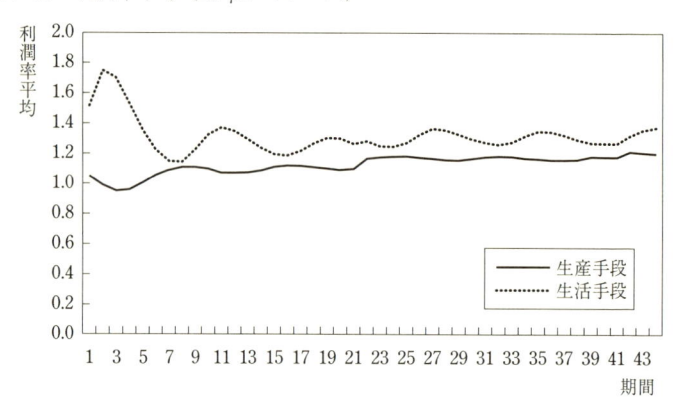

動し平均水準（自然価格のような価格変動の重心）が確定する（すべてのケースで平均化する）。しかし両部門の利潤率が均等化することは確認できない。すなわち利潤率が均等化する傾向にあれば，利潤率の平均値は一致する方向に向かわなければならない。図 7-23 と図 7-25 の場合には利潤率平均は均等化する傾向を示しているが，図 7-24 と図 7-26 では利潤率平均は乖離している。乖離するのは，生活手段の利潤率の変動幅が生産手段より大きいからである[147]。利潤率均等化を論証するためには，本章の数値解析の前提になっている初期値やパラメータを変えるか，あるいはモデルそのものを変えなければならないのかもしれない。ともあれ，生産価格成立の前提である利潤率均等化メカニズムは，依然として経済学者の理論的仮説の世界にとどまっていることになる。ともあれ今後さらに検討してみなければならない。

第 6 節　利潤率の傾向的低下法則の検討

　マルクスは『資本論』第 3 巻第 3 篇において利潤率の長期動向を論じた。特別剰余価値獲得をめざした資本間の新技術の導入・普及競争に促迫されて，生

---

147) 独占研究会での討論では，このように長期的に両利潤率が乖離しつづけるならば新たな資本移動が起こり，均等化する作用が働くのではないかという指摘を受けた。今後の課題としたい。

産力は必然的に高まっていく。この生産力の発展は，一方では生活手段の価値を低下させ剰余価値率を上昇させるとともに，資本の有機的構成を高度化させる。前者は利潤率を上昇させ，後者は利潤率を低下させる。マルクスは後者が前者を上回ると判断して，反対に作用する諸要因にもかかわらず利潤率は傾向的に低下していくだろうと論定した。

この利潤率の傾向的低下法則に対して早くから批判と反批判が展開されてきたが，たとえばポール・スウィージーは一義的に低下するとは論定できないとして不確定説を主張した[148]。冒頭に紹介した置塩は，実質賃金率不変・均等利潤率の成立を前提とすれば，利潤率は上昇すると主張した（「置塩の定理」）。欧米のファンダメンタリストたちは傾向的低下法則を支持し論証を試みているが，成功していないといわざるをえない[149]。本章での数値解析によっても，蓄積条件（初期値とパラメータ）によって利潤率はさまざまな運動をするのであって，一義的には確定できない（不確定説）。

第1項　利潤率が低下するケース

α　技術・労働力供給量不変

第4節の〈1-α〉のように利潤率は循環的に変動しながら傾向的に低下し，ゼロに収束する。こうなるのは雇用率が0.189419に収束し，貨幣賃金率が7.8941924に収束するからである。

β　技術不変・労働力供給増加

初期の労働力供給量を10,000，労働人口の成長率を5％とおくと，〈2-α〉のように利潤率は傾向的に低下し，やがてゼロに収束していく。これはやはり雇用率がゼロに収束し，貨幣賃金率が最低値6に収束するからである。

γ　間歇的新技術の導入，労働力供給増加

反応係数0.5，労働供給量の増加10％，初期労働供給量10,000とおくと，〈3-γ〉のように利潤率は循環的に変動しながら低下するので，第21期と第41期に

---

148) ポール・スウィージー，都留重人訳『資本主義発展の理論』（新評論，1967年）第6章，参照。

149) James O'Connor, *The Meaning of Crisis*, Basil Blackwell Inc., 1987, Chap. 2, 拙稿「オコーナーの危機論」（『東京経大学会誌』第237号，2004年1月），参照。

新技術を導入し資本の技術的構成を高度化する。利潤率は若干回復するがすぐに傾向的に低下していく。このようになるのは，労働力供給量の増加率が高く，雇用率が低下していくからであった。

第2項　利潤率の多様な成長循環

利潤が存在するケースにおいて，利潤率の循環的変動の影響を排除して利潤率の傾向をみるために，0期からその期までの累計した利潤率の平均値（利潤率平均）を調べてみよう。

　α　技術・労働力供給量不変（〈1-β〉のケース）

初期の労働力供給量を30,000，投資の利潤率反応係数を0.5に高めると，図7-23のように，利潤率平均は傾向的に低下している。

　β　技術不変・労働力供給増加（〈2-β〉のケース）

〈2-α〉の労働供給の増加率5％を4％に下げると，図7-24のように，利潤率平均は生産手段部門で緩やかな上昇傾向を示し，生活手段部門では安定的に推移する。

　γ　間歇的新技術導入，労働供給量不変（〈3-α〉のケース）

投資の利潤率への反応係数を0.5，労働力供給量を40,000とおくと，図7-25のように，利潤率平均は傾向的低下から傾向的上昇に転ずる。

　δ　間歇的新技術導入，労働供給量増大（〈3-β〉のケース）

反応係数0.5，労働力供給量10,000，労働力の増加率5％とおくと，図7-26のように利潤率平均は完全雇用の天井にぶつかるまでは上昇傾向にある。

このように利潤が一定期間存在しつづけるケースにおいては，利潤率平均は多様な成長循環をする。すなわち，低下（〈1-β〉），低下から上昇（〈3-α〉），上昇（生産手段）と安定（生活手段）（〈2-β〉），上昇（〈3-β〉）した。このように蓄積条件いかんによって利潤率は多様な長期傾向を示すのであって，一義的には確定できない。技術進歩があるのが資本主義経済の健全な状態であるから，技術進歩が利潤存在の条件だとしたシュンペーターの主張は妥当であろう。しかしすでにみたように，技術進歩があっても労働供給量が急増する場合には，利潤は消滅した。

第7節　資本主義の存続条件

第1項　存続の可能性

　前節第2項のケースでは，利潤率平均は，低下から上昇，ないし上昇した（〈3-α〉，〈2-β〉，〈3-β〉）。利潤獲得を至上命令とする資本主義経済にとって，こうしたケースは存続を維持していくことができることを意味する。こうした存続条件はすでにみたように，労働力供給に適合的に蓄積（労働力需要）が進展することであった。いいかえれば蓄積需要に適合的な産業予備軍を確保することであった。労働力供給の増加があるときや，技術進歩があるときにはこうした適合的蓄積の可能性が高まる関係にある。しかし必ず利潤を確保しつづけることができるのではない。完全雇用にいたるまではこうした存続条件が確保されるが，完全雇用の天井にぶつかると大逆転が起こることに注意しておこう。

第2項　解体の可能性

　前節第1項のケースは，利潤率が傾向的に低下してやがて利潤が消滅する。そうなるのは労働力供給に対応して蓄積（労働需要）が進展せず，雇用率がゼロないし低い水準に収束してしまうからであった。利潤率が回復するためには，新技術が導入されるか，投資の利潤率反応係数が増大しなければならない。そうした創造的活動をする資本家が登場しなければ，資本主義は衰滅していくだろう。マルクスは「蓄積せよ，蓄積せよ，これがモーゼであり，予言者たちである」として蓄積衝動こそ資本の本質だというとき，こうした創造的資本家が絶えず登場するのが正常な資本主義だと考えていたように思える。シュンペータが資本主義の解体を予言したのは，こうした創造的経営者が消滅すると予想したことに由来する[150]。マルクスは蓄積衝動が衰えるのではなく継続する結果，一方では労働者階級の貧困化が進むが（資本蓄積の一般法則）[151]，同時に労働者階級が訓練され教育され団結していくことによって資本主義は変革されてい

---

[150]　ジョセフ・シュンペータ，中山伊知郎・東畑精一訳『資本主義・社会主義・民主主義（上）』（東洋経済新報社，1951年）第12章，参照。

くと展望した[152]。

第3項　マルクスの利潤率傾向的低下法則の一解釈

　マルクスは『資本論』第3巻第3篇においては，生産力の発展は剰余価値率上昇以上に有機的構成を高度化させ，利潤率は傾向的に低下していくと論じた。しかし本章の蓄積モデルによる数値解析は，雇用率低下こそ利潤率低下の最大の要因であることを示している。いいかえれば，産業予備軍が累積的に増加し雇用率と貨幣賃金率が低下し，利潤率は低下していくことになる。『資本論』第1巻の蓄積論で展開された産業予備軍と実質賃金率・剰余価値率の循環的関係を見直す必要があることを示唆しているかもしれない。産業予備軍を景気循環によって確保できたとしても，短期的循環を繰り返していくと長期的には産業予備軍は枯渇するか累積してしまう可能性があった。すなわち産業予備軍が累積化すればすでにみたように利潤率が低下するし[153]，産業予備軍が枯渇すれば利潤率は完全雇用の天井にぶつかって急落してしまう。こうしたケースにおいて利潤率傾向的低下法則は成立する，と限定すべきであろう。

---

[151]　マルクスは資本蓄積の一般法則として，「最後に，相対的過剰人口または産業予備軍を蓄積の範囲と活力とにたえず均衡させる法則は，ヘファイストスを岩に縛りつけたよりもいっそう固く，労働者を資本に縛りつける。この法則は，資本の蓄積に照応する貧困の蓄積を条件づける。したがって，一方の極における富の蓄積は，同時に，その対極における，すなわち自分自身の生産物を資本として生産する階級の側における，貧困，労働苦，奴隷状態，無知，野蛮化，および道徳的堕落の蓄積である。」(カール・マルクス『資本論』第1巻第23章，新日本出版社版，第4分冊，1108頁) と論定した。

[152]　マルクスは資本主義の歴史的傾向として，「この転化過程のいっさいの利益を横奪し独占する大資本家の数がたえず減少していくにつれて，貧困，抑圧，隷属，堕落，搾取の総量は増大するが，しかしまた，たえず膨張するところの，資本主義的生産過程そのものの機構によって訓練され結合され組織される労働者階級の反抗もまた増大する。資本独占は，それとともにまたそれのもとで開花したこの生産様式の桎梏となる。生産手段の集中と労働の社会化とは，それらの資本主義的な外皮とは調和しえなくなる一点に到達する。この外皮は粉砕される。資本主義的私的所有の弔鐘が鳴る。収奪者が収奪される。」(同上書，1306頁)

[153]　産業予備軍が累積化 (したがって雇用率の累積的低下) し，貨幣賃金率が低下することによって，賃金の需要効果 (過少消費傾向) が強く働くものと推定される。

第4項　産業予備軍の動向が資本主義の運命を左右する

　以上の考察（推論）より，産業予備軍の長期的動向が資本主義の存続にとって決定的な意味を持つことがわかった。すなわち，産業予備軍が景気循環の繰り返しのなかで長期的に枯渇していけば，完全雇用の天井にぶちあたって利潤率は急落する事態に陥る。資本蓄積機構は機能不全に陥るだろう。産業予備軍が累増していったならば，利潤率は傾向的に低下しやがては利潤が消滅する。資本主義経済の推進的動機が消滅するのであって，資本自身の自己否定にほかならない。しかしこの過程は同時に主体としての労働者階級にとっては，失業が累積していくことであり，資本主義経済システムが労働権・生存権を否定することであり，そうしたシステムを否定し転換を求める運動が必然化するだろう。資本主義経済が安定的に蓄積を進めていくためには，労働力供給に適合的な労働需要（資本蓄積）が起こってくることであり，いいかえれば，資本蓄積に適合的な一定の搾取率が維持できるように産業予備軍を確保することが，資本主義経済存続の基本的条件となる。しかし長期的な成長循環（長期波動といってもよいかもしれない）の視点からみれば，そのようなメカニズムは保証されてはいない[154]。

---

154) 産業予備軍の確保を資本主義自立化の根本的条件としたのは宇野弘蔵の功績といってよい。しかし宇野の産業予備軍論は景気循環論（恐慌論）に限定されていて，長期的傾向としてはぜんぜん展開されなかった。その恐慌論は労働力についての不均衡のみが扱われていて，一般商品については価格による自動調整を仮定してしまった（実現なき恐慌論）。本章の蓄積モデルでは両不均衡が扱われている（統合モデル）。さらに宇野の原理論は絶えず繰り返されると想定した世界（永遠的循環の世界）に限定されていて，循環が繰り返され発展していく運動過程は理論的考察から排除されてしまっていた。しかし産業予備軍確保の問題は，資本主義の長期的発展と関連づけて論じなければならない。本章で明らかにしたように，景気循環が繰り返されていく長期をとれば産業予備軍が累積化していく可能性があった。だからこそ資本主義は存続するために，歴史的には，独占化や国家の組織化などによって蓄積諸条件をつくり変えてきたのである。資本主義の段階的発展はこうした利潤率の長期的動向の視点から再検討すべきであろう。歴史的には利潤率は長期波動してきた。

第Ⅲ部　景気循環論の未決問題

第 8 章　景気循環論の問題点

はじめに

　1995年 2 月25日の独占研究会において拙著『景気循環論』(青木書店，1994年)をめぐる討論がおこなわれた。質疑がかみ合わなかった点も多くあったので，今後の景気循環・恐慌論の理論的研究のために論点を整理し，かつ拙著の見解を再度明確にしておきたい。また，「教科書にも使える研究書」を目的としたために，諸説への言及は必要最小限にとどめざるをえなかったので，本章では諸説との関連をもなるべく明確にしておきたい[155]。拙著で展開した蓄積モデルは，第 7 章第 3 節で提示したものと同じで，二部門分割（流動資本）モデルの価格調整型モデルであった[156]。

第 1 節　『資本論』と恐慌論

　カール・マルクスは『資本論』などにおいて恐慌や景気循環についていろいろ言及しているが[157]，恐慌の「必然性」は「上向法体系」のどの次元において論証できるのだろうか。従来の恐慌論研究においては，①「原理論」としての『資本論』次元において説きうるし，説かなければならないとする見解[158]，②『資本論』を越えた競争論・信用論次元に上向し，景気循環論として説かな

---

[155]　従来の研究の流れの中での拙著の特徴については，浅利一郎氏の書評（『東京経大学会誌』第192号，1995年 6 月）を参照されたい。
[156]　本章の理解を深めたい読者は拙著を直接読んでもらいたい。
[157]　マルクスの言及については，久留間鮫造編『マルクス経済学事典（レキシコン）』（大月書店，第 6 ～ 9 巻（1972年～1976年），高須賀義博『マルクスの競争・恐慌観』（岩波書店，1985年）を参照されたい。
[158]　拙著『景気循環論』の文献リスト中の〈実質賃金率上昇＝利潤率低下説（「資本過剰説」）〉の系譜の文献がこの立場に立っている。

ければいけないとする見解[159]，③『資本論』次元では「恐慌の必然性の基礎的論定」を与え，「周期的恐慌の必然性」は景気循環論次元において展開しなければならないとする見解[160]，に大きく分類される。この方法論上の問題について次のように述べておいた。

「現行の『資本論』（価値・生産価格の世界）の中で恐慌の必然性が説明できるのか，それとも市場価格・市場利潤率の世界である景気循環運動にまで上向してはじめて解明されるのかという問題である。本書は後者の立場である。しかし『資本論』での生産・流通・総過程の分析と景気循環そして恐慌の説明とを切断してしまうのは正しくない。……本書では，生産過程論（第1巻）と流通過程論（第2巻）で論究されている恐慌の原因論を景気循環論の基礎理論として再構成し（第5・6・7章），総過程論とくに第3巻での利潤率の急落と「資本の絶対的過剰生産」論を恐慌の説明の基軸に設定した（第11章）。」[161]

この点について若干説明しておこう。拙著の第5章「資本の生産過程と恐慌」では，資本循環の第1幕たる「搾取の条件」（剰余価値生産）を検出し，産業予備軍が減少していく条件と，実際に減少する場合に起こる剰余価値生産の困難化（「資本の絶対的過剰」）を指摘した。第6章「資本の流通過程と恐慌」では，単純商品流通における恐慌の可能性（「恐慌の抽象的可能性の第1形態」と「恐慌の抽象的可能性の第2形態」）における貨幣蓄蔵の契機（内容）が，資本の運動との関連において固定資本の貨幣的補塡（減価償却積立）・蓄積基金積立・準備金の形成として必然化することを明らかにしている（貯蓄論）。これと対応的に投資（蓄蔵プールからの流入）がなければ貨幣的均衡が破壊される可能性があることを明らかにしている。さらに貯蓄と投資が一致しても（貨幣的均衡），再生産上の均衡関係が成立しなければならないが[162]，それら

---

159) 『資本論』はマルクスの「経済学批判プラン」中の拡充された「資本一般」であり，競争・信用・土地所有・賃労働の基本規定を含むようになったとする研究者は，だいたいこの立場に立っているといえる。

160) 富塚良三『増補 恐慌論研究』（未来社，1975年）が代表的な見解である。

161) 拙著『景気循環論』3・4頁。

162) ケインズの均衡は貨幣的均衡であるが，マルクスはそれに加えて実物的均衡を入れて立体的に考えていた。

を均衡成長率として成長論に組み替えて考察している（第4章）。第7章「成長経路と実質賃金率の動向」では，実質賃金率が上昇するケースと低下するケースを両部門の発展関係によって分類して考察したが，実質賃金率はある限界を越えてしまえば（上昇しようと低下しようとも）反転せざるをえない（第11章第2節，参照）。これらの考察をもって筆者は「恐慌の基礎理論」と呼んだ。第8章「投資決定論」と第9章「価格の循環的運動」は競争論そのものではないが，競争論展開の基礎的な考察と位置づけられるだろう。『資本論』第3巻第15章での「利潤率の循環的低下論」（資本過剰論）は恐慌論の基軸的論理として，第11章の景気循環論において具体化しようとしたといえる。

第2節　マルクス再生産表式の意義と限界

　拙著は，蓄積率は期待利潤率によって決まり，その蓄積額の配分によって次期の両部門の関係（部門構成）と成長が決まってくるという展開をした（第4章第2節）。マルクスの場合だと，生産された剰余価値はそのまま実現されると仮定しているから（「価値通りの販売」），剰余価値が決まり，資本家の個人消費の残りが蓄積されていくという展開になっている[163]。それに対してカレツキーや有効需要の原理の考え方によれば，生産された剰余価値（利潤）に対してどれだけの需要があるかによって実現される剰余価値（利潤）の量が決定される関係にある。拙著のモデルでいえば，蓄積需要や消費需要によって市場価格が決まり，余剰生産手段と余剰生活手段は物量関係から決定され，それぞれに価格を掛けたものとして実現される利潤が決定される。剰余価値の蓄積と個人消費とへの分配の問題はその後にでてくる問題である。

　また，個々の資本部分と所得の流通は考察していないから，マルクスの「貨幣還流の法則」は取り上げていない。生産手段と生活手段の総供給と総需要を考察しているので，貨幣はそれぞれの需要額として登場してくる。そして貨幣は，資本家の蓄積欲求に応じて信用関係によって供給されるという仮定を置いている。まさに実物経済モデルであるが，信用関係による実体経済の過度の膨

---

163)　第5章の注106と109も参照。

張と，信用制限による実体経済の過度の縮小を軽視しているのではない。信用関係をモデルの中に入れることに自信がなかったし，また信用関係が崩れる原因は実体経済のほうにあるように考えられたので，こうした展開に限定した。

　マルクスの表式は物量と価値に分離していない価値総量で与えられている。このモデルは高須賀モデルと同じで，物量と価格（価値）を分離した体系になっている。そして，過不足なく生産物が実現するように価格を調整することになっており，その場合の素材の補填関係は以下のようになる。まず市場価格表示の再生産表式は，

　Ⅰ　$K_1 \times P_1 + w \times L_1 + (\Delta K_1 \times P_1 + \Delta L_1 \times w) = X_1 \times P_1$
　Ⅱ　$K_2 \times P_1 + w \times L_2 + (\Delta K_2 \times P_1 + \Delta L_2 \times w) = X_2 \times P_2$

となる。K：生産手段，L：労働力，Δ：追加（蓄積）部分，X：生産物，P：市場価格，w：貨幣賃金率。サフィックス1, 2は，生産手段と生活手段。生産手段内部の転態部分は $K_1 \times P_1 + \Delta K_1 \times P_1$ であり，生活手段と交換する部分は $w \times L_1 + \Delta L_1 \times w$，生活手段内部で転態される部分は $w \times L_2 + \Delta L_2 \times w$ であり，生産手段と交換される部分は $K_2 \times P_1 + \Delta K_2 \times P_1$ となる（資本家の消費部分はないものと想定）。その結果，生産手段の需給関係は $X_1 \times P_1 = K_1 \times P_1 + \Delta K_1 \times P_1 + K_2 \times P_1 + \Delta K_2 \times P_1$ となり，物量関係の均衡関係 $X_1 = K_1 + \Delta K_1 + K_2 + \Delta K_2$ となる。同じく生活手段の需給均衡は $X_2 \times P_2 = w \times L_1 + \Delta L_1 \times w + w \times L_2 + \Delta L_2 \times w$ となり $X_2 = (L_1 + \Delta L_1 + L_2 + \Delta L_2) \times (w \div P_2)$（実質賃金率），として物量的均衡関係となる。マルクスの場合には，「価値通りの販売」が前提されているから，生産された剰余価値がどのように蓄積として配分されるかという展開になっている。このモデルは市場価格レベルで考えている。貨幣額としての蓄積総額は期待利潤率の大きさによって決まり，貨幣は銀行から供給され，それがどのように配分されるかは期待利潤率の格差によって決定される。それによって実現される剰余価値（利潤）が決まり，投下資本部分は銀行に返済されるという処理になっている。生産手段と生活手段の需給均衡を同時に考えているのであり，セー法則など前提にしていない。どのような価格で実現されていようが，結果的に均衡関係は物量体系でできるのである。結果だけをみてセー法則と批判するのは誤解である。「不均衡」は価格変動によって調整される関係にあり，不均衡は価格の変動によって表現されている。

第3節　循環モデルの特徴

第1項　循環体系の性格

　今期末に決定される期待利潤率を，過去の既値のデータである前期末に決定されている実現利潤率に代行させてモデルを完結させると，循環の体系は，「蜘蛛の巣定理」のようなタイム・ラグ関係によって循環する。そして，蓄積増加率の利潤率に対する反応係数 ρ の大小関係によって定常的循環・発散的循環・収斂的循環となる[164]。数値解析すると，$\rho=0.5$ とすれば粗成長率の循環が定常化し，$\rho=0.6$ とすれば粗成長率は発散的に循環し，$\rho=0.1$ とすれば収斂的循環となり，やがては粗成長率が1となり単純再生産に行きつく。

第2項　投資と利潤の関係

　このモデルでは両者の関係をタイム・ラグによって結びつけている。すなわち，前期の利潤率が今期の蓄積率を規定し，今期の蓄積率が今期の実現利潤率を規定する関係として処理している。カレツキー経済で展開したのは，資本家の消費なり労働者の貯蓄を入れても，数式展開が複雑になるだけで，本質的な点は変わらないからである。すなわち，資本家の消費が景気をリードしていくのではなく，資本家の蓄積が戦略的に重要な変数であるからである。また，価格変動と蓄積率との関係は，蓄積率が決まらなかったら価格は決まらない（価格変動は起こらない）。もちろん過去の価格変動は期待利潤に影響することによって，蓄積にも影響する。

第3項　マルクス派景気循環論の特徴は何か

　いろいろな景気循環モデルがあり，それぞれにサイクルを描くようになっているが，マルクス経済学の景気循環論のモデルの独自性はどこにあるのだろうか。マルクス派の景気循環論にはマルクスの剰余価値論や再生産表式とか利潤

---

[164]　石塚良次氏は，拙著『経済学原論』の書評（『東京経大学誌』第203号，1997年7月）でもってこのことを指摘していた。

率低下論が利用されており，それぞれ一定の有効性をもっている。しかしそうしたものを単に「接合」することによって恐慌・景気循環論が体系化できるものではない。資本主義経済の内在的諸矛盾（「根本的矛盾」なり「基本的矛盾」とも呼ばれる）から出発して景気循環を説明しようとするところにマルクス派の優れた点がある。しかし筆者は，マルクス経済学か近代経済学かという対抗軸は恐慌・景気循環論には不必要だと考えている。需要サイド（「実現の条件」）と供給サイド（「搾取の条件」）を統合したモデルを展開しようとする際，総合的・統合的モデルは，マルクス派の恐慌論なり景気循環論によって可能となるだろうと考えている。

第4項　価格変動論の導入

　このモデルの特徴は，数量調整型モデルではなく価格調整型モデルであり，それはそれで貨幣ベール観とはまったく違う。物量体系と価格体系を分離し統合化させていくという点では，高須賀モデルと同じである。しかし高須賀義博は実現率（在庫率）を入れて処理したが，筆者は価格変動を入れて処理している点で異なる。価格変動を問題としているのであって，セー法則を前提にした体系とか均衡体系ではまったくない。生産されたものしか使えないわけだから，蓄積額がどれだけであろうとも価格変動に吸収されるしかない。好況期なら，市場価格が累積的に上がっていく関係として循環的物価変動を説明している。いいかえれば，不均衡は市場価格の騰貴として現れ，次期に調整しようとして供給が増加するとさらに不均衡が進んでいってしまう，そういう論理展開になっている。

第5項　固定資本と景気循環

　このモデルは固定資本を捨象した流動資本モデルであるが，固定資本の貨幣的補塡と現物補塡との対応関係が景気循環過程においては重要な働きをすることを否定はまったくしない。しかしそれだけでは恐慌としての逆転運動を説明したことにはならない。好況が進んでいって貨幣的補塡が増えていけば供給圧力になるが，それを吸収するだけの新投資が進みつづけるかぎりにおいては恐慌とはならない。新投資の抑制なり停止を説明しないかぎりは，恐慌論にはな

らない。この根本的問題は流動資本モデルで十分に説明できると考えた。本書の第1章～第6章は，固定資本を導入した三部門分割で考察している点が前著と根本的に違う。

第6項　下降の経済学—モデルの抽象性

現実の景気循環に接近するためには，固定資本，労働者の貯蓄や資本家の消費，意図せざる過剰能力や在庫などを導入しなければならない。さらに独占の投資行動とか国家の景気政策も導入しなければならない。本書ではこうした限定をはずして，固定資本や「意図せざる過剰能力」なども考慮したし，独占資本主義や国家独占資本主義の景気循環の変容を展開した。しかし前著では，市場価格の世界としての景気循環から生産価格を下降的に説明してから，原論体系に進むことを意図していた（下降の経済学）[165]。

第7項　蓄積率と実質賃金率の関係

このモデルでは蓄積率を独立変数として実質賃金率を従属変数として処理している。いいかえれば，実質賃金率を生活手段の需給均衡を維持するために調整変数として扱っている。そうするのは蓄積需要が決定的に重要であるからである。蓄積需要の部門間配分によって両部門の成長率比率が決まり，成長率比率直線と生産手段の自由度方程式（需給均衡式）との交点を生活手段の自由度方程式が通るように実質賃金率が決定される[166]。実質賃金率を先に決定させようとしても，労働力需要が未決定であるから貨幣賃金率も生活手段の価格も決められない。蓄積需要と次期の生産手段の配置（部門構成）が先行して決まることによって，労働力需要が決定される関係にある。いいかえれば，蓄積率によって諸価格が決定され，それによって実質賃金率が事後的に決まる関係にある。

---

[165]　拙著『経済学原論』第3部は，高須賀が提起した「下降の経済学」を筆者なりに体系的に展開したものである。本書以後に出版した拙著『現代マルクス経済学』（桜井書店，2008年）は「上向法」で叙述した。

[166]　同上書，70-71頁。

第4節 「恐慌の必然性」論か
　　　「恐慌の可能性を現実性に転化させる条件」論か

第1項　蓄積の限界と反転

　拙著では恐慌の説明を，価格機構が作用して自動的に景気が転換する景気循環（連続的循環・第10章）と，価格機構が機能不能になり暴力的・強力的に拡大再生産（好況）から縮小再生産（不況）に転換する景気循環（不連続的循環・第11章）に分けて説明した。前者においては，利潤率低下→蓄積増加率の低下→成長率の低下，として両部門がタイム・ラグをとりながら自動的に転換していく。景気循環研究における景気循環モデルはだいたいこうした自動的な下方転換になっている。従来のマルクス派の恐慌論研究において重視されてきたのは，後者の循環であるといえる。この点を再度説明しておこう[167]。

　(1) **産業予備軍の枯渇**　社会全体では剰余価値が絶対的に増加しないから，蓄積が停止するであろう（マルクスの「資本の絶対的過剰生産」）。それでも個々の部門では利潤が獲得できるとして労働力の引き抜きがおこなわれたとしたら，労働力を引き抜かれた部門では均衡を維持する成長率を維持することができず，均衡が破壊され過剰生産恐慌になる。

　(2) **実質賃金率の下限**　労働者は労働力の再生産を保障できなくなるから，サボタージュするかストライキに立ち上がる。ともに再生産過程には労働供給の不足が発生し，産業予備軍が枯渇したとき以上の効果を与える。

　(3) **利潤率の低下**　実質賃金率が上昇しそれが労働生産性上昇を上回れば利潤率が低下するし，相対価格が悪化した部門ではより利潤率が低下する。生産手段部門の利潤率がより低下したとしよう。利潤率低下によって蓄積は鈍化していき，ゼロになれば生産手段部門では蓄積が停止する。問題は生活手段部門の蓄積がどうなるかである。生活手段部門も悲観的になり蓄積を抑制すれば，均衡を維持できなくなる。生活手段部門が蓄積態度を変更しないとしても，生

---

[167]　以下の説明は拙著『景気循環論』149-154頁の要約である。本書の第1章の説明は若干変更している。

産手段部門では蓄積が停止してしまっているので，それをカバーするだけ蓄積率が急上昇しなければならない。このようなことは現実には不可能であろうが，仮に実現したとすれば均衡を維持すべき実質賃金率は急上昇しなければならない。実質賃金率の急上昇は生活手段部門の利潤率を急低下させ，やがては蓄積停止状態になり，結局は過剰生産恐慌になるだろう。

いずれかのケース（条件・限界）にぶつかれば過剰生産恐慌が起こり，拡大再生産から縮小再生産に急激に転換していく。この急激な転換過程が恐慌であり，そこでは価格機構は攪乱されていると考えなければならない。モデルの世界が成立しなくなる事態だと理解してもいい。

第2項　「恐慌の必然性」か「恐慌の可能性を現実性に転化させる諸条件」か

筆者は，恐慌の必然性を論証しようとしてきたが，数理モデルで厳密に論証してみると，一義的な因果関係によって説明することは無理であると考えるようになった。恐慌を引き起こす要因は，好況がどのような発展経路をとるかによって異なり，一義的な経路は確定しにくい[168]。初期条件，技術状態，競争関係，需要状態，およびそれらの部門間での違いなどの具体的条件に左右されて恐慌になるからである。その意味において，マルクスは「恐慌の必然性」という言葉は使用していないし，「恐慌を引き起こす諸条件」を明らかにしなければならないといったレキシコン代表編集者の久留間鮫造の主張を再評価すべきであると考える[169]。最近筆者は戦後日本の景気循環を実証的に分析してみてこのような感じを深めた（拙著『戦後の日本資本主義』参照）。表8-1は，経済企画庁が判定した戦後の景気基準日付にもとづいて，それぞれの循環の好況（拡張）局面と不況（収縮）局面をリードした要因を示している。主導的要因は設備投資であったり，輸出であったり，耐久消費財であったりして，発展局面の構造的違いに規制されていて一義的に確定はできない。表8-2はそれぞれの景気転換要因を示しているが，「国際収支の天井」，労働力不足，石油危機，設備投資の減退，消費の減退，資産価格の暴落であったりして，やはり一義的

---

168)　内生的成長論における「経路依存性」論もこのような立場をとっている。
169)　久留間鮫造編『マルクス経済学レキシコンの栞』No.7（1973年9月）参照。

表 8-1 循環をリードした要因

循環	54.Ⅰ（谷）〜	57.Ⅱ（山）〜	58.Ⅱ（谷）〜	61.Ⅳ（山）〜
国民総生産	43%	−7%	46%	3%
消費	22	7	31	7
投資	<u>138</u>	<u>−13</u>	<u>98</u>	6
財政	25	13	19	7
輸出	31	−3	49	16

循環	62.Ⅳ（谷）〜	64.Ⅳ（山）〜	65.Ⅳ（谷）〜	70.Ⅲ（山）〜
国民総生産	26%	4%	71%	19%
消費	21	5	32	20
投資	<u>36</u>	<u>1.5</u>	<u>113</u>	<u>9</u>
財政	14	7	22	<u>13</u>
輸出	<u>41</u>	9	<u>105</u>	<u>18</u>

循環	71.Ⅰ（谷）〜	73.Ⅳ（山）〜	75.Ⅰ（谷）〜	80.Ⅰ（山）〜
国民総生産	16%	−18%	31%	10%
消費	<u>20</u>	−16	22	<u>8</u>
投資	<u>27</u>	<u>−19</u>	28	10
財政	10	3	26	<u>2</u>
輸出	<u>20</u>	5	66	23

循環	83.Ⅰ（谷）〜	85.Ⅱ（山）〜	86.Ⅳ（谷）〜	91.Ⅰ（山）〜
国民総生産	12%	4%	27%	2%
消費	6	<u>4</u>	18	5
投資	<u>24</u>	10	<u>72</u>	<u>−15</u>
財政	−13	21	16	40
輸出	<u>29</u>	<u>−4</u>	15	<u>1</u>

循環	93.Ⅳ（谷）〜	97.Ⅰ（山）		
国民総生産	10%	−2%		
消費	10	<u>−3</u>		
投資	<u>15</u>	<u>−13</u>		
財政	7	4		
輸出	<u>29</u>	0		

（注）表中の数字は，谷から山，山から谷にかけての伸び率を示している。アンダーラインのついている項目（需要）の変動は大きく，それらが好況や不況をリードしたと判定している。

表 8-2　景気転換の契機

神武景気と1957-58年恐慌
　回復　景気引締め効果（輸出価格の低下，経常収支の改善，インフレ気運の鎮静化），輸出と財政の拡大
　恐慌　国際収支の悪化，金融引締め，在庫投資の減少

岩戸景気と60年代初期の不況
　回復　内需の堅調，国際収支の改善，在庫投資の回復
　恐慌　国際収支の悪化，金融引締め，在庫投資の減少

オリンピック景気と昭和40年不況
　回復　「なだらかな景気調整」による在庫投資の増加，金融緩和
　恐慌　在庫投資と設備投資の減退

いざなぎ景気と1970-71年恐慌
　回復　生産調整と輸出・農村消費・非製造業の設備投資の増大，金融緩和，積極財政，ベトナム特需
　恐慌　需給ギャップの発生（操業度の低下），労働力需給の逼迫・消費者物価の騰貴，利潤率低下

列島改造景気と狂乱物価
　回復　財政拡大，住宅・耐久消費財主導
　恐慌　インフレの高進と狂乱物価化，前からの金融引締め，総需要抑制，消費の減退

輸出主導型景気と長期不況
　回復　公共投資・消費・投資の拡大
　恐慌　消費・住宅・非製造業投資の停滞

バブル再発と円高不況
　回復　輸出の増大，在庫調整の完了，交易条件の改善，物価安定による消費と投資の増大
　恐慌　輸出の減少

バブル高進と平成不況
　回復　国内需要（消費と住宅）
　恐慌　利潤率低下，非製造業の設備投資の停滞

金融危機景気
　回復　生産財と輸出の増大
　恐慌　消費と投資の冷込み（金融危機の影響）

には確定できないことを示している。景気循環論・恐慌論としてはいろいろな恐慌発生のケースを一般的に明らかにしておき，恐慌史研究の次元においてそれぞれの時期の恐慌のケースを歴史的に確定していけばいいのではないか。

第5節　競争論・信用論の固有の領域（残っている領域）

第1項　信用関係の扱い

このモデルでは，信用・競争・技術関係は，蓄積増加率の利潤率への反応係数（ρ）の大小関係を規定することによって入り込む余地はある。すなわち，信用が膨張するときには反応係数が大きくなり資本蓄積を促進させ，信用が収縮するときには反応係数が小さくなり資本蓄積を抑制することになる。価格変動に信用が直接影響するのではなく，信用が蓄積需要に影響し，蓄積需要が価格変動に影響するものとして処理できる。

第2項　マルクスの投資決定論

当然マルクスの投資決定論は，近代経済学の投資関数論とは違う。まさに拙著の第8章でスケッチしたように，競争・信用・技術によって促進される「特別剰余価値」をめぐる競争過程として展開されるべきである。

第6節　下降の経済学

高須賀義博は平均化機構としての景気循環論を論証して生産価格や価値に辿りつこうする「下降の経済学」を構想していたが，拙著はその一環として景気循環論を展開したものである（第12章，参照）。その後に発表した『経済学原論』の第3部は，この景気循環モデルを基礎として「下降の経済学」を展開した。すなわち，経済原則論としての再生産論（物量体系）（第7章）を成長理論として組み替え（第8章），物量体系と価格体系を結びつけた蓄積モデル（『景気循環論』と同じ）（第9章）に，固定資本や競争・信用関係・技術進歩を導入した景気循環論を展開した（第10章）[170)]。それによって資本主義的均衡化（平均化）を確認して，生産価格と価値に下降する構成となっている。価値からの上向は

『資本論』の展開を踏襲した。詳しくは上記の書物を参照されたい。

第 7 節　恐慌の形態変化論

　『景気循環論』では「さまざまケースの生じる諸条件を特定化すべきだ」と主張しているが，これでは歴史的な景気循環から抽象してくるということにはならないのではないかと反論された。しかし私は方法論的にはまったく逆のやり方をした。すなわち，理論的に諸ケースを明らかにしたうえで，具体的な歴史過程において生じたものを分類していけばよいと考えた。宇野弘蔵の原理論は19世紀イギリスの純粋化傾向に基礎をおいて抽象化されたといわれるが，それを認めるとしても，宇野原論が現代資本主義の分析に有効なのかは大いに疑問である。まして当時のイギリスの景気循環は10年周期が貫徹していると考えても，従来の恐慌論研究の諸学派のような景気循環・恐慌論のようになるとは思えない。いいかえれば，宇野恐慌論が19世紀のイギリスを中心とした景気循環にあてはまらないことは周知の事実である[171]。さきにも指摘しておいたように，戦後日本の景気循環から景気循環論が抽象化されるとは考えられない。

　しかし強いていえば，価格調整型と数量調整型に分けることは一つの歴史認識である。本書の第Ⅰ部で展開したように，この価格調整型モデルというのは自由競争段階の金本位制を前提としたモデルといってよいだろう。現代では，価格調整型の投資行動は非独占資本がとるだろうし，独占のほうは数量調整型の投資行動をすると想定している。

　逆に，現代資本主義から下降していくというのは無理であると考える。独占や国家の影響があるのであって，独占資本主義の景気循環変容論と恐慌の形態変化論，そして国家独占資本主義の景気循環と恐慌へと理論的・歴史的に研究を積み重ねていかざるをえない。

---

170)　本書の第 1 章はそれに加筆したものである。
171)　宇野恐慌論の立場の人たちの恐慌史研究（たとえば鈴木鴻一郎編『恐慌史研究』日本評論社，1973年，大内力編『現代の景気と恐慌』有斐閣，1978年，侘美光彦『世界大恐慌』御茶の水書房，1994年）は，実質賃金率上昇＝利潤率低下が歴史的に貫徹していたのではないことを明らかにしている。

補論　景気循環論の未決問題

はじめに

　第1章から第8章にかけて，主としてマルクス派の恐慌・景気循環論を念頭において，景気循環論とその変容論，蓄積モデルの数値解析を展開してきた。恐慌・景気学説については，必要なかぎりにおいて注でコメントしておいた。ここでは，近代経済学全体とマルクス経済学にわたり，かつ短期循環から長期波動にわたり広く批判的に学説をサーベイし，長期波動論をベースとした変動論体系（動学体系）を構想していた加藤雅の見解を紹介し検討する。読者は，広範な景気・恐慌学説を鳥瞰できるし，それによって逆にマルクス派の恐慌論の特徴や本書の独自性をも知る助けとなるであろう。景気変動研究者はマルクス経済学と協力すべきであるというのが加藤のメッセージであり，マルクス派の諸学派も狭い自分たちだけのパラダイムに自閉的に閉じこもる病気(自閉症)から早く抜けだす必要がある。

　加藤雅はやり残した多くの仕事を残しながら，2005年6月23日に急逝した。晩年には，精力的に景気変動に関する論文を発表されていた。それらは，経済企画庁での長年の政策的現状分析の蓄積を踏まえた豊富な歴史観に裏づけされていた。ユニークな見解がいたるところで展開され，学識の深さと広さが示されている。同時に時間が許されるならば完成させたであろう未解決な問題や未完成な理論が，残される結果となった。我々はなるべく詳細かつ的確に加藤説を紹介し，短期循環から長波（コンドラチェフ波動）にいたる経済変動論研究への加藤の貢献と未完成な問題を検出しながら，我々自身の見解も明確にしてみたい。東京経済大学の紀要に掲載された加藤論文は以下のようになる。「景気変動の原因について〈Ⅰ〉」（『東京経大学会誌・経済学』第207号，1998年1月），「同〈Ⅱ〉」（同誌第209号，1998年7月），「同〈Ⅲ〉」（同誌第211号，1999年1月），「同〈Ⅳ〉」（同誌第215号，2000年1月），「同〈Ⅴ〉」（同誌第219号，2000年7月），

「同〈Ⅵ〉」（同誌第223号，2001年3月），「同〈Ⅶ〉」（同誌第227号，2002年1月），「同〈Ⅷ〉」（同誌第231号，2002年9月），「同〈Ⅸ〉」（同誌第233号，2003年2月），「同〈Ⅹ〉」（同誌第235号，2003年10月）。以下これらの論文からの引用は，論文〈Ⅰ〉のように表示する[172]。

第1節　景気循環論の課題

　加藤の景気変動観はとてつもなく広い。短期循環（キチン循環，在庫投資循環），中期循環（ジュグラー循環，設備投資循環），長期波動（コンドラチェフ波動），を総合化すること（異種サイクルの統合化）が基本的問題意識であり，この点では加藤が師と仰ぐ篠原三代平氏と同じ立場に立っている。さらに加藤の変動論は歴史観にまで広がり，500年波動説が提起されている[173]。本節では，循環論で解決しなければならないと加藤が考えていた論点をまず紹介しておこう。

第1項　「基準化された事実」

　加藤は，経済学そして景気循環論は経験科学であり，歴史的時間の中で現実に生起した歴史から出発しなければならないとする。すべての経済理論がそうであるように，景気変動についての理論でもまず「基準化された事実」を確立し，それにすべて適合するようなモデルを作成することが必要である。これが何であるかについては専門家の間でも合意はないとしたうえで，①景気変動が一定の規則性と周期をともなうこと，②現実には複数の周期の景気変動が共存

---

[172] この補論は，加藤雅教授追悼記念号（『東京経大学会誌』第249号，2006年3月）の共同論文「景気循環論の未決問題──加藤雅教授が遺したものは何か」に若干の加筆・削除をしたものである。共同論文を本書に収録することを快諾してくれた古野高根氏に感謝したい。なお古野氏はその後，『20世紀末バブルはなぜ起こったか』（桜井書店，2008年）を出版された。

[173] 加藤は死の直前に，ライフ・ワークともなるべき景気変動論を体系化しようとした原稿を出版社に渡していた。この未完成原稿は，筆者を中心とした有志によって編集され，2006年の秋に岩波書店から『景気変動と時間──循環・成長・長期波動』として出版された。

していること，③景気変動が国際的に同調すること，を説明できることが必要であるとする。このうち①が最も重要であるが，②については周期3～4年の在庫変動から50年の原因のよくわからない（コンドラチェフ）波動までの説明，③では一国の変動が他国に波及するという次元を超えた世界的同時性，の説明が必要であることを強調している（論文〈Ⅰ〉155頁）。これこそまさに加藤が課題として抱きつづけたものであり，我々も当然の問題提起であり，重要な課題であると受け止める。

　そもそも景気変動，とくに長期変動は存在するのか。経済学者の中には存在を意識的・無意識的に否定するものもいる。加藤はこうした経済学者を「軽蔑」さえしていた。加藤はつぎのように述べる。種々の経済変動を組み合わせた指数の動きでより短いキチン波やジュグラー波の存在は一般に認められているが，コンドラチェフ波については意見の一致はない。ただ，実物面でのそのような動きは否定するが，価格の変動は認めるという議論は有力である。とくにこの長期変動に関して加藤は，「資本主義の危機」を中心の課題とするマルクス学派は大きな関心をもっていたとして親近感を抱いている。短期循環はともかく長期循環にはあまり関心を示さない近代経済学派での例外はシュンペーターとケインズである。シュンペーターは1930年代のような大恐慌を論ずる場合には，コンドラチェフの長期の波動を重視した。巨視的静態論と理論的には性格づけられるケインズ自身も，景気変動にともなう政策のあり方を考察するうえで，景気変動の解明の必要性を痛感していた。19世紀の国際的一般均衡論の完成者とみなされるマーシャルも，じつは主著『経済学原理』で景気変動の問題を最も重視していた。景気変動に否定的なはずのシカゴ学派の中でも，ルーカスJr. などは，景気変動を重要な問題として取り上げ議論せざるをえないのが現実である。「それを問題にしていない人々は，じつは単に自分にそうする意欲と能力がないことを，告白しているようなものではないか」，と加藤は景気循環問題を扱わない経済学者に皮肉を浴びせている（論文〈Ⅲ〉96頁）。マーシャルは経済学を生物学にならって再編成することを提唱したが，経済は生物と同様成長と衰退を含む大きなサイクルの一局面と理解すべきであるというのが，加藤の経済学を考える出発点である。我々も加藤の経済学観に近い。

第2項　波動性

　経済変動は上昇と下降が交互に繰り返される運動である。この波動性を説明するために，加藤は経済学において物理学の方法論を学ぶべきであると主張している。波動の問題が存在の本質との関係で最も真剣に議論されたのは量子力学においてであり，古典力学の決定論に対して量子論では存在は確率でしか得られない。これは社会科学に関しても事実で，観測されるべき（いわば真の）経済変数も，おそらくは確率的なものにすぎず，ある政策が理論的に確立したある結果（と思われるもの）をもたらすというのはおそらく幻想で，その誤差も我々が考えるよりはるかに大きいと，加藤は経済学に警鐘を鳴らしている（論文〈Ⅵ〉348頁）。このように加藤の問題意識は，理論（モデル）と政策との架け橋であり，理論信仰に対する懐疑であることを確認しておこう。

第3項　周期性

　景気変動の周期とは波動が繰り返される時間である。時間の問題を加藤は別個に考察しているし（第3節で検討する），固定資本の回転期間を周期と結びつけようとしたマルクスの見解も検討されているが，ここでは労働供給の懐妊期間を重視する見解が紹介されている。

　加藤は，景気変動が周期性をもつことは労働力の供給には一定の懐妊期間が必要なことからもいえる，とする。ドーアの解説にしたがえば[174]，サイクルの長さは労働の懐妊期間と資本係数の逆数（加速度係数）で決まり，たとえば加速度係数を3とすれば，労働の懐妊期間が2ヵ月なら4.4年，20年なら49年の周期が得られ，これらはそれぞれ在庫変動の期間，コンドラチェフ波と一致する（論文〈Ⅱ〉60頁）。もとよりコンドラチェフはこのモデルを知る由もないが，彼が複数の波動という概念を明示的に理論に取り入れていることからみて，

---

174)　加藤はグッドウィンの論文を解説したドーアの説明に依拠している。そこでは景気のサイクルの長さ（T）は，$T = 2\pi\sqrt{mv}$（mは懐妊期間，vは資本係数の逆数すなわち加速度係数）で示される。Mohammed H. I. Dore, *The Macrodynamics of Business Cycles: A Comparative Evaluation*, Basil Blackwell, 1993（片岡晴雄・橋本泰明・稲葉敏夫・小島照男・浅田統一郎共訳『景気循環のマクロダイナミックス——諸理論の比較評価』文化書房博文社，1995年，240頁）を参照。

周期ないし波長というものを意識していたことは間違いなかろう，と推測している。そして加藤は長波と成長の関係をつぎのように考えていた。16世紀に資本主義がはじまって以来，無限に成長しつづける一国経済というものは存在しなかったがゆえに，非常に波長の長い波を考えれば，成長はその波の上昇部分として理解することが可能であり現実的だといえる，とする。

　加藤はこのように長期の成長期を長波の上昇局面とみている。資本主義は永続的に成長しているのではなく必ず波動しているのだから，加藤の解釈は正しい。ただ周期が正確に計算できるとしているのはあまりにも機械的すぎる。上昇局面の蓄積態様によってその後の下降局面における調整が規定され，それによって実際の周期は規定される側面も同時に考慮しなければならないだろう。

第4項　国際的同調性

　戦後の各国の景気循環には同時化と非同時化の両方が観察される。世界経済全体に影響を及ぼすような事件（たとえば石油危機）が起こったときには，同時化する傾向があるといえる。加藤は波動の長さを区別することによってこの問題に接近している。すなわち，各国の景気変動の発生する原因は，いずれも変数の関係を示す式の種々の係数の大きさに支配されているが，係数は国によってかなり違ってくるにもかかわらず，長期の景気変動のサイクルはどの国もほぼ同じで，国際的な同時性を疑うことはできない。かりにこれが国際波及によるものであるとすれば，各国の景気の波の不一致が発生するはずであるが，短期循環，中期循環の若干のズレはともかくとして，長期ではグローバルに同調するということは偶然ではなく，景気循環が同調するという事実のためにそうなっていると考えるしかない，というのが加藤の主張である[175]（論文〈Ⅷ〉130頁）。たしかに加藤が主張するように，非同時化は短期・中期循環に特有であり，長波においては同時化する傾向があるといえるだろう。世界循環においては中心国の景気が国際的に波及することを否定できないが，グローバルに同調するということは，世界市場なり世界資本主義の運動という視点も必要とな

---

175)　マルクスは経済学批判プランの最後を「世界市場と恐慌」で終わろうとする構想をもっていた。加藤の長期的にはグローバルに同調するという主張は，世界市場恐慌の具体化に際しては有効かもしれない。

ってくるのかもしれない。

第5項　予測と政策

　加藤は経済学の本来的課題を運動法則や歴史的傾向の解明にはおいていない。経済学は実務家の疑問を解くのが最大の任務で，理論はそのために役立つものでなければならない。とくに正しい予測ができるかどうかが，経済学の有用性を計る最も手早い目安となる。経済政策を通じて人々が直面する困難を取り除くことを任務として発達してきた学問であることを忘れてはならない，という。加藤は卓越した官庁エコノミストであり，政策立案の理論的支柱を果たしてきた経験をもとに述べている（論文〈Ⅰ〉155頁）。ここに加藤のスタンスをみることができる。具体的な日本の財政・金融政策については以下のように評価している。

　たとえば日本の1980～90年の政策を考えると，財政政策の効果は他のショックに比べて比較的小さく１年を越えたあたりから減衰するのに対し，金融政策の効果は実質GDPを押し上げ，しかも拡大が持続するといわれた。しかし，1990年代に入り財政政策のGDP押し上げ効果は低下していないのに対し，金融政策は効果が小さくなっているとされた[176]。しかしマネーサプライの増加をまったくともなわない財政政策には効果がないというのは，アメリカのマネタリストとケインジアンとのコンセンサスである。最近では金融政策に対する期待が高まりをみせているが，金融機関のバランスシート問題で貸出が増やせないという事態をどう解消するかが問題である。少なくとも対症療法として財政政策は有効なはずであるが，過大な財政赤字で信頼性を失っているのは不幸なことだ，と加藤は述懐している（論文〈Ⅹ〉92頁）。

　経済学の本来的課題が政策立案への有効性にあるかどうかは別にして，政策と理論の関係は重視しなければならない。加藤は財政・金融政策にかならずしも信頼をおいてはいないが，その「機能低下」なり「機能麻痺」については現代資本主義の変貌とケインズ政策の限界とか，政策当局への政治や財界からの「圧力」といった政・官・財の複合体制にまで掘り下げて考察すべきであろう

---

[176]　原田泰・岩田規久男編『デフレ不況の実証分析』（東洋経済新報社，2002年）64頁。

と我々は考えている。単なる経済理論だけの問題ではないことを主張したいのが，加藤の真意なのかもしれない。

第2節　景気循環学説の検討

　加藤は第1節で設定した課題を果たすのに先立って，先行学説をいくつかのタイプに分類して検討している。以下順次紹介してみよう。

第1項　外生的ショック説・均衡派（「外生的景気循環論」）批判
　セー法則を受け入れる均衡論からは内生的には景気循環を説明できないから，必然的に「外生的景気循環」となる。加藤はその基本的難点をつぎのよう述べている。

　まずランダムショック説について。スルツキーの発見（ランダムショックとそれを「ならす」行動によって一定周期の波動を起こす）は景気変動の説明にも応用することは可能だが，この理論では「ならす」期間やショックとは何かについて答えていない。そして加藤は，ランダムショックなるものの内容を吟味している。戦争とか革命はランダムショックではなくコンドラチェフ波の上昇期に最も頻繁に発生し，大きな飢饉も周期50年の太陽黒点の変動による。疫病は凶作で体力が低下したときに起こりやすく，新しい発明もコンドラチェフ波の谷の時期に最も多く出現する，と批判している（論文〈Ⅰ〉156頁，もっとも最後の論点には加藤は全面的には賛成していない）。

　ランダムショック説をエレガントにしたものにリアルビジネスサイクルズ・モデルがある。このモデルはこの15年ほど米国の学会では最も多くの論文を生みだしてきたが，それが成立するためにはランダムショックと，それがなんらかの理由で経済に継続した影響を生みだすメカニズムがやはり必要となる。しかしそのモデルの現実経済の説明力については，利用するデータのトレンド除去という問題が解決されておらず疑問が残る，と加藤は指摘する。さらに，大恐慌で30％にものぼる失業が発生した時代においてはセー法則は働いていないというケインズの認識とは正反対に，均衡派はその議論の大前提として経済は常に均衡状態にある（セー法則は常に成り立つ）ことを想定している，と批判

する。しかし加藤はこの学派の創始者といわれるルーカス Jr. の議論を重視している。ルーカスは，キドランドとプレスコットの業績[177]を評価しつつも，それでは現実の大きな景気変動を説明することはできないため，貨幣あるいは信用を導入することを提案して，「貨幣量減少の実物的影響は，その情報効果を通じて生ずるだけでなく，貨幣量が変化したときに名目価格がそれに比例的な反応をするわけではないので，直接的な効果をも持っている」[178]とした。これは家計のもつ情報が不完全なためでなく，その処理費用を節約しようとして一部の情報を無視したことによって起こる歪みとして説明しようとしている，と加藤は判断している。加藤は，均衡派の経済学での最大の問題は合理的期待を大前提としていることだと批判し，ルーカス Jr. が価格の硬直性をいいだしたこと自体が予想は完全ではないということを示しており，1930年代に匹敵するような不況が再来するならば政策による介入が必要となる，という（論文〈II〉60頁）。

つづいて加藤はマネタリストに言及している。それはマネー・サプライを経済変動の説明原理とするため，M. フリードマン[179]が1929年にはじまった世界恐慌は基本的にアメリカの金融当局の政策の失敗によるものだと主張したことに代表される。しかし当時アメリカ以外のほとんどの国はすでに不況であったし，マネタリストは discretion ではなく rule を重視するが，金融当局が rule を変更した形跡はないという疑問には答えていない，という。ルーカス Jr. も政策的には貨幣の供給量を安定させればなにも問題はなくなるとしたが，貨幣の供給量を政策により安定させることができないこと，とくに大恐慌においては不可能であったことを勘案すると，マネーは景気変動の重要なファクターであるが，バブルの形成・破裂は金融に内包されるメカニズム自体が原因ではないか，と加藤は指摘している。さらに，長波の研究に関しては近代経済学，と

---

177) Kidland and Prescott, "Time to Build and Aggregate Fluctuation", *Econometrica*, 50, 1982, pp. 1345-1370.
178) E. Robert Lucas Jr., *Models of Business Cycles*, Basil Blackwell, 1987, p. 71（清水啓典訳『マクロ経済学のフロンティア 景気循環の諸モデル』東洋経済新報社，1988年）。
179) M. Friedman and A. J. Schwartz, *A Monetary History of United States 1867-1960*, Princeton University Press, 1963.

くに一般均衡理論はほとんど無力であるというのが加藤の結論である（論文〈Ⅲ〉93頁）。

第2項　タイム・ラグ，「乗数―加速度」原理

　需要の変化に対する供給の変化は瞬時になされるのではなく，一定の時間が必要となる（タイム・ラグ）。加藤はそうした一連の変動論を検討している。まず，バネの伸縮の際の振動やピッグ・サイクルである。それらは，価格変化にタイム・ラグをもって対応する生産量の変化がサイクルをもたらすとする。しかし，バネの質量とは経済では何か，復元力とは何かが問題となり，それを一国経済のものとすれば国際的な同調性を説明できない，と加藤はいう。価格変動に対する供給のタイム・ラグから価格・数量の二次平面上でくもの巣状の軌跡を描く「くもの巣定理」は部分均衡であるが，周期はタイム・ラグの大きさに依存することになる。サービスのようにタイム・ラグがないものもある。タイム・ラグは商品によってまちまちで，国によっても異なるために，国際的同調性も説明できない。しかもこれらは人が同じ過ちを繰り返すということを想定しており，学習効果は無視されていることになる，と加藤は指摘している（論文〈Ⅰ〉157頁）。

　加藤は加速度原理を数学的に最も明快に説明したものとして R. G. D. アレン[180]を紹介する。2階以上の線形定差方程式はふつう振動する解をもつ。その場合，解は一般的には虚数あるいは複素数を含む。しかしそれは高度に単純化されており，また線形であるために実際に適用される政策に関しては有効性が薄い。むしろヒックスのモデル[181]が時間の概念を明示的に取り入れているという点で優れている，と加藤はいう。周期的な変動が起こるためには生産の動きを制約する天井または床が必要であるが，ヒックスはそれを生産能力と基

---

180)　R. G. D. Allen, *Mathematical Economics*, Macmillan, 1956, pp. 145-150（安井琢磨・木村健康監訳『数理経済学』紀伊國屋書店，1958年）。オリジナルな文献は，Paul Samuelson, "Interaction between the Multiplier and the Principle of Acceleration", *Review of Economic Statistics*, 21, May 1939（小原敬士訳「乗数分析と加速度原理との相互作用」高橋長太郎監訳『乗数理論と加速度原理』勁草書房，1953年）。

181)　J. R. Hicks, *A Contribution to the Theory of the Trade Cycle*, Clarendon Press, 1950（古谷弘訳『景気循環論』岩波書店，1951年）。

礎的消費に求めた。天井のほうはある程度認めることができても，大恐慌のような場合にも基礎的消費が床になるかといえばそれはかなり怪しいし，タイム・ラグの大きさに関する設定が恣意的であるとも加藤は批判している（論文〈Ⅱ〉56頁）。

　加藤はストック調整モデルを重視している。投資がストックを形成し，それとフローの生産量との間に一定の適正な水準があるために，両者の調整がおこなわれるが，それがすぐにはおこなえない。このため投資のGDP比率を縦軸，GDPの前年比伸び率を横軸として時系列でグラフに示すと，本来一方向への動き（発散）であるはずのところ，反時計回りの循環となる。投資/GDP比率は1980年代の後半に著しい高まりが見られた以外は1970年以後安定しており，大きな投資循環はなかったといえる。しかしこれですべてが説明できるのではないから，加藤は大きなモデルの部品と位置づけるべきであるという。その理由は，このモデルでは自動反転するメカニズムがかならずしも明らかではなく，循環を説明する場合ピッグ・サイクルやヒックスの理論と同じ問題点がある，と加藤は指摘している（論文〈Ⅰ〉158頁）。

第3項　グッドウィン・モデル

　加藤はこのモデル[182]を高く評価している。まず，労働と資本のシェアを取り入れて投資を利潤率の動向にかかわらしめている点で，マルクス経済学の景気変動論と近代経済学のそれとの架け橋となる要素をもつ，と評価する。「乗数─加速度」原理の欠点は，マネーの要素がまったく入っていないこと，利潤と投資の関係について何もいっていないことであった。このモデルは，労働市場で需給が逼迫化すると賃金が上がり，それが利潤を圧迫し投資を減少させ，景気の下方への転換が起こることを基本メカニズムとしている。もちろん賃金上昇が景気を刺激したり，政策的な金融引締めによって投資の増加が止まり，逆の加速度原理が働く可能性も高い。またグッドウィンは技術進歩率を外生的

---

[182]　R. M. Goodwin, "A Growth Cycle", in his *Essays in Economic Dynamics*, Macmillan 1982, pp. 165-170. 初出は in C. H. Feinstein (ed.), *Socialism, Capitalism and Economic Growth: Essays Presented to Maurice Dobb*, Cambridge University Press, 1967（水田洋ほか訳『社会主義・資本主義と経済成長──モーリス・ドッブ退官記念論文集』筑摩書房，1969年）。

に一定としているが，技術進歩はある時期に群生する。そして加藤は，人口増加は成長要因というよりは結果であるという。また成長の過程においては確実に投資の不安定性が存在する，と批判している（論文〈Ⅱ〉58頁）。しかし我々は，人口の増減したがって雇用率（失業）の動向は経済成長に大きなモメントを有しているし，技術も循環的に群生するだけでなく，その質（方向性）によってはボトルネックの解消（省力化，省エネなど）を通じて，成長に大きな影響を与える可能性をもっていると考えている。これを成長論にどう取り入れていくかは今後の課題である。

第4項　マルクス派の恐慌論

　加藤はマルクス経済学に好意をもっており，かなりのスペースを割いて言及している。マルクス経済学は小さな景気変動よりは1930年代のような大きな景気変動により関心をもち，景気変動の分析には長い歴史と深みをもっていると評価する。それは「乗数―加速度」原理にはない価格や利潤の動きが景気変動に重要な役割を果たしていることを踏まえたうえで，価格の硬直性も考慮しているし，不況がつぎの好況を準備するものであるという認識も正しい，と加藤はいう。投資の不安定性に関しても「乗数―加速度」原理とは違う考え方をするし，長期波動のモデルも多い。E. マンデル[183]の資本主義危機説では，サイクルの下降局面をマルクスの利潤率の低下傾向で説明し，これが定常的な傾向であってサイクルの上昇局面は例外的な出来事として説明されている，と加藤は解釈している。加藤は D. M. ゴードン[184]にとくに注目する。

---

[183] Ernst Mandel, *Der Spät Kapitalismus*, Suhrkemp Verlag, 1972（飯田裕康・的場昭弘訳『後期資本主義Ⅰ』柘植書房，1981年）。

[184] D. M. Gordon, "Long Swings and Stages of Capitalism", in D. M. Kotz, T. McDonough and M. Reich (eds.), *Social Structures of Accumulation: The Political Economy of Growth and Crisis*, Cambridge University Press, 1994. 同時に，Richard Edwards and Michael Reich との共著の *Segmented Work, Divided Work: The Historical Transformation of Labour in the United States*, Cambridge University Press, 1982, Chap. 2（河村哲二・伊藤誠訳『アメリカ資本主義と労働――蓄積の社会的構造』東洋経済新報社，1990年，第2章）を参照。また，"Inside and Outside the Long Swing: The Endogeneity/Exogeneity Debate and the Social Structures of Accumulation Approach", *Review* (Fernand Braudel Center for the Study of Economies, Historical Systems and Civilizations) Vol. XIV, No. 2, Spring 1991 も参照。

ゴードンは上昇を単純に例外とはせず，資本主義がそれ自身で social structure of accumulation を形成する力をもっており，その構造が再編されることによって景気変動は上昇に向かうと考える。さらにゴードンはインフラ投資の集中化も指摘するが，それは長期波動の結果であって原因ではないとする点ではコンドラチェフと同じであり，資本主義は基本的に不安定で危機は繰り返し起こるとする点はマンデルと同じであり，長期波動論とも親和性が高い，と加藤は評価している。さらに加藤は，労働組合が強力になり企業家に敵対的な態度をとるようになれば，投資は抑制されて経済は下降するとした E. スクレパンチ，労働争議の件数は長期波動の上昇局面で増加する傾向があるとの見解に否定的な J. クローニン，長期の利潤率低下傾向の結果長い不況がつづくと，新しい生産システムを生みだすような刺激が生まれて景気変動は上昇期に入るという T. クチンスキー，歴史上の国々がエネルギー源の枯渇で衰退したことを引き合いに，新しい景気変動の上昇のためには新しいエネルギー源が用意されねばならないとする M. エーデルの考えも紹介している。さらに1789年からの英国綿業等の投資行動について研究した結果，景気上昇局面では高付加価値・機械化・分業が起こり，移行期には不均等な発展や利益の減少・労働者の暴発（ラッダイト運動など）が，下降期には鋭くかつ長い利益率の低下・賃金の切下げ・企業の再編と統合・市場での寡占度の高まりと固定資本投資の増加が起こったとする K. バンを紹介している。バンの研究はまさにリカードが「機械論」として議論したことであり，こうした観察から生まれたマルクスの理論も，大恐慌をみたケインズと同様に，資本主義のある局面を強調した理論である点は否めない，と加藤はいう。そして，資本主義が内在する矛盾のためにいずれは崩壊するであろうという自動崩壊論がマルクス学派に共通してある，と加藤は判断している（論文〈Ⅲ〉99頁）。

しかし自動崩壊論はマルクス派の一部の見解であり，加藤に誤解があったように思える。また加藤は，労働者の敵対的な態度の強まりや労働需給の逼迫・賃金の上昇による利潤率低下説に批判的である。利潤率が投資水準を決めるのでないかぎり，利潤額が増加していれば投資が減少に転ずることはなく，労働組合が強い国ほど景気変動が激しいわけでもない点をあげている。また，マルクス学派の景気変動論は，在庫ストックの調整によって起こるとされる短期の

景気変動に対して何もいっていないと批判している。しかし産業予備軍が減少していく局面が生ずれば賃金率上昇＝利潤率低下が起こりえるのであり，この見解を全面的に否定してしまうのは誤りである。加藤の表現を使えば，部分品としておけばよい，と我々は考えている。加藤の指摘する利潤率低下＝利潤量増大のもとでの投資増加は，従来の恐慌論研究でも重視されてきた（いわゆる率の低下を量の増加で補う競争の激化）ことを我々は指摘しておく。たしかにマルクス派の恐慌論研究の主流は設備投資循環（10年周期説）であったが，短期変動は流動不変資本（原材料）の役割や「中間恐慌論」として研究されていることも指摘しておこう。

第5項　Transformational Growth 理論

　最近のアメリカでの大恐慌研究では，なぜ不況からの回復がなかなか起こらなかったのかという点が関心の的になっている。加藤は M. A. バーンスタインの研究[185]を紹介している。バーンスタインは，大不況の原因としてあげられる株式市場の崩落以前から実物経済は下降に転じていたし[186]，政府の行動も1929年以前と以後で本質的な変わりはないと指摘する。不況からの回復が遅れた基本的な原因は，この時期に消費需要のパターンが基本的に変化して産業構造が変化したのに，それへの転換に時間がかかったことにある。とくに不況にもかかわらず，耐久消費財の普及率が大きく上昇している点を重視している。このような技術や産業構造の変化が経済変動をもたらすという見解は，最近力を得てきた Transformational Growth の理論[187]に通じる，と加藤はいう。この理論は，競争の結果起こる基本技術（GPT : General Purpose Technologies）の革新が破壊的作用をもたらし，一時的には熟練労働力の不足による給与格差の拡大などによって下降局面に入るとする。やがて経済の中で新しい部門のウェイトが拡大し労働力の適応も進んで，経済は高い成長率を示すようになるとする。

---

185) M. A. Bernstein, *The Great Depression: Delayed Recovery and Economic Change in America 1929-1939*, Cambridge University Press, 1987, pp. 48-102（益戸欽也・鵜飼信一訳『アメリカ大不況――歴史的経験と今日的意味』サイマル出版会，1991年）．
186) 本書の第2章第3節第4項の分析と一致する．
187) E. J. Nell, (ed.), *Transformational Growth and Business Cycle*, Routledge, 1998.

これは1930年代ばかりなく1970年代以降最近までのアメリカ経済の動きもよく説明するが，なぜ GPT が変わるのかという点の説明が必要となってくる，と加藤は指摘している（論文〈Ⅲ〉93頁）。

　以上の景気学説の広範な検討を加藤はつぎのように総括している。ランダムショックによる一般均衡理論は長期波動に関するかぎりまだ成功していないし，成功の見込みも明らかでない。タイム・ラグや「乗数―加速度原理」型のモデルも景気変動の国際的同調を説明できない。その点でマルクス経済学の恐慌理論は近代経済学よりも優れた景気変動の説明力をもっているが，加藤は諸説の中で最も親近感を持っているのは（コンドラチェフを別にすれば），ゴードンの説である。ただ景気変動の上方転換を偶然的な要因でしか説明していない点は不満足で，この点はシュンペーターの革新モデルとの結合が必要であることを示唆している（論文〈Ⅳ〉138頁）。同時にマルクス経済学派の中でもそれを克服する試みがなされており，たとえば筆者の自動崩壊論批判[188]に賛意を示されている。

第3節　時間の経済学

　経済学とくに景気変動論においては，歴史的に変化する時間がきわめて重要な働きをする。加藤も同じ認識から，広く物理学や哲学にまで進んで時間概念を検討しているが，本章では省略し，経済学における時間のみを取り上げる[189]。

　有名なゼノンの逆理，つまり「アキレスと亀」の問題や「飛ぶ矢」の逆理が生まれるのは，時間を直線的に流れるものとし，過去，現在，未来というふうに仕切って考えるためである。このような意味では現在は厳密にいえば長さのない「点」になるが，「点」で表される現在なるものがあるかといえば，それはないと考えるべきである。経済学では年・四半期などの単位でものを考えるのでこの問題はないとみてよいが，経済理論のうち静学ではこの誤りを犯してい

---

188)　拙著『経済学原論――現代資本主義分析の基礎』（青木書店，1996年）167頁。
189)　加藤の見解を知りたい読者は，前掲『景気変動と時間』を参照。

る可能性がある。また時間についての考察において最も重要なのは，かりに経済においては通俗的な時間が優越するとしても，それに必ず本来的な時間の影響があるということである。本来的な時間においては必ず始めと終わり，成長と衰退がある。経済においては経済活動の時間という観点からみると，個人が自分の考えにしたがって行動する結果，投資や在庫がある時期に集中することがあげられる。在庫が急増すれば必ず調整されなければならず，その過程ではさらに需要が縮小して過剰感が強まる。設備投資もまた群生する傾向が強いが，これは基本的には規模に関する収穫逓増が存在するためであると考えたほうがよい，と加藤はいう。この背景には一種の心理的な（強気と弱気が入れ替わって現れる）景気変動とみることも否定はできないが，やはり最終需要がなんらかの波動を示すとみるのが最も適当だろうと加藤は考えている。さらに成長の理論では時間を考慮せざるをえないが，その際，終わりのない直線的時間を考えるのではなく，ひとつの国民経済をとれば波の高まりとその退潮があり，加藤が提起した「500年波」（後述）を考えれば，資本主義全体といえどもこれをまぬがれない[190]。さらに成長において基本的に重要な設備投資の議論では，収穫逓増こそが現実であり，逓減を前提とした従来の議論は，現実の経済の動きを解明するうえで役に立たないことを力説する（論文〈V〉82頁）。

以上が時間概念の要約であるが，加藤がマルクスの歴史的時間概念を検討しなかったのは残念であると我々は考える。もともとマルクスとエンゲルスは資本主義経済（資本制生産様式）の構造と循環と発展を統一的に分析しようとしていたといってよく，歴史的時間が当然重視されている。まさに彼らの歴史観である弁証法的唯物論（唯物史観）は，事物は定常状態を繰り返すのではなく，絶えず変化していく過程として歴史を解釈する。すなわち，生産力と生産関係の照応・対立・転化の過程として歴史をみていた。また『資本論』においても時間の問題は，生産力の発展，資本蓄積の歴史的傾向，流通時間，利潤率低下傾向，産業循環に関する諸言及，などにおいて展開されている。マルクスにおける時間概念という視点からの研究はほとんどないのが現状であるが，マルク

---

[190] 加藤雅『歴史の波動』（読売新聞社，1996年）262頁。筆者の書評も参照（『東京経大学会誌』第203号，1997年7月）。

スやエンゲルスの人類的な知的遺産の中には豊富な宝が隠されていると我々は考えている。

第4節　異種サイクルの合成説

　加藤・経済変動論の一つの特徴は，現実の経済変動はいくつもの循環（短期循環・中期循環・長期波動）の合成結果だとする「異種サイクルの合成」説にある。これは加藤が師と仰ぎつづけた篠原三代平氏と同じ見解である。たしかに，長波の上昇局面なりゴードンたちのSSAモデルでの社会的蓄積構造が確立した時期の中期循環は，力強い好況と持続期間が長く，下降局面なり蓄積構造が崩れた時期の中期循環は，弱々しく不況期間が相対的に長くなる。このことは戦後の日本においても観察できるので[191]，我々も賛同する。

　加藤は，成長と景気変動は同じ原理で説明されなければならないということは，景気変動論ではコンセンサスとなりつつあるという。いままでの一般的な「乗数―加速度」原理のモデルでは，①周期や振幅は外生的に与えられていたが，これでは恒常的に振動するモデルは特殊なケースでしか実現しない，②基本的な定式化では振動は正弦波しか得られないが，現実は高調波である，③現実のサイクルの中で最も顕著なものは在庫変動によるもので，成長とはあまり強い関係がない，等の理由で適当とはいえない。ところで，これらの問題のうち現実の景気変動が正弦波でないことについては，フーリエの定理にしたがって，どのような波動でも正弦波の合成されたものと考えて複数の正弦波に分解できることを応用すれば解決できる。正しい景気波動の理論は常に複数の波動を考え，これら全体の発生するメカニズムを考えなければならないと加藤は強く主張する[192]。いかに複雑な非線型モデルやタイム・ラグを導入しても，一つの方程式では現実の変動を説明することは不可能であるとし，モデル分析の限界を暗に主張している（論文〈II〉57頁）。こうしたところに，政策論に有効な景気変動論を構築しようとしてきた加藤のスタンスがよく現れているともいえる。

---

[191]　本書の第4章第1節2項，参照。
[192]　加藤雅「コンドラチェフ波の現在の位相について」（景気循環学会『景気とサイクル』20号，1995年）。

しかし同時に我々は，経済諸量の因果関係をはっきりさせ，経済の動態過程を予測するためにはモデルの数値解析は有効であると考えている。マルクスやコンドラチェフやシュンペーターの時代には，蓄積モデルの長期的傾向（帰結）を数値的に分析することは不可能に近かった。現代ではコンピュータの発達によって，その計算が瞬時にできるようになったことに眼を向けなければならない。加藤はもちろんこうした点に気づいていたに違いないし，モデル分析への懐疑の真意は，モデルの単純性や形式性への懸念にあったのではないかと推測する。また我々は，同じく「異種サイクルの合成」説に立つ篠原氏と加藤は，現在の日本がコンドラチェフ波動のどの局面にあるかについて見解が違うし，バブルと長波との関係づけが異なることを指摘しておきたい。

第5節　加藤 雅の長期波動論構想

加藤が最も力を入れて研究してきたのは長期波動論であり，それを完成させるための理論的問題の解決であった。最後に本節と補節でこの点を検討しよう。

第1項　コンドラチェフ波動

コンドラチェフ波動は加藤の長波論の中核をなすものである。また景気循環の中でもキチン波やジュグラー波などの短期・中期の波の存在は観察される回数も多く，理論的にもいろいろな説明がなされて広く認知されているが，長波の存在は発現頻度が極度に低く，古い時代のデータが乏しいこともあって十分認知されているとはいいがたく，その存在自体についても意見が分かれている。コンドラチェフが長波の存在を主張したことはつとに知られているが，コンドラチェフ自身の書いた文献はいままでは入手が困難だったし，その理解についてもコンセンサスがあるとはいいがたい[193]。加藤は，コンドラチェフを一応はマルクス経済学派に分類しているが，その範囲を大きく逸脱してしまった学

---

[193] 旧ソ連時代にコンドラチェフは完全に名誉回復していたが，現代のロシアにおいてはロシアの生んだ大経済学者として評価され，多数の文献が選集や著作集として公刊されてきた。コンドラチェフの人と学説については，岡田光正『コンドラチェフ発展動学の世界——長期景気波動論と確率統計哲学』（世界書院，2006年）が詳しい。

者と位置づけているのは妥当であろう。しかしコンドラチェフは長期波動の存在は主張したものの，その原因についてはあまりはっきりしたことをいってはおらず，技術革新，戦争や革命，フロンティアの拡大，金産出量の増大などの外生的要因ははっきりと排除している，と加藤は判断する。とくに技術革新について，五つの法則（後述）において，発明と企業化の時期のズレを明確に指摘している点はシュンペーターとは異なるという。投資の群生が景気の回復を後押しする最大の要因であることは認めつつも，始動因にはならないと明確に述べている[194]。

したがって長期波動発生のメカニズムは解明されておらず，コンドラチェフが述べた長期波動に関する五つの法則も，①長期波動の上昇期には好況の年数が，下降期には不況の年数が規則的に優位を占める，②長期波動の下降期は通常農業がとくに先鋭な長引く不況を経験する，③長期波動の下降期には多くの発明発見がなされるが，それが経済的に応用されるのは長期波動が上昇に転じてからである，④長期波動の開始にあたっては，金産出量あるいは通貨供給量が拡大し，植民地の組み入れ強化など世界市場が拡大する，⑤長期波動の上昇期は戦争または国内の社会動揺が最も多発し激化する，と歴史的にみたファクトファインディングにとどまっていた。加藤はこれらの主張はいまだに反証されておらず，長期波動の理論を考える場合これらをすべて満足させることが重要である（論文〈Ⅲ〉98頁）とする。さらに，16世紀以降資本主義経済のもとでは100年ごとにヘゲモニーの交代があり，長期波動は実物的経済活動が活発な前期と金融的活動が盛んになる後期に分ける100年周期のヘゲモニー波仮説[195]に加えて，世界の歴史は500年ごとに大きな出来事が発生し，価値観の転換を経験したとする「500年周期」仮説を提唱する。

つぎにコンドラチェフ波をいかに検出するかが問題となる。後に述べるように加藤は，なんらかの一般的に受け入れられる成長経路を確立し，それからのズレを景気変動とすべきだろうとする（論文〈Ⅴ〉86頁）が，成長もまた長期循環の一局面であるとすれば成長経路検出の方法自体が問題となる。経済史を

---

194) ドイツ語訳からの邦訳が「景気波動の長波」として中村丈夫編『コンドラチェフ景気波動論』（亜紀書房，1978年）に収められている（邦訳135-146頁）。
195) 加藤雅『歴史の波動』78頁。

reasoned history として構築しようとする立場からは,「規範化された事実」の説明は当然として, なぜある国の経済が他国に先行して発展しやがて追いつかれ追い越されるか, 繰り返し起こる現象がなぜ起こるか, いろいろな歴史（科学, 技術, 経済, 政治, 文化）を統一的に説明する枠組みについて答える必要がある, と加藤は提起する。それに最適なのはコンドラチェフ波の理論であるとして, 18世紀末からのコンドラチェフ波を, 産業革命の第1コンドラチェフ波, 鉄道と蒸気・機械の第2, 鉄鋼・重機械, 電化の第3, 大恐慌と石油・自動車, 大量生産の第4, IT革命の第5のコンドラチェフ波として説明する説も紹介されている[196]。

　加藤の長期波動説は, 起きた歴史を説明する仮説を設定し, それを検証するための歴史的事実やデータを積み上げていくというアプローチをとっているが, なぜ周期性, 国際的同時性をもって起きるのかについての理論的解明や歴史的背景との結びつきが, 残念ながら明白ではない。しかし加藤の長期波動論は, 資本主義の発展段階を本源的蓄積期（スペイン波・オランダ波・イギリス第1波がこれに該当すると思われる）, 自由競争段階（イギリス第2波）, 独占段階（アメリカ波）, と三段階に分けて理解しようとした宇野三段階論とは排他的関係にあるとは思えない。さらに長期波動と技術革新や経済全体の構造変化や制度的・社会的フレームとの相互作用を検討しようとした SSA 理論や Transformational Growth の理論も, マルクスの「生産力と生産関係の矛盾」や「下部構造と上部構造との矛盾」といった分析方法等と接合する必要がある, と我々は考えている。この点を加藤は明確に意識していなかったようであるが, 加藤が親近感を表明する M. A. ゴードンや篠原説にはマルクス経済学の影響が現れているように思われる。

　つぎにコンドラチェフ波動の時間設定についていえば, 20世紀後半では加藤説は山が1957年頃, 谷が1982年頃に設定されている。従来いわれてきた, 山1970年ないし1983年頃, 谷1995年ないし2008年頃とは大きく異なる。すでに指摘したように, 長期波動のピークの近傍で国際的な金融の混乱が発生するとい

---

196) Chris Freeman and Francisco Louca, *As Time Goes By: From the Industrial Revolution to the Information Revolution*, Oxford University Press, 2001.

う篠原説[197]は後者に近い。加藤は，DIの山谷をコンドラチェフの第1法則に適用すれば世界的に見て，1932〜33年の谷，1969年の山（ただし加藤は本来はもう少し早く山が来たはずだとして1957年を主張する），1982年の谷となるとしている。バブルは長期波動の上昇初期に発生しやすいという加藤の考え方は（後述），日本の20世紀末バブルの発生はこれで説明がつくが，その後の1990年代の長期にわたる不況を上昇過程の現象と説明せざるをえなくなってしまう。バブル崩壊後の不況はバブル発生の当然の帰結で，両者は一体とみるべきだと我々は考えている。「100年周期」のヘゲモニー交代と「500年周期」の大変動については，歴史観としての問題意識はともかく，どこまで経済学の対象となりうるか問題である。トレンドとサイクルの分離に関して，トレンドもサイクルの一部として把握すべきであるとの主張は理論的には首肯できるが[198]，その場合の長波のサイクルがまさに問題の焦点に依然として残されている。

第2項　シュンペーター説

　ジュグラー波と長期波動双方に共通する景気変動の要因としてシュンペーターは，本来の技術革新は「創造的破壊」の役割を果たすと同時に，景気変動の谷から回復期にかけて集中する「投資が投資を呼ぶ」現象が景気変動の基本的要因であると位置づけた[199]。これは長期波動の説明要因としても適合性が高く，加藤は景気変動と経済発展（成長）を統一的に説明することができたと評価する（論文〈Ⅷ〉121頁）。しかしコンドラチェフとシュンペーターの違いはその帰結として政策に本質的な違いをもたらし，前者は技術革新の群生化は景気

---

197) 篠原三代平『戦後50年の景気循環』（日本経済新聞社，1994年）241頁。加藤は最新の論文で，日本については「戦前と戦後を継続させて考えるのは無理である」として，1945年を谷，1970年を山，1995年を谷として通説同様のクロノロジーを示しているが，具体的根拠や国際的同調性との関係は不明である。加藤雅「社会的な景気変動論」（景気循環学会『景気とサイクル』39号，2005年4月）参照。

198) 第6章の蓄積モデルの数値解析の多くは，トレンドではなく長波を示していた。数量調整型における均等的発展過程として一種のトレンドが検出されたといえるかもしれない。

199) J. Schumpeter, *Theorie der Wirtschaftlichen Entwicklung*, Leipzig, 1912, Chap. 2（中山伊知郎・東畑精一訳『経済発展の理論』岩波書店，1951年，第2章）。J. Schumpeter, *Business Cycles: A Theoretical Analysis of the Capitalist Process*, McGraw-Hill Book Co., 1939（金融経済研究所訳『景気変動論Ⅰ』有斐閣，1958年，第3章B）。

上昇がはじまってからであるから，企業家が景気変動が拡大期に入ったことを察知して投資をおこなうことができるように経済を引き上げること（ケインジアン的呼び水政策）が必要で，後者であればケインズのいうように企業家の「アニマル・スピリッツ」を不況の末期に刺激すればよいことになるという。

またシュンペーターの，不況が「好況が約束したことを実行する」という理解も正しいといえるが，それでも景気循環の原因として「発明（技術革新）の群生」を認めることには疑問が存在すると加藤はいう（論文〈Ⅷ〉123頁）。たとえば，ローゼンバーグとフリッシュタックのシュンペーター批判[200]に代表されるように，技術革新が，①景気循環の原因であることの納得のいく説明，②景気変動に先行して変化するという証拠，③経済全体の動きに大きな影響を与えることの説明，④繰り返しほぼ同じ周期で起こることの説明，を十分に満たしていないことが批判される。加藤はこのうち従来ほとんど無視されてきた周期性と同時性を最も重視するが，同時に技術革新の景気変動に対する先行性については，新技術の普及には時間を要し，また基本的に収穫逓増の傾向があるためある程度大規模に採用される必要性があることも考え合わせると，タイム・ラグは不可避となると主張する。むしろ加藤は内生的成長理論の形での解決を期待する。一方，技術革新の経済全体に及ぼす影響については，いわゆるGPT（基本的技術革新）という概念が理論に導入されつつあり，これにしたがえばシュンペーター流の景気変動論として致命傷とはならないだろうとするが，この場合，技術革新が導入されてしばらくすると旧来の社会制度の枠組みと新技術との矛盾から大きな不況が起こるので，このタイム・ラグを正確に認識していない点はシュンペーター理論の最も大きな問題点である，と加藤は指摘している。

A. タイルコウトは，①企業の組織がそうした新技術に対応できないミクロ経済のミスマッチ，②技術革新の波及が所得不平等の拡大など経済に変調をもたらすマクロのミスマッチ，③さらには社会政治的なミスマッチ，の三つのミスマッチの結果コンドラチェフ波は発生すると説明する[201]。しかし，技術革

---

200) Nathan Rosenberg and Claudio Frischtak, "Technical Innovation and Long Wave", *Cambridge Journal of Economics*, 8, 1984.

新から経済危機までの期間はかならずしも同じではないので疑問が残る,と加藤はこれも退ける(論文〈Ⅷ〉125頁)。日本ではシュンペーターの枠組みで長波を理解しようとするのが普通だが,技術革新実用化の群生は長波の上昇にともなう動きではあっても,その原因(起動因)とはいいがたいと結論づける。同時に加藤は,理論的には収穫逓増を取り入れた経済理論(なかんずく内生的成長理論と経済地理学)と景気循環論を結合させる仕事をおこなうことの緊急性を主張する。また理論的研究と並行して,フーリエ解析を共通の手段として用いてデータ解析のための枠組みを示し,理論,実証分析双方からのアプローチをおこなうべきであると,未完論文の最後に提案している(論文〈Ⅹ〉101頁)。なお加藤は,技術革新が企業によって利潤を目的としておこなわれる以上,それが実現する資本財産業においては完全競争が成立しないが,この機械を使って生産する消費財産業は完全競争であり利潤は発生しない(論文〈Ⅵ〉351頁)として,事実上シュンペーターの考え[202]を受け入れている。しかし,置塩や筆者の数値解析[203]の結果では,かならずしも利潤が消滅しないケースが証明されており,技術不変の前提もおかしいことなどを考え合わせれば,シュンペーターの利潤消滅論は一般的には成立しないといわざるをえない。

第3項　マルクス派の研究

マルクスは,景気(産業)循環は資本制経済の正常的生活経路であり,「生産力と生産関係の矛盾」は法則的に世界市場恐慌として爆発すると考えていた。マルクスが世界的に繰り返し矛盾の爆発が発生すると理解している点を加藤は評価する(論文〈Ⅹ〉98頁)。当初マルクスは景気循環の原因を過剰生産として把握し,恐慌はつぎの恐慌を準備しますます激しくなると考えていたようであるが,後に「恐慌・革命テーゼ」は捨てたものの,恐慌の周期性は固定資本の更新期間と関連していると考え,複数の波動という概念はもっていなかったと

---

201) Andrew Tylecote, *The Long Wave in the World Economy: The Present Crisis in Historical Perspective*, Routledge, 1992, pp. 20–27.
202) J. Schumpeter, *Theorie der Wirtschaftlichen Entwicklung*, 第1, 4, 5章, J. Schumpeter, *Business Cycles*, 第3章C。
203) 第7章第4節,参照。

いう。やがてマルクスの過剰生産説[204]は，生産の無制限的発展傾向という資本の一般的生産原則[205]によることになったとする。マルクス再生産論において，「価値通りの販売」を仮定し「生産と消費の矛盾」が検出されているとの解釈を，加藤は受け入れる。ここからマルクスの利潤率低下法則に向かう。それは一般的には「資本の有機的構成の高度化」の結果であるとされるが，資本がすべて労働節約的に投下されるわけではない。それを本格的に理解するためには成長の全プロセスを議論しなければならなくなるが，少なくとも利潤率の低下傾向は歴史的に実証されているとはいいがたい。長期をとればほぼ一定であるというのが現実に近いということになる。マルクスは資本破壊を軽視していたのではないかと，戦争を長期波動の不可欠の要因とみるコンドラチェフとの対比において加藤は指摘する（論文〈X〉99頁）が，たしかに戦争は想定していなかったもののマルクスほど資本破壊を重視した学者はいないのであり，加藤はいいすぎている[206]。

　マルクス経済学者の中でもとくに宇野派の人々の「資本の過剰論」は，『資本論』の利潤率低下の法則や「生産と消費の矛盾」論とは関係ないと指摘する人々もあるが，循環と成長の問題をあまりにも明確に切り離してしまうことは，別の問題を生むと加藤は批判していて，これは正しい。本来これは結びつけられるべきもので，マルクスのこのことについての明確な指摘はないが，高須賀の平均化機構の議論[207]はこの両者を結びつける可能性があると加藤は評価する。マルクスも『資本論』第1巻第7篇[208]で恐慌と労賃の循環的変動を議論

---

204) 加藤の理解する「マルクスの過剰生産説」はいわゆる「実現恐慌論」である。マルクス派の恐慌論としてはそのほかに，産業予備軍の循環を基軸とする宇野派や，それらの統合説などいろいろの考え方がある。マルクス経済学の恐慌論研究については，拙著『景気循環論』（青木書店，1994年）の第2章，参照。
205) K. H. Marx, *Das Kapital. Kritik der politischen Ökonomie*, Bd. Ⅲ, 1867（資本論翻訳委員会訳『資本論』第3巻15章，新日本出版社版，第9分冊，1997年）。
206) 加藤は技術革新が経済過程に導入される原因を多面的に論じているが，未償却な固定資本存在による技術革新導入の制約，競争による資本破壊の強制などが技術革新の導入（固定資本の集中化）を規定する点が論じられていない。加藤がコンドラチェフの戦争による資本破壊だけしかみていないのは，一面的であると我々は考える。
207) 高須賀義博『マルクスの競争・恐慌観』（岩波書店，1985年）269-274頁。
208) K. H. Marx, *Das Kapital*, Bd. Ⅰ, 第4分冊, 1069頁, 1088頁。

していることからみても,マルクスが景気循環の問題を重視していたことがわかる。賃金が上昇すれば利潤は減少,やがて投資の減少に結びつくから,投資循環が引き起こされる。「産業循環は資本主義経済における労働力需給調節の自動的メカニズムである」ということになり,労働力需給を決定するのは産業循環であるが,マルクスはその循環運動そのものは完成していない,と加藤も指摘する。マルクスの循環論を「平均化機構」として把握する高須賀の見解はやや構造を重視しすぎるきらいがあるが,成長の問題を構造論に含ませ技術革新を正しく位置づけるならば,高須賀の平均化機構論という基本的な考えは積極的に評価できるとする(論文〈Ⅹ〉100頁)[209]。さらにマルクスが「再生産の弾力性」として,①固定資本の操業度の変化,②技術進歩,③労働力の可変的搾取,④流通時間(在庫投資)の増減の四つの要因を指摘していることが紹介されている。これらの問題を進展させようとした例として,筆者のいくつかの著書[210]が紹介されている。

　加藤自身の景気理論は残念ながら完成されていないが,以上の多面的な研究から推測すると,マルクス派の恐慌論においては「生産と消費の矛盾」説に親近感をもっており,とくに需要サイドを重視するのが加藤説[211]の特徴であるように我々は判断する。それはともかくとして,景気変動の研究者はいまマルクス経済学と協力する時がきたし,一般均衡論からのアプローチでは恐慌の問題は解けないというのが加藤の強い主張であり,学会全体へのメッセージであった。

第4項　1930年代大不況を長引かせた要因

　さきに指摘しておいたように,1930年代の不況については,その原因よりもそれが例外的に長引いた理由についての研究が最近は盛んになっている。加藤

---

[209] 高須賀は成長は論じなかったが,『資本論』と独占資本主義論とを「異時比較」していて,加藤のような長期波動の発想はなかった。
[210] 加藤が指摘した筆者の文献は,『独占資本主義の景気循環』(新評論,1974年)での操業度の導入や需給調整時間への言及,『景気循環論』の中で展開した剰余価値の大きさを規定する要因の分析や新技術の導入・普及・陳腐化と投資行動との関連の分析のようである。
[211] 加藤雅『消費する人——消費の経済文明論』(四谷ランド,1996年)255頁。

は1990年代の日本を強く意識し，これらの諸研究に注目した。M. A. バーンスタインは，株価の暴落説は事実の前後関係が逆であるとしていた[212]。加藤は，日本のバブル崩壊もまったく同様で，経営者世代の資質ないし能力の問題を指摘する。しかし加藤は，株価下落の結果生じた金融の混乱も不況長期化の原因として否定してはいない。つぎに政策の失敗については，ルーズベルト政府は前任者がおこなってきたことをしただけであったと，政策自体の限界を認めている。加藤は1930年代はコンドラチェフ波の下降期とするが，これはバーンスタインが1930年代以後生産が増加してもそれに見合った機械の増加が見られなかったとし，「加速度因子のメカニズムの減衰」（資本集約型の成長が限界に達し資本の相対的過剰が進行したということ）として言及している[213]のと一致する。さらに加藤は，大恐慌がとくにひどかった国々は金本位制からの離脱が遅れた国であることを指摘している。バーンスタインは，金本位制にこだわった結果，銀行の流動性不足による倒産の加速，金融引締めによる景気後退などの金融面での混乱が生じたとする。すなわち1932年のニューヨークにおける預金引出し銀行倒産に対して，金融当局は金流出回避のため引締めをおこない，金融の混乱を大きくしたという[214]（この点では不況の長期化は金融政策の失敗であるとしたフリードマンの指摘はあたっている。しかしこの時期を除いてむしろ銀行側の貸し渋りが強かったとする説もあることを指摘しておこう）。ではアメリカの回復は何によったのか。ルーズベルトの大統領就任による信任の回復説が最近有力となっている，と加藤は指摘している。テミンは，1932年の公開市場操作が放棄され，十分な金融緩和がおこなわれなかったのが大恐慌の原因である[215]とフリードマンと同じ立場に戻るが，それでは1937〜38年の不況は説明できない。1933年の回復（にもかかわらず金は流出した）は小さなあやで，大恐慌は1938年頃までつづいていたという実感を大事にすべきであるとして（論文〈X〉92頁），不況が長期化した原因として構造変化をあげる説を肯定的に紹介している。その根底には，1932〜33年頃が長波の谷であったする

---

212) M. A. Bernstein, *op. cit.*, pp. 27-40.
213) *Ibid.*, p. 112.
214) *Ibid.*, p. 193.
215) Peter Temin, *Did Monetary Forces Cause the Great Depression?*, Norton & Co., 1975, p. 170.

加藤の見解があるように思われる。

第5項　グローバリゼーションの崩壊

　グローバリゼーションの崩壊については，最近のわが国をめぐる情勢に対して示唆に富み，また覇権説とも関係してくる。加藤はまずバーンスタインとジェームズを紹介して議論を展開する。大恐慌の原因のひとつとして交易条件が農産物輸出にとって大幅に悪化し，国内的には所得分配の不平等，価格の硬直性等が存在していたことが指摘されるが，これに対してはケインジアンからの反論が一般的に認められており，加藤もそれを支持する（論文〈Ⅸ〉344頁）。農業不況はその前から世界的に存在していたし，1929年の恐慌が長期化した理由についてバーンスタインは，大不況期にも技術革新がおこなわれなかったためではなく，それによる永続的な構造的失業が発生したためとする[216]。大恐慌の原因として金融の機能不全を指摘する向きは多い。大恐慌はグローバリゼーションの崩壊と同時に進行したことは常識で，これが金融と結びついていることはナショナリズムの強まりの影響でもある。ジェームズは，1929年の景気後退は1920～21年より軽く，問題は相次ぐ国家破綻による猜疑心からイギリスが金本位を停止し，金流出・預金流出による銀行倒産を招き，1930年以後貿易の伸びは生産を大きく下回ったという。同時に貿易不均衡をバランスする資本の流れも大幅に削減された。最終的にグローバリゼーションの崩壊に大きく貢献したのは，移民の急増にともなう社会的な不安定性の高まりや失業の増加で，移民制限法など各国にラディカルなポピュリズムが蔓延していったという[217]。グローバリゼーションの議論が氾濫している中で，加藤がその崩壊を大恐慌と関連づけて考察していることに注目しておこう。

第6項　加藤の長期波動論構想

　加藤の長期波動論は未完となったが，柱となるテーマについてはこれまで紹介してきたとおりで，全体としてどのような構想をもちどう評価すべきかにつ

---

[216]　M. A. Bernstein, *op. cit.*, pp. 145.
[217]　H. James, *The End of Globalization*, Harvard University Press（高遠裕子訳『グローバリゼーションの崩壊』日本経済新聞社，2002年）。

いて論じてみたい。まず加藤はあらためてそもそもトレンドと変動を分離できるのかを問いなおす（この論点は次節で検討する）。これはどの学問でも現実のある部分をフィルターにかけ捨象することで成り立っているとして，帰納法で法則を発見することは原則としてできない[218]，とする（論文〈Ⅴ〉86頁）。ここにも，理論よりも仮説を先行させてそれを実証するという加藤の方針がよくでている。それは，量子力学的な系は測定器と独立には扱うことができないというコペンハーゲン解釈を前提としているためであろうと思われる。今日の経済学は古典力学の全盛期に形成されたためいまだに基本骨格は古典力学を踏襲し，物理学における相対性理論のような「パラダイム転換」は起きていない，と加藤は考えていた。いままでの理論とはまったく違う枠組みの理論を模索すべき段階にきているのではないかともいう（論文〈Ⅵ〉349頁）。

　さらに成長をどう評価するか。一国の経済がいつまでも繁栄をつづけることはありえないという事実を踏まえて，加藤は成長は拡張と後退とを含む経済の大きな一局面であるとする。そして後で検討する収穫逓増を前提とした議論を進める。さらに金融の問題が絡んでくる。金融について加藤は，とくに長波の上昇初期には過剰貯蓄が発生し，必ずバブルとその崩壊が起きるという[219]。それは人口が豊かになり貯蓄が増えて，成長が減速して投資機会が減るからだと加藤はいう。そしてコンドラチェフ第2波の終わりの局面で，覇権をかけた戦争によって過剰な能力が破壊され，資本主義の正常な循環が再開されるとする（論文〈Ⅵ〉353頁）。しかし長波の上昇初期とバブルを結びつけるのには疑問である。加藤の想定する長期波動のクロノジーでは，20世紀の長波が上昇期に入るのは1880年頃と1932〜33年さらには1982年頃で，20世紀末バブルはともかく大恐慌をもたらしたバブルはこの時期には該当しない（もっとも大恐慌が長引いた理由には使われている）。貯蓄は金融仲介機能（正常に機能していることが前提だが）を通じて最終的にはどこかに運用されるわけで，問題の本質は経済成長の原動力となるべき投資が減退することであり，その意味で加藤が設備投資循環だけに限るならば金融の役割はそれほど重要ではないといったこと

---

218)　加藤雅「理論としての経済政策論」（『東京経大学会誌・経済学』第194号，1995年）。
219)　加藤雅「過剰能力はなぜ起きるか」（『ESP』1994.9号〜1995.2号）。

は，我々は正しいと考える。

　また政策との関係について，加藤は政府の裁量的金融政策は景気の転換に大きな影響はもたないということや，裁量的政策にもかかわらず景気変動の周期性がみられるとする（論文〈Ⅶ〉185頁）。またDIを2種の波の合成と仮定し戦後日本の景気変動をみると，1957年をピークに1982年を谷とするコンドラチェフの大きな波の中で，1978年頃と1990年頃をピークとする中期の波動があったと主張する（論文〈Ⅶ〉189頁）。この長期波動を説明する要因として，コンドラチェフは考えていなかったが，シュンペーターの創造的破壊と収益逓増の理論が有用である，と加藤は主張している。規模に関して労働に関する収穫不変と資本に関する収穫逓減を前提とする伝統的な理論では，資本ストックが大きくなると償却が増えて純投資が減り成長は止まってしまうことになる。しかし規模に関する収穫逓増や技術革新により収穫逓減が成立しなくなったと考えるモデルでは，短期と長期の矛盾は解決できる，と加藤は主張する。ただしこのままでは長期波動が説明できない。それは技術革新がなくても労働生産性は低下しないと仮定しているためで，これを解決するにはケインズにならって需要の効果を組み入れるか，生産になんらかの制約を加える条件を組み込むことであろうという。その例証として，バーンスタインは大恐慌が長期化した理由に消費需要のパターンの変化に対して供給側が対応できなかったとしていることを，加藤は指摘している（論文〈Ⅷ〉133頁）。

補節　長期波動論のための理論問題

　加藤は長期波動論の前進のために，いくつかの分析方法上の重要な問題や理論問題を提起していた。それらをまとめて検討しておこう。

第1項　収穫逓減論と長期停滞論の批判

　加藤は収穫逓減を前提とする近代経済学に対して批判的であった。コストが逓減するのは主に，労働力の熟練や産業間の分業・協力（いわゆるエコノミー・オブ・スコープ）や技術革新の効果であった。技術革新が内生的に起こることを前提にすれば固定的な費用が発生し，企業単位でも規模に関する収益逓

増が起こることになる。この場合に成長の軸となるハイテク産業では，生産の規模に対する収穫逓増が強く働くために，投資ははじめから一定規模以上でなければ競争上不利になるし，さらに早く規模を拡大したほうが有利となるため投資をもたらす。これらは中期的にみた場合にあてはまる事実そのものであり，加藤の主張は正しい。また労働力に関しては熟練という要素が重要で，どのような場合でも規模に関する逓増が働くわけではない（論文〈Ⅵ〉351頁）。収穫逓増を前提として技術革新を内生化した成長理論を示したローマーも，熟練労働力がどれだけあるかが成長率を決定するとしている[220]。いずれにしろ N. カルドアが指摘するとおり[221]，規模に関する収穫逓増を近代経済学が軽視してきたことは大きな問題である（論文〈Ⅲ〉101頁）。

ケインジアンによって提示された長期停滞論については，「市場の縮小」（購買力の減少）がなぜ長期的に発生したかを問うべきであると加藤は主張する。J. シュタインドル[222]は，寡占の進行による価格の硬直性が稼働率の低下を招き，一層事態を悪化させることが資本主義の発展に固有のものであるとした。加藤はこれを批判し，大不況下において純投資と集中度との間には逆相関の関係は見だせないという。しかし我々は，スタインドルが寡占の価格設定と投資行動という内生的要因により停滞化傾向を説明した点は，ハンセンたちの長期停滞論より数段優れているし，投資行動論によってミクロとマクロを統合化している点は，カレツキーと同じく，高く評価されてよいのではないかと考えている。しかし我々は停滞化傾向が独占資本主義の基調であるとは考えていない[223]。また大半の産業で寡占が発生したとみるのは誤りだが，その後の経済発展は，ケインズ的需要創出政策による矛盾の先送り的な側面があったことも否

---

220) Paul Romer, "Endogenous Technological Change", *Journal of Political Economy*, 98, 1990, pp. 71-102.
221) Nicholas Kaldor, "The Irrelevance of Equilibrium Economics", *The Economic Journal*, Vol. 82, 1972.
222) J. Steindl, *Maturity and Stagnation in American Capitalism*, Basil Blackwell, 1952（宮崎義一・笹原昭五・鮎沢成男訳『アメリカ資本主義の成熟と停滞――寡占と成長の理論』日本評論新社，1962年）。
223) 本書第2章で考察したように，独占資本主義に固有な景気循環メカニズムが作用するのであり，景気循環が弱化したり経済が停滞化するのではない。

定できないだろう。

第2項　カタストロフィ理論と Transformational Growth 理論について

　カタストロフィ理論を用いた説明について加藤は，いままでのモデルでは長期波動のような大きな変動を説明できないために，消去法で浮上してきたのではないかという。カタストロフィの理論は単純な関係から非常に複雑な運動が導きだせるという点で優れており，マルクス−ケインズ−シュンペーターのシステムをカオスの理論で説明したグッドウィンの論文[224]や，それに古い技術が新しい技術によって駆逐される世界を描いたシルバーバーグとレナートの論文[225]を紹介する。またカタストロフィ理論は経路依存性（ある経済プロセスがいつどのような状況ではじまったかがその後の経過を左右する）を含んでいる点が，発展途上国分析などに有効であるとする（論文〈Ⅷ〉129頁）。だだし，あくまでモデルによる問題提起にとどまり，実証性については今後の課題であると我々は考えている。

　産業構造の変化を重視する Transformational Growth 理論[226]は，新古典派の経済学が長期の不況を説明できないのは供給面を重視しすぎていたためで，現実の経済は需要に動かされていることを無視していると批判した。そして，需要を一塊のものとしてみるのではなく内容に立ち入った分析を提案し，産業構造の変化と長期波動とを結びつけようとした。しかし産業の構成を検討した結果，いわゆるフォード方式の導入が不況をより激しいものとする結果になったという現実に適合しない結論を招いた点を，加藤は批判している（論文〈Ⅸ〉

---

224) Richard M. Goodwin, "Non-Linear Dynamics and Economic Evolution", Niels Thygeren, Kumaraswamy Velupillai and Stefano Zambelli (eds.), *Business Cycles: Theories, Evidences and Analysis*, Macmillan, 1991. なお同様の記述は，Richard M. Goodwin, *Chaotic Economic Dynamics*, Oxford University Press, 1990（有賀祐二訳『カオス経済動学』多賀出版，1992年）の第4章にもある。

225) Gerald Silverberg and Doris Lehnert, "Growth Fluctuations in an Evolutionary Model of Creative Desturuction", Gerald Siberberg and Lue Soete Aldershot (eds.), *The Economics of Growth and Technical Change*, Edward Elger, 1996.

226) E. J. Nell, "On Transformational Growth (interviewed by S. Pressman)." in E. J. Nell (ed.), *op. cit.*, pp. 288-289.

348頁）。

第3項　技術革新の諸問題

　これまでも述べてきたように長期波動を検討する場合，技術は大きな問題となる。技術と景気変動の起動性についてはコンドラチェフとシュンペーターの間で大きな違いがあることはすでに述べたが，加藤はさらに技術革新についてつぎのような議論を展開している。まず技術革新が景気循環の原因であるか否かについて，コンドラチェフは長期波動は経済の内部に組み込まれたメカニズムでなければならないとしているため，技術革新を長期波動の原因としていない。シュンペーターは技術革新と成長とをひとつの原因で説明はしたが，両者の量的な関係にまでは踏み込めていない，と加藤はいう。技術革新のプロセス（発明，革新，波及）の時間経過との関係も明らかではなく，技術革新がなぜ繰り返し，しかもほぼ同じ周期で起こるかも説明できていない。景気拡大の後で技術革新の勢いが弱まるのは，成功への満足からさらなる新技術への意欲が弱まるからだともいわれているが，一国レベル，世界レベルでそれが当てはまるかは怪しい。技術革新の発生する確率はまったくランダムであるとしかいえない，と加藤はいう。コンドラチェフは固定的な資本設備の償却や更新が進むことを理由としている。この時期には資金が豊富になり金利が低下して，投資が促進されるからである。コンドラチェフ波の末期では家計の貯蓄が大きくなるとして加藤は肯定的ではある（論文〈Ⅷ〉127頁）が，固定的資本設備の償却を社会的資本から機械設備までの平均値としてみた場合，50年周期の長波を説明するには短すぎるのではないだろうかと我々は考える。また家計の貯蓄が国民経済に大きな影響を与えるようになるのは，20世紀に入ってからといってよいのではなかろうか。さらに不況のときに研究開発が盛んになるのは事実としても，加藤自身も認めるように研究開発のための費用が全体の投資に占める割合は小さい。1930年代になぜ技術革新が多く起こったかについては，戦争の準備のための技術革新であったという説明もある。しかし加藤も指摘するとおりこれはシュンペーターに対する批判とはなっても，コンドラチェフ批判にはならない。なぜなら経済的な行き詰まりを解決するひとつの手段として戦争が取り上げられているからである。結論として加藤は，内的成長理論の最近の発展

を十分利用することの必要性を強調する（論文〈Ⅷ〉128頁）。

　また Transformational Growth を主張する人々は、競争は技術革新を促進して成長を高めるが、かならずしも常に資源を最適に配分するとはかぎらないという。このため old business cycle では需要の変化に労働の強度の変化と価格変化で対応するが、new business cycle ではレイオフなどで生産を調整するため本来変動が大きくなるが、それをケインズ的な安定政策で防いでいるとする[227]。しかしここでは景気循環の原因は生産面にあることになり、加藤は賛成しない。データも総生産一本で捉えており、サービス化の影響が配慮されていないと批判する（論文〈Ⅸ〉350頁）。産業構造の変動が長期波動の原因であるという説については、産業構造のみならず資本主義の害悪に迫ろうという意図があると推測している。技術革新ならばすべて善であるという前提を捨てて、技術革新にも望ましいものとそうでないものとがありうるという見方で取捨選択していく必要があるというネルの言葉[228]を、加藤は高く評価していることに注意しておこう（論文〈Ⅸ〉352頁）。

第4項　トレンドとサイクル

　トレンドかサイクルかというのは従来から大きな問題であり加藤も重視してきたが、最終的な結論には至っていない。加藤は長波が基本でほかの波はその倍数波であり、長波の波長は変化していないし、大規模なケインジアン的政策もこれを変えることはできないとする。しかしその長波を検出する困難さは、トレンドとサイクルをどう分離するかという統計的手法が確立されていないために発生する。それ以前の問題として、そもそもトレンドが存在するのかという疑問もある。もちろんそれが直線ないし（成長率一定の）指数曲線であるという保証もない。我々の研究によっても、現に日本の場合には1970年頃と、1990年頃に明らかな屈折が見られる。これらの問題を解決する方法は、トレンドの存在を認めずすべてを波動として取り扱うことであると加藤は述べる（論文〈Ⅶ〉192頁）。理論的にはこのほうが正しいかもしれないが、検出の技術的

---

[227]　E. J. Nell and T. F. Phillips, "Transformational Growth and The Business Cycle" in E. J Nell (ed.), *ibid.*, p. 140.
[228]　*Ibid.*, p. 310.

困難性が高く，コンドラチェフはこれからトレンドを除いて変動の山谷を求め，シュンペーターは短い変動を除いて長い波動を発見しようとしたが，いずれも失敗したという。加藤もデータをフィルターにかける必要性を主張し，またコンドラチェフと同様なんらかの一般的に受け入れられる成長経路を確立し，それからのズレを景気変動と定義するより現実的方策を模索していたが，未完に終わっている。機械的に長波の検出に成功した例として J. レインダースの分析[229]をあげている。これはトレンドを除去した長期時系列をスペクトラム分析にかけ，コンドラチェフ波の存在に相当する波長での強い振動を得たとするもので，C. エウィックが成長率に転換した同じ時系列で否定的な結果を出した原系列を用いて検出に成功したものであるとするが，単なる紹介にとどまっている。

---

[229] Jan, P. G. Reijinders, "Between Trends and Trade Cycles: Kondratieff Long Wave Revisited" in Alfred Kleinknecht, Ernst Mandel and Immanuel Wallenstein (eds.), *New Findings in Long-wave Research*, St. Martin's Press, 1992, pp. 15-44.

211

補論2　2007-08年世界金融危機の影響

第1節　信用の暴走

第1項　国家独占資本主義の信用制限について

　自由競争段階においても好況末期に投機活動が活発化し，投機の破綻が過剰生産恐慌の「引き金」となることはあった。20世紀末のグローバル化した世界経済の下では，経済の金融化と金融の自由化によって世界的に金融資産バブルが繰り返されてきた。アメリカのFRBを中心とした信用創造によって投機資金が供給されれば，バブルは繰り返されるであろう。世界的な投機活動は国際的に規制されなければならないが，それが続く限り国内的金融政策が攪乱される。

第2項　国家独占資本主義の金融恐慌回避の可能性

　しかし，21世紀初頭に発生した「証券化金融資産バブル」と世界金融危機においては，国家の「公的資金」の投入によってかろうじて本格的な信用崩壊や金融恐慌が「回避」されているにすぎない。予断は許されないし，「21世紀型恐慌」として本格的に研究しなければならない。

第3項　恐慌の激発性について

　2007-08年の世界金融危機は実体経済を急激に縮小させ，1930年代大不況と比較されるような生産の落ち込みと失業をもたらしつつある。2007-08年以降の事態は，世界的な財政・金融政策が不在であること，そしてグローバルな投機活動が国家独占資本主義を「変質」させていることに注目しなければならない。

第2節　2005年以降のデータによる補足

　第4章で使用したデータは2004年までだったので，その後のデータで補足しておこう（資料は本文と同じ）。

第1項　2010年3月現在まだ深刻な「デフレ」状況から脱出していない

　日本経済は，2002年1月から弱い拡張期に入り「いざなぎ景気」を越えたが（69ヵ月の拡張期間），世界金融危機に直撃され，戦後最大のマイナス成長に落ち込んだ（景気の山は2007年10月，2008年の鉱工業生産はマイナス12.6％）。政府は「デフレ」宣言を出したが，いまだに「デフレ」から脱出していない。

第2項　2005年以降の経済指標の動向

　　　鉱工業生産の成長率（2005～2008年）　　−0.6％
　　　企業物価騰貴率（2005～2009年）　　　　　0.7％
　　　消費者物価騰貴率（2005～2009年）　　　　0.0％
　　　完全失業率（2005～2009年）　　　　　　　4.4％
　　　有効求人倍率（2005～2009年）　　　　　　0.88
　　　売上高経常利益率（2005～2008年）　　　　3.18

　有効求人倍率を除いて，長期停滞期（1991～2004年とした）の平均値より低い指標は鉱工業生産の成長率・消費者物価騰貴率であり，高い指標は企業物価騰貴率・完全失業率・有効求人倍率・売上高経常利益率，である。本文の表4-1と比較されたい。資料の出所は本文と同じ。

第3節　第1・2版への書評や論評

　本書を本格的に検討した論文やコメントや書評は，筆者の知りえた限りで以下のものがある。中谷武「人口成長率と利潤率」（『国民経済雑誌』（神戸大学）第195巻第3号，2007年3月），熊澤大輔「恐慌・景気循環の理論」（立命館大学大学院修士論文），熊澤大輔「長島恐慌モデルの再検討」（『季刊 経済理論』第46巻第4

号，2010年1月），経済理論学会関東部会での筆者の報告に対する中村泰治氏と清水正昭氏のコメント（2006年11月13日），国際経済研究会（関東）での報告に対する和田豊氏と松橋透氏のコメント（2007年1月13日），関野秀明氏の書評（『経済』2007年6月号），石倉雅男氏の書評（『季刊 経済理論』第44巻第2号，2007年7月），菊本義治氏の書評（『政経研究』No.93，2009年11月での拙著『現代マルクス経済学』の書評），などがある。本書の内容を論じられた諸氏にお礼申し上げるとともに，後日お答えしたいと思っている。なお，熊澤氏の「長島恐慌モデルの再検討」は，マルクス表式（二部門モデル）をケインズ表式（一部門モデル）に還元し，かつ労働力供給と貨幣供給を内生化させたモデルであり，私のモデルとは違ったモデルで批判していることだけを指摘しておきたい。

長島誠一

東京経済大学教授
1941年，東京に生まれ，疎開先の福島で育つ。
1965年，一橋大学経済学部卒業，1970年，同大学院経済学研究科博士課程単位修得・満期退学。一橋大学助手，関東学院大学専任講師・助教授を経て，現職。
著書『独占資本主義の景気循環』新評論，1974年
　　　『現代資本主義の循環と恐慌』岩波書店，1981年
　　　『景気循環論』青木書店，1994年
　　　『経済学原論』青木書店，1996年
　　　『戦後の日本資本主義』桜井書店，2001年
　　　『経済と社会』桜井書店，2004年
　　　『現代マルクス経済学』桜井書店，2008年
　　　『エコロジカル・マルクス経済学』桜井書店，2010年
　　　ほか

現代の景気循環論

2006年11月15日　初　版
2007年2月15日　第2版
2010年7月10日　第2版第2刷

著　者　長島誠一
装幀者　加藤昌子
発行者　桜井　香
発行所　株式会社 桜井書店
　　　　東京都文京区本郷1丁目5-17　三洋ビル16
　　　　〒113-0033
　　　　電話　(03)5803-7353
　　　　Fax　(03)5803-7356
　　　　http://www.sakurai-shoten.com/
印刷所　株式会社 ミツワ
製本所　誠製本 株式会社

Ⓒ 2006 Seiichi Nagashima

定価はカバー等に表示してあります。
本書の無断複写(コピー)は著作権法上
での例外を除き，禁じられています。
落丁本・乱丁本はお取り替えします。

ISBN4-921190-39-9　Printed in Japan

長島誠一著
エコロジカル・マルクス経済学
エコロジーの危機と21世紀型恐慌を経済学はどう解決するのか
Ａ５判・定価3200円＋税

有井行夫著
マルクスはいかに考えたか
資本の現象学
20世紀マルクス主義のマルクス理解を問う
キーワードは実証主義批判としての唯物論
四六判・定価2700円＋税

森岡孝二著
強欲資本主義の時代とその終焉
労働と消費に視点をすえて現代資本主義の現代性と多面性を分析
四六判・定価2800円＋税

鶴田満彦著
グローバル資本主義と日本経済
「100年に一度の危機」をどうみるか？ 理論的・実証的に分析する
四六判・定価2400円＋税

福田泰雄著
コーポレート・グローバリゼーションと地域主権
多国籍巨大企業による「市場と制度」支配の実態に迫る現代帝国主義論
Ａ５判・定価3400円＋税

一井 昭著
ポリティカル・エコノミー
『資本論』から現代へ
基礎理論から現代資本主義までを体系的に叙述
Ａ５判・定価2400円＋税

テス・リッジ著／渡辺雅男監訳
子どもの貧困と社会的排除
貧困家庭の子どもから見える家族, 学校, 友人関係, そして自分の将来
四六判・定価3200円＋税

桜 井 書 店
http://www.sakurai-shoten.com/